IWANAMI TEXTBOOKS

現代メディア史 新版

Takumi Sato 佐藤卓己

岩波書店

新版 はじめに

 本書初版(1998)から20年が過ぎた．当時，ジャーナリズム史やマス・コミュニケーション史はともかく，「メディア史」という書名はまだ新鮮だった．その後，16刷のロングセラーとなった本書も，この学問領域の社会的認知に多少とも貢献できたようだ．海外でも『現代伝媒史』(北京大学世界伝播学経典教材中文版，2004)として訳出された．「メディア史」という項目をはじめて立項した学術事典，『現代社会学事典』(弘文堂，2012)で，私はこう定義している．
 「新聞史を中心とした従来のジャーナリズム史，放送史をふくむマス・コミュニケーション史がこれに先行している．ジャーナリストの当為・規範を前提とするジャーナリズム史は学問というより道徳であり，その限界をマス・コミュニケーション史は発行部数や視聴率の分析など実証的分析で乗り越えようとした．だが，カルチュラル・スタディーズから批判されるように，その計量主義は文化や価値の問題に踏み込むことができなかった．1980年代末の冷戦崩壊後に始まるメディア史は，こうした理念と実証の綜合をめざした．また，コミュニケーション研究においても，ケータイやインターネットなどパーソナル・メディアが本格的に普及する1990年代には個別媒体(単数形 medium)ではなく異なる諸媒体(複数形 media)の相互作用を問題とするメディア研究が必要とされた．ここにメディア論としてのメディア史が成立する」
 あえて誤解を恐れずに言おう．「その内容は真か偽か」がジャーナリズム論の問いだとすれば，メディア論の問いは「その影響力は大か小か」である．メディア論において内容(情報)の真偽は影響力の大小ほどに重要でない．それは効果研究からスタートしたマス・コミュニケーション論をメディア論が踏まえているためだ．だとすれば，メディア論＝メディア史の切れ味が活かせる対象は，真実を追究するジャーナリズムよりも効果の最大化を目指すプロパガンダの方かもしれない．それゆえに，メディア論はフェイクニュースが氾濫する現代においてメディア・リテラシー教育の基盤となる．
 まず，メディア論がメディア史である所以について確認しておこう．ニュー

メディアが「新しい」理由はまだその文法が確立していないためであり，「新しい」文法を主体的に構想するためには過去のメディア編成の文法は不可欠である．それゆえ，マーシャル・マクルーハンをはじめ優れたメディア論者は多くがメディア史家であった．私たちがいま直面しているデジタル情報社会へ向けても「バックミラーを覗きながら前進する」しかないのである．

こうしたメディア史的思考で 20 年前に終章「情報化の未来史」を執筆したわけだが，その見通しは大きく外れてはいなかったようだ．また，読者が記述内容を超えて行間に多くを読み込むことができる，クールな（参与性の高い）アーキテクチャーを本書が備えていたことも改訂を考えなかった理由である．

とはいえ，20 世紀末で終わる記述に欠落感を覚える若い読者も増えた．実際，本書初版 (1998) 当時，私はインターネットに接続できる携帯電話を持っていなかった．NTT ドコモによる i モードのサービス開始は 1999 年であり，モバイル端末によるインターネット利用が日常化するのは 2003 年のパケット定額制導入以降である．また，Google (1998) も Amazon (1995，日本版 2000) も，まして Wikipedia (2001) や Twitter (2006) もまだ存在していない．この変化は「グーテンベルク革命に匹敵する」と評せられるわけであり，「Web 2.0」の「集合知」にも，「ビッグデータ」と「AI」のブームにも言及しないテキストは確かに古びて見える．

とはいえ，今回の新版では終章にビッグデータ利用と AI 技術に期待する「超スマート社会」を未来史として展望する一節を加えたほかは，各章ごとに 21 世紀の次世代読者に応えるための最近のデータを加筆補正するにとどめた．それゆえ，全体としての枠組みに大きな変化はない．

ただ，私は『輿論と世論——日本型民意の系譜学』（新潮選書，2008）の刊行以後，輿論 public opinion と世論 popular sentiments を使い分けており，その表記方針は本書でも徹底した．また，「基本文献案内」は現時点で入手しやすい文献に差し替えた．この新版では岩波書店編集部の堀由貴子さんにお世話になった．本書が新しい読者と幸運な出会いをすることを祈念している．

2018 年 8 月

佐藤卓己

初版 はじめに

　本書は，メディアをはじめとして，現代社会のなりたち，また現代史について学ぼうとする人を主たる対象とするテキストである．歴史書として読んでいただくためにも，今更ながらではあるが断っておかねばなるまい．「歴史とは事実の記述である以上に，その解釈である」ことを．

　まず第1章では，マス・コミュニケーション研究の歴史を概観し，一見客観的に進展しているようにみえる学問研究が戦時動員体制という20世紀パラダイムにおいて構築されてきたことを強調した．

　第2章で都市基盤とシンボル政治を組み合わせて論じたのは，テクノロジー発展によるメディア決定論の政治性を批判的に検討するためである．

　第3章以下は，19世紀中葉から1990年代まで時系列にしたがって7章に分け，出版，新聞，無声映画，宣伝，ラジオ，トーキー，テレビについて叙述した．従来「メディア史」研究は個別メディウムの領域で進展しており，出版史，新聞史，ラジオ史，テレビ史など貴重な研究の蓄積があるが，メディア全体を鳥瞰する著作は少ない．本書は個別研究の成果を吸収し，全体を通じて各メディウム史の時系列的な統合をめざした．だが誤解なきように言っておけば，前半の各章で扱った書籍，新聞の重要性が低下していったという意味ではない．受精卵が核分裂して機能化するようにメディア・システムの中で各メディウムの機能は特化していったと言えよう．

　終章，コンピュータ技術を基盤とした「ニューメディア」については，現段階で歴史として語るのはたしかに時機尚早ではある．しかし，可能性への幻想や畏怖も含めてすでに社会に大きな影響を及ぼしており，半世紀以上の歴史をもつ以上，触れざるをえなかった．

なぜ19世紀後半からなのか

　アルヴィン・トフラー『第三の波』が刊行された1980年に大学に入り，「ベルリンの壁」崩壊の1989年に博士課程を終えた私が西洋史を専攻していた学

部生時代,「電灯のない時代の感性は想像できない」と呟いて中世史専攻の先輩にたしなめられたことがあった.異国の古代史の面白さが,理解できなかったわけでは決してない.その呟きは,むしろリュシアン・フェーブルの『フランス・ルネッサンスの文明』(1925)読後の余韻によるものであった.

「現代のわれわれが,程度の差は別として,全員,望もうが望むまいが温室の産物だということを,肝に銘じて忘れまい.16世紀の人間は,吹きっさらしにされていたのだ」

それ以後,温室育ちの私たちが吹きっさらしの人間とどれほど異なった人間なのか,私たちの「伝統」が如何に新しいか,を私は強く意識するようになった.その過程において,ポストモダン思潮の影響も受けてきたと思う.

やがて,自分の研究領域を「メディア史」と設定し講義をもつようになったときにも,15世紀のグーテンベルクや16世紀の宗教革命からメディアの発展を論じることは,私には不自然に思われた.「コミュニケーション史」「メディア史」と銘打った既存の通史,概説書のほとんどは,16世紀はおろか古代ギリシャ,エジプト,果ては(この種の本の書き出しの定番である)「ラスコーの洞窟」に遡る.しかし,私にはこの創世記的な歴史叙述のセンスは素朴すぎると感じられた.

このような意識は,現代の情報化にからめ取られているだろうか.あまりに近視眼的であろうか.しかし,歴史叙述とは本来,現代の視点を離れては存在しえない.そもそも,「メディア」という言葉が今日的な「情報媒体」の意味で使われるようになったのは,せいぜい第一次大戦期のアメリカである.その意味で本書は,現代生活の必要から書かれたメディア史,すなわち複製技術と電気テクノロジーの上に成立した「現代社会の形成史」である.

日本のメディアは特殊なのか

本書のもう一つの特色は,メディア先進諸国の比較史という横の座標軸である.社会科学的思考では,歴史こそが「現場」であり,比較こそが自己の「発見」をもたらす.個々のメディウムによっては,各国への研究関心のあり様や文献量にばらつきが出ることも覚悟の上で,本書ではあえて比較のスタイルに固執し,アメリカ・イギリス・ドイツ・日本について各メディアの発展を概説

することを試みた．しかし読者は，その狙いが結局は日本，かつて「東洋の英国」と自称し，また「極東のプロイセン」と呼ばれ，戦後は「米国ニッポン州」と自嘲する我が国のメディア状況へと絞られていることに気づくだろう．

多くの比較論者は，西欧のジャーナリズムを理想型として立ち上げ，日本の現実と比較してきた．その落差をことごとくタイムラグに還元し，「日本型ジャーナリズムの後進性」を言い立てる発展段階論は，なぜか依然有力である．社会の発展段階をあらかじめ措定したスペンサー＝マルクス主義的進化論は，歴史学ではすでにお蔵入りだが，ジャーナリズム論ではいまだに健在なのである．文明開化以来の伝統であるにせよ，こうした記述は客観的検証に堪えない日本の特殊性をことさら強調することになる．

日本のメディア環境を，世界システムの同時代性の中で，移民社会アメリカ，階級社会イギリス，そして社会国家ドイツと比較検討するための材料，現代社会への「批判的」視座の提供を，本書は試みた．

国民化―総力戦体制―世界化

それにしても，情報のグローバル化が進んだ今日，先進各国のメディア比較では差異より類似性が多くなるのは当然であろう．湾岸戦争やソビエト崩壊(1991)のリアルタイム映像を想起するまでもなく，世界が一つの情報システムで動いていることは，もはや誰の目にも明らかである．こうした情報システムの「世界性」が立ち現れたのも，19世紀後半であった．実用可能な大西洋横断電信ケーブルが開通する1866年は，アメリカ南北戦争終結の1年後であり，明治維新の2年前，ドイツ統一の5年前にあたる．

ここで重要なことは，19世紀後半以降の大衆の国民化と情報のグローバル化が同時進行した事実である．この二つの潮流は，二つの世界大戦を契機に構築された総力戦体制において一本化され，今日の情報社会が生みだされた．総力戦体制とは，国民総動員によって戦争状態を日常性に組み込む自己組織的なシステムである．日本でも「1940年体制」の存続が指摘されているように，高度国防体制の構築後もなお私たちは高度経済成長，高度情報化と名づけられた「総力戦」状況に置かれている．今なお「動員」は解除されていない．「復員」はなされていないのである．

知の辺境から

　さらに掘り下げた学習のために必要な文献については,「基本文献案内」として邦語文献を中心に簡単な解説を加えた.一般向けテキストなので参照箇所の表示は省略した.関係者のご寛容を乞いたい.

　私は書く内容によって自分の専門領域を「メディア論」と「ドイツ現代史」に使い分けてきた.微細なまでに専門化された歴史学の後には,大胆なメディア論に心惹かれる.しかし自らそれを始めようとすると,今度は「たこつぼ」の温もりが恋しくなる.その揺らぎは,おそらく本書にも反映していよう.それでも,あえて蛮勇の誹(そし)りをも恐れず,可能な限り大きな構図でかつ細部にこだわりながらメディアを論じることを試みた.

　そもそも,比較メディア史の構想は文部省科学研究費・重点領域研究「情報化社会と人間」(1991-94)以来加えていただいた津金澤聰廣先生を中心とする共同研究の中で生まれた.また,総力戦体制によるシステム社会化の理論的視座を学んだのは,山之内靖先生を中心とした国際共同研究「戦時動員と構造変動──比較分析」(1995-97)であった.それ以後,私は「如何に動員を解除して復員するか」という視点から,社会とメディアを見つめるようになった.

　そのほか,辺境人の私を温かくご指導下さった各専門分野の先生,先輩方に心より感謝申し上げる.

　本書が成ったのは,上の先達の力と岩波書店編集部・坂本政謙氏のお誘いと励ましがあればこそである.

　また今回も妻八寿子から献身的な協力を受けた.記して心ばかりの感謝としたい.しかし本書のいたらぬ部分は,当然ながらすべて我が責に帰する.忌憚なきご意見ご指摘をお待ち申し上げたい.

　1998 年 8 月

佐藤卓己

目　次

新版　はじめに
初版　はじめに

第1章　メディア史としてのコミュニケーション研究
- 第1節　「情報」「メディア」「マスコミ」の総力戦パラダイム‥1
- 第2節　市民啓蒙のオプティミズム──出版・新聞段階……… 7
- 第3節　大衆操作のペシミズム──ラジオ・映画段階………… 10
- 第4節　文化的消費と再生産──テレビ段階……………………17
- 第5節　情報化社会の文化研究──コンピュータ通信段階……19

第2章　メディア都市の成立
- 第1節　都市と市民的公共圏……………………………………… 23
- 第2節　交通空間としての現代都市……………………………… 27
- 第3節　ドイツ──大衆の国民化………………………………… 34
- 第4節　イギリス──伝統の創出………………………………… 36
- 第5節　アメリカ──進歩の伝統………………………………… 38
- 第6節　日本──象徴の設計……………………………………… 40

第3章　出版資本主義と近代精神
- 第1節　「書籍」とは何か………………………………………… 43
- 第2節　グーテンベルクの銀河系………………………………… 45
- 第3節　ドイツ──レクラム百科文庫…………………………… 49
- 第4節　イギリス──ペンギン革命……………………………… 53
- 第5節　アメリカ──消費財としてのペーパーバック………… 56
- 第6節　日本──消費財としての教養…………………………… 59

第4章　大衆新聞の成立
- 第1節　「新聞」とは何か………………………………………… 65

第2節　電信による「新聞革命」…………………………………68
　第3節　ドイツ──近代新聞の起源…………………………………71
　第4節　イギリス──議会制民主主義の変容………………………76
　第5節　アメリカ──大衆民主主義の誕生…………………………81
　第6節　日本──国民的言説空間の編成……………………………87

第5章　視覚人間の「国民化」
　第1節　映画以前の視覚メディア……………………………………93
　第2節　映画の「発明」………………………………………………98
　第3節　アメリカ──国民の創生……………………………………101
　第4節　イギリス──帝国の黄昏……………………………………107
　第5節　ドイツ──カリガリからヒトラーへ………………………108
　第6節　日本──「殖産興行」………………………………………112

第6章　宣伝のシステム化と動員のメディア
　第1節　「宣伝」とは何か……………………………………………117
　第2節　コミュニケーション革命と総力戦…………………………120
　第3節　ドイツ──宣伝計画なき戦争計画…………………………123
　第4節　イギリス──情報省の誕生…………………………………128
　第5節　アメリカ──戦争民主主義…………………………………131
　第6節　日本──総力戦なき思想戦研究……………………………135

第7章　ラジオとファシスト的公共性
　第1節　テレ・コミュニケーションの大衆化………………………141
　第2節　場所感の喪失…………………………………………………143
　第3節　アメリカ──大量消費社会の神経系………………………146
　第4節　イギリス──福祉国家の子守歌……………………………153
　第5節　ドイツ──第三帝国の同調装置……………………………158
　第6節　日本──情報国防体制の構築………………………………165

第8章　トーキー映画と総力戦体制
　第1節　「大衆運動」のイメージ……………………………………171

第 2 節　総力戦とシステム化…………………………………174
　第 3 節　アメリカ──ニューディールのメディア…………176
　第 4 節　イギリス──国内産業保護の限界…………………181
　第 5 節　ドイツ──政治の審美化……………………………185
　第 6 節　日本──戦時＝戦後の黄金時代……………………191

第 9 章　テレビによるシステム統合
　第 1 節　最後の国民化メディア………………………………199
　第 2 節　ビデオ革命と多チャンネル化………………………203
　第 3 節　アメリカ──グローバル・スタンダード…………206
　第 4 節　イギリス──新保守主義のビッグバン……………210
　第 5 節　ドイツ──分断国家から多文化主義帝国へ………214
　第 6 節　日本──戦後民主主義の精神レベル………………219

終　章　情報化の未来史
　第 1 節　マンハッタン計画からインターネットへ…………226
　第 2 節　「地球村」神話………………………………………229
　第 3 節　ネチズンとネチズムの未来…………………………232
　第 4 節　超スマート社会(Society 5.0)？……………………235

基本文献案内………………………………………………………241
研究・文献年表＋索引……………………………………………246
メディア史年表＋索引……………………………………………252
情報社会年表＋索引………………………………………………266

第1章
メディア史としてのコミュニケーション研究

> 「19世紀に於てブルジョワ的自由主義を語るのはよい．20世紀に於てなほそれを語るのは無知に非ずんば欺瞞である」
> （丸山眞男「政治学に於ける国家の概念」1936）

第1節　「情報」「メディア」「マスコミ」の総力戦パラダイム

　「情報」「メディア」「マスコミ」は，もはや現代社会の分析に不可欠な概念である．しかし，こうした言葉が今日と同じ意味で使われるようになったのは，第一次大戦以後のことだ．アルファベットとギリシャ民主主義，パピルスとローマ帝国，活版印刷と宗教改革，読書とフランス革命など，文明論的な長い射程の社会変動の説明にも利用されるこうした言葉は，「近代」というより「現代」の産物だ．それは，20世紀の総力戦体制に由来している．

「情報」とは何か

　information とは，方向を指示する接頭語 in，「形態」を意味する forma，「行為や過程」を示す語尾 tio から構成されたラテン語 informatio に由来する．現在，「情報」は日常的には「判断を下したり行動を起こしたりするために必要な，種々の媒体を介しての知識」（『広辞苑』）の意味で使われている．とくに，労働人口の過半数が情報関連産業に従事するポスト工業社会を「情報社会」と呼ぶようになった1980年代以後（本書 pp. 230 f.），「情報」は未来社会を構想するキーワードとなってきた．

　情報科学では「物質・エネルギーの時間的・空間的パターン」と定義づけられ，情報の単位は二価進法 binary digit の短縮語「ビット」bit で呼ばれる．このデジタル化 digitalization を意味する「情報＝コンピュータ」化の文脈では，一般に次のような「情報史観」が構想されてきた．

　　遺伝子情報（有機的進化）→言語情報（言語の発明）→文字情報（文字の発明）
　　→活字情報（標準化）→電気情報（高速化＝大量化）→デジタル情報

これに従えば，情報化の過程は人類の歴史全体を覆うことになる．しかし，神話から歴史を生みだした文字の発明が「先史」と「有史」の時代を分けるように，知識から情報を生みだした電気通信段階こそ，「近代」と「現代」の画期である．そもそも初めて，information が情報科学的な意味で使用されたのは，H. V. L. ハートレーが電話回線による伝達量の測定方法に関して執筆したベル研究所の紀要論文 "Transmission of Information"(1928)とされている．実際，情報の流通量では 19 世紀半ばのテレ・コミュニケーション技術の登場以前と以後で比較を絶した差異がある．情報の蓄積量でも 20 世紀半ば以後のコンピュータ技術の発展が「情報爆発」をもたらした．

我が国の場合，information という言葉は開国と同時に入ってきたが，その訳語が「情報」として定着するのは大正も末のことである．

陸軍省で酒井忠恕が訳出した『仏国歩兵陣中要務実地演習軌典』(1876, 内外兵事新聞局)に renseignement の訳語として「情報」は登場した．軍事用語としての定着は，森林太郎(鷗外)の翻訳，クラウゼヴィッツ『大戦学理』(1903, 軍事教育会)でも確認できる．鷗外訳によれば「情報とは，敵と敵国とに関する我智識の全体を謂ふ」とされている．つまり，「情報」Nachricht は広義な軍事情報を意味し，英語の intelligence に対応していた．明治期の英和辞典では information に「消息，訴訟，知識」が当てられており，「情報」は斎藤秀三郎『熟語本位英和中辞典』(1915)に intelligence の訳語として登場し，information の訳語としては藤岡勝二『大英和辞典』(1921)が初出とされる．この両辞典の間に，1918 年イギリスで戦時宣伝を統括する世界初の「情報省」Ministry of Information が設立された(本書 p. 129)．つまり，史上初の総力戦となった第一次大戦を経て軍事化した information は「情報」として日本語に定着した．国民総動員体制が要請する「社会の軍事化」に information の軍事化は対応しており，その意味で情報化は総力戦体制に由来する．

「メディア」とは何か

メディアとは，出来事に意味を付与し体験を知識に変換する記号の伝達媒体である．ラテン語 medium(中間・媒介)の複数形 media は，英語では中世から「巫女・霊媒」など主に宗教的な意味で使われてきた．『オックスフォード英語

図1

『辞典』は今日的な「メディア」の初出例として，1923年アメリカの広告業界誌『広告と販売』に登場した，「新聞・雑誌・ラジオ」の広告三媒体を指すmass mediumを挙げている．第一次大戦後の消費社会化がもたらした新語である．そのため一般には，パーソナル・メディアとして広告媒体化が遅れた手紙，歌謡，電話はもちろん，書籍，レコード，写真も，情報伝達手段ではありながら「メディア」として意識されることは少なかった．手紙がダイレクト・メールになり，歌謡がCMソングとなり，電話にフリーダイヤルが導入され，すなわち消費社会が高度化し広告領域が拡大するにしたがって，「メディア」の範疇も広がってきた．就職面接を前に身なりを整える学生が自らの身体を「メディア」と意識するか否かはともかく，客観的にみれば，身体もすでに広告資本の投下領域となっている．現代社会はすべてのモノ，コト，ヒトが情報

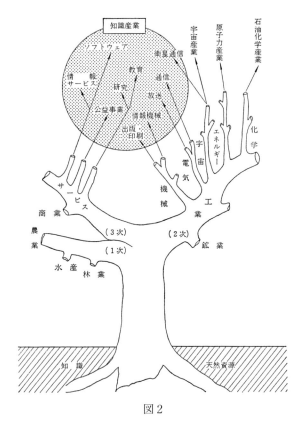

図2

の発信装置と化し，メッセージ性を帯びるメディア社会なのである．時代によって「ニューメディア」が変わるように，社会で中心的に活用される情報伝達手段は技術発展とともに変化してきた．もちろん，古いメディアが新しいメディアに駆逐されるわけではない．人類最古の情報伝達手段としては，身振りや発声など身体表現があったはずだが，絵画や言語によってそれが利用されなくなったわけではない．また，テレビの普及によってラジオが聴かれなくなったわけでもない．古いメディアから機能的に分化したニューメディアが生まれると，古いメディアは目的や機能を特化して存続する．その意味では，メディア論は「メディアの分化史」として考えることができる．このように重層的に発展する集合名詞「メディア」は，成長する「マスメディアの樹木図」(図1，前頁)としてイメージされてきた．この図は戦後の代表的教科書，小山栄三『新

聞学原理』(1969) のものだが，もともと 1940 年に内閣情報部が翻訳したナチ新聞学教本，ハンス・A・ミュンスター『新聞と政策』(1935) に「公示の樹」として登場した．戦時体制下に成立したメディアの生成イメージは，戦後の知識産業論にも受け継がれている (図2，小林宏治「知識産業と経済成長」1966)．

「マスコミ」は何か

　マスメディアは，日本では「マスコミ」と呼ばれることも多い．マス・コミュニケーション mass communication とは，大量生産された媒体を用いて大量の情報を大衆に伝達する行為と機構の総称である．コミュニケーションは，17世紀後半までは「輸送」transportation の同義語だったが，啓蒙期に「精神的交通」の意味でも使われるようになった．その際，ラテン語源 communis の「共有」性が意識されるようになり，人類共同体へと進歩する普遍主義の色彩を帯びて使われてきた．

　「マス・コミュニケーション」は，第二次大戦勃発の 1939 年 9 月に開催された「ロックフェラー・コミュニケーション・セミナー」の案内状で，財団事務局長ジョン・マーシャルが初めて学術用語として使用している．この言葉がナチ・プロパガンダに対抗する自らのプロパガンダを指す以上，マス・コミュニケーションはプロパガンダの代替語である．その後，宣伝戦や戦時動員体制強化を目的としたマス・コミュニケーション研究が始まった．1945 年 11 月 16 日制定の「ユネスコ憲章」において初めて公式文書に登場し，日本では当初「大衆通報」「大衆伝達」と訳出された．小山栄三「輿論形成の手段としてのマス・コミュニケーション」(1953) は，「戦前」プロパガンダから「戦後」マス・コミュニケーションへの転換をこう説明している．

　「輿論指導の手段に関しては第一次世界大戦までは専ら宣伝 Propaganda と云う言葉が使用されていた．然し両大戦を通じ事実的にも意識的にも宣伝とは，「嘘をつく技術」と云う風にとられてしまった．それで宣伝のこの悪い意味を避けるため，プロパガンダと云う代りにマス・コミュニケーションと云う言葉が使用されるようになったのである」

　この指摘は歴史的に正しい．戦後は大衆社会研究のキーワードとなり，短縮和語「マスコミ」として定着した．一般に「マスコミ」と言う場合，受け手で

ある大衆よりも送り手であるマスメディア(新聞社・放送局など)を示すことが多い．もともと宣伝効果研究から生まれたこの概念の操作的性格に由来している．その意味では，マスコミの対義語はミニコミでもパーソナルコミュニケーションでもなく双方向の SNS＝Social Networking Service である．

研究パラダイムの変遷

以上のように，「情報」は第一次大戦の，「メディア」は消費社会の高度化の，「マス・コミュニケーション」は第二次大戦の影響下に成立した概念である．こうした新しい概念を駆使する新聞学やマス・コミュニケーション研究は，とりもなおさず総力戦体制下で体系化された新しい学問領域(ディシプリン)である．

それゆえ，マス・コミュニケーション研究の動向は，社会変動とメディアの変遷によって大きく規定されてきた．「メディア効果研究の振幅」(図3)は，マス・コミュニケーション研究のパラダイムをメディアの影響力に対する研究者評価の傾向で区分したものである．第一次大戦前までの「啓蒙機関モデル」，第二次大戦後までの「弾丸効果モデル」，1960年代までの「限定効果モデル」，現在にいたる「新しい強力効果モデル」と区分できる研究パラダイムは，その時代に注目を浴びた「ニューメディア」の変遷に投影して理解されることが多い．大衆新聞の台頭とともに新聞学はスタートし，映画やラジオの黄金時代に「弾丸効果論」が展開された．テレビの普及期が「限定効果期」と重なり，ビデオやパソコンの出現が「新たな強力効果論」の台頭に符合する．時間軸を延長して1990年代以降を描けば，インターネットの急速な普及とともにメディアの強力効果論は新しい絶頂期に突入したと言えるだろう．

本書では，各時期のメディア状況を象徴する「インデックス・メディウム」(都市—出版—新聞—映画—ラジオ—テレビ—インターネット)の順に各章の議論を進めたい．その全体像を概観するために，以下では研究パラダイムの時期区分ごとに，メディア研究の学説史を整理しておきたい．私たちが論じるメディアの機能は，市民社会の啓蒙にも，大衆社会の必要悪にも，消費社会の気晴らしにも一元化できないし，受け手イメージも議論する市民，消費する大衆，選択する「分衆」から「ネチズン」(本書 pp. 232 f.)まで多層的に変化してきた．

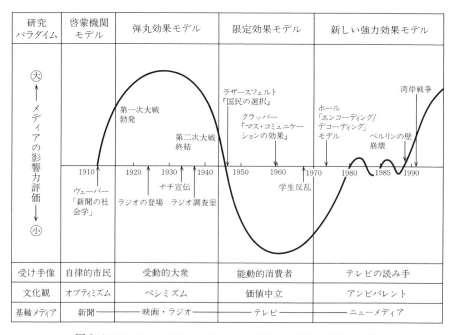

図3（W. Donsbach, Mediemwirkung trotz Selektion, Köln, 1991 に加筆）

第2節　市民啓蒙のオプティミズム——出版・新聞段階

「早朝の礼拝」から「早朝の嘔吐」へ

　ジャーナリズムへの知的関心は，資本主義，市民社会の発展とともに深まり，ドイツの大学では啓蒙思想の影響下に，18世紀初頭から国家学講座で新聞の社会的機能が講じられていた．1806年プロイセン軍を撃破してイエナに入城するナポレオンに騎乗の「世界精神」を目撃したゲオルク・W・F・ヘーゲルが，新聞閲読を市民階級の「早朝の礼拝」と日記に書きつけたことは，啓蒙の担い手である市民と新聞の関係をよく示している．新聞執筆で生計を立てたカール・マルクスも，まだ新聞の啓蒙的機能を信じていた．「新聞は民衆の中に生き，その喜怒哀楽のすべてを誠実に共感する．……新聞とは，本来の意味で自然発生的な政治なのだ」と1843年『ライン新聞』元日号で言挙げしている．
　しかし，19世紀後半のフリードリヒ・ニーチェの目には，同じ新聞閲読も

「早朝の嘔吐」と映った．フランス革命に自由と進歩の精神を見たヘーゲルやマルクスに対して，ニーチェは同じ革命に幻滅の源泉を見ていたのである．すでに1872年の講演「われわれの教養施設の将来について」で，ニーチェは新聞紙上の「賤民的公共性」die plebejische Öffentlichkeit を激しく糾弾している．両者を隔てる半世紀の間には，石油と電力の登場，カルテルと金融資本の確立，急速な都市化によるメディア環境の激変があった（本書 pp. 27-33）．

　ニーチェの慧眼はいち早く新聞の変質と大衆民主主義の到来を予見していたが，一般には第一次大戦勃発まで活字の機能は啓蒙的オプティミズムから理解される傾向が強かった．この時期の社会主義運動のスローガンも「知は力なり」であり，読書サークルや機関紙活動が運動の中心に位置していた．

　新聞の政治的社会化機能を歴史的進歩の中に位置づけ，当時の啓蒙主義を代表する著作に，ガブリエル・タルドの『世論と群衆』(1901)がある．タルドは，感覚的に限定された小さなコミュニケーション空間で発生する「群衆」は，新聞を媒介して無限に広がる精神的な集合体である「公衆」に変身すると考えた．「群衆」から「公衆」への発展は，フェルディナント・テンニースの『ゲマインシャフトとゲゼルシャフト』(1887)の議論と重ね合わせられる．テンニースも，印刷物を媒介して生まれる教養人の輿論こそユートピアの原理と考えていた．

新聞史研究のパラダイム

　こうした進歩の時代である19世紀にまず登場したメディア研究は，新聞史であり，今日に至るまでメディア史で最も研究蓄積がある領域となっている．J. D. スタート／W. D. スローンの『マス・コミュニケーションにおける歴史的方法』(1989)によれば，アメリカにおける新聞史の叙述は，時代精神や分析手法において以下の6段階で変化してきた．同様の展開は，アメリカでほとんど存在しなかった「マルクス主義学派」を「進歩主義学派」と置き換えれば，イギリスやドイツ，日本の新聞史研究でも確認できる．

　(1)「国民主義学派」nationalist school は19世紀初頭に登場し，アメリカ独立革命など国民的事件で新聞が果たした役割を国民叙事詩として描きだした．新聞史を「自由の発展史」として叙述する伝統は，今日なお有力である．

　(2)「ロマン主義学派」romantic school は1830年代に登場したペニー新聞

(本書 p. 82)による新聞の大衆化を嫌悪して，英雄的ジャーナリストの評伝を生みだした．それは教養主義の読書人に歓迎された．

(3)「発展主義学派」developmental school は 1890 年代のイエロー・ジャーナリズム期(本書 pp. 83 f.)に成立した．政論新聞から大衆新聞への展開をジャーナリズムの連続的進化として叙述した．大学におけるジャーナリズム学科(スクール・オブ・ジャーナリズム)の組織化とも連動し，記者出身教員の手になるテキストが量産された．それは新聞業界の発展を「最初の」試み，「最大の」発行部数，「最新の」設備から記述するスタイルである．ジャーナリズム学科は 1908 年にウォルター・ウィリアムズによってミズーリ大学に新設され，1912 年には新聞王ピュリッツァーの寄付でコロンビア大学にも設置された．

(4)「進歩主義学派」progressive school はロマン主義学派のエリート主義と発展主義学派の現状肯定主義をともに批判した．1910 年代の革新主義に共鳴し社会変革を目指す規範的な新聞史を描いた．実際の新聞改革に寄与する歴史研究が目指され，「権力批判」の視点が特に強調された．

(5)「合意形成学派」consensus school は 1930 年代のニューディール期に台頭した．第一次大戦下に国民動員メディアとなった新聞を大衆社会の凝集性維持の機能から高く評価した．国民的な合意の枠組みを形成すべく，新聞経営者が果たす指導的な役割も積極的に支持しており，民主主義を守るための戦時宣伝や情報統制も一般的に肯定する．

(6)「文化学派」cultural school は現在のマス・コミュニケーション研究における新聞史で主流をなしている．都市社会学や文化社会学の影響下で成立したため，新聞が国民的事件や社会変革に及ぼす影響を考察した従来の新聞史からベクトルを逆転し，社会が新聞に及ぼす影響を分析する．そのため，都市化・工業化・労働の組織化など社会変動との相関で新聞の発展は考察され，国民主義学派やロマン主義学派に多い「創始者」型の説明は後退した．もちろん，現在も新興メディア企業の歴史が「創始者」型で執筆され，発展主義的な社史が量産されているように，どの叙述スタイルも消滅してはいない．

　文化学派の萌芽は，20 世紀初頭の社会学者に見いだすことができる．チャールズ・クーリーは『社会組織論』(1909)で，親密な対面的結合である第一次(プライマリー)集団を豊かな「公衆意思」に高めていくコミュニケーション媒体として新聞を

理想化している．「印刷は民主主義」と断言するクーリーにとって，粗野なゴシップの拡大さえ民主主義の前提となる広範な社会性と共同体感覚の促進として評価できた．こうした傾向は，新聞記者から出発してシカゴ学派の都市社会学を打ち立てたロバート・パークにも見られた．ドイツ留学中に博士論文『大衆と公衆』(1904)を著したパークは，都市問題の解決を目指す実践的要請から研究を続け，『移民新聞とその統制』(1922)では，外国語新聞が移民のアメリカ社会への同化に果たす機能を高く評価していた．新聞の進歩的役割への確信において，パークの研究は，啓蒙機関モデルの最後を飾る新聞論と言える．国際コミュニケーションが発達した現在，移民労働者の母国語メディアは，ベネディクト・アンダーソンが「遠隔地(ロングディスタンス)ナショナリズムの出現」(1992)で論じるように，むしろ移民の国民文化への統合の障害として作用している．

第3節　大衆操作のペシミズム──ラジオ・映画段階

「世論(せろん)」への不信

　パークが移民新聞に統合機能を論じた同じ1922年に，ニーチェ思想の末裔オズヴァルト・シュペングラーが文化衰退としてマスメディア現象を批判した『西洋の没落』第2巻を刊行した．後にフランクフルト大学社会研究所(1923)に結実する第1回マルクス主義研究集会が催された1922年，ウォルター・リップマン『世論』，テンニース『世論批判』が出版されている．いずれも大衆社会到来を射程にいれたメディア論である．史上初の組織的宣伝戦を伴った第一次大戦の経験が，彼らの啓蒙的なメディア観を180度転回させた．特に，敗戦国ドイツで出版されたテンニースの『世論批判』は，市民社会の進歩主義者が大衆社会で陥った苦悩を体現している．だが，旧来の「公衆」イメージを瓦解させる衝撃力をもって世に迎えられたのは，情報将校として戦時宣伝に携わったリップマンの『世論』であった．リップマンは，巨大化する社会で新聞のみに社会情報を依存する個人が瀕している危機状況を「疑似環境(シュード・エンヴァイロンメント)」の概念でとらえた．大量の情報を制御する必要から採用されたニュースの「ステレオタイプ」が，エリートのシンボル操作による世論製造を容易にしたと彼は警鐘を鳴らしている．大衆新聞と世論(せろん)は歴史的進歩の否定的契機と見なされた．

ドイツ新聞学の台頭と日本の新聞学受容

　マックス・ヴェーバーは第 1 回ドイツ社会学会大会(1910)で資本主義の組織化によって進展する情報と娯楽の産業化を分析するために「新聞の社会学」を提唱していた．だが，第一次大戦後にドイツで新聞現象や大衆世論(せろん)の研究が活発化したのは，敗戦という特殊な政治状況によっている．過酷なヴェルサイユ条約を呑まされ傷ついたドイツのナショナリズムは，「戦場で勝利し，宣伝で破れた」という軍部の弁明を受け入れた(本書 pp. 125 f.)．ヴェーバーも『職業としての政治』(1919)で，「断然巧妙だった敵国のプロパガンダ」に言及しており，民衆を指導する者(デム・アゴーゴス)，すなわち煽動者(デマゴーク)としてジャーナリストが大衆民主主義に及ぼす影響を論じている．ジャーナリズムの強力効果イメージは広く社会に蔓延し，政策科学の新領域として「新聞学」Zeitungswissenschaft が求められた．
　すでに大戦中の 1916 年，『国民経済の成立』(1893)で新聞を国民経済の心的交通手段として考察したカール・ビューヒャーによってライプチヒ大学に最初の新聞学研究所が設立された．敗戦後は各大学に続々と新聞学の講座や研究所が新設され，1926 年にはミュンヘン大学のカール・デスターを中心に創刊された『新聞学』を機関紙とする「国際新聞学会」も組織された．1920 年代のメディア研究をリードしたのは，このドイツ新聞学であった．1933 年 1 月ナチ党が政権を握ると，同年 12 月に新聞学を国家試験科目とする方針が打ち出され，第三帝国はメディア研究を政策科学として推進した．
　日本でも，明治 30 年代からアメリカのジャーナリズム実用教本を参考にした「米国文学博士」松本君平『新聞学——欧米新聞事業』(1899)を嚆矢として，杉村広太郎『最近新聞紙学』(1915)，ミズーリ大学新聞学科に留学した棟尾松治『新聞学概論』(1930)などが出版されていた．しかし，やがて松本君平が『アジア民族興亡史観』(1943)を著し，前書で「言論の自由」を揚言した棟尾が『思想戦』(1942)で「皇国日本の使命」を謳ったように，実用的なジャーナリズム論の多くは時局の波に流されていった．
　第一次大戦中，権田保之助によってビューヒャーの前掲書が『経済的文明史論』(1917)として翻訳されて以後，ドイツ新聞学の影響下に大学でも新聞研究が開始された．1929 年東京帝国大学文学部に小野秀雄を中心とした新聞研究室が政財界の基金寄付によって設置された．寄付活動の総代となった渋沢栄一

は，第一次大戦後の日本の国際的孤立状況を打破すべく国策通信社設立にも尽力していた(本書 p. 139)．小野秀雄は日中戦争勃発後，内閣情報部の嘱託としてナチ新聞学の紹介に努めた．

一方，1920年代後半の日本ではマルクス主義知識人によるブルジョア新聞批判論も登場し，1930年に刊行開始された『綜合ヂャーナリズム講座』全12巻に集大成された．こうしたジャーナリズム論の多くは空疎なプロレタリア文化万歳を高唱して終わるものも多かったが，ドイツ新聞学を受容して独自のイデオロギー批判を展開した戸坂潤は，「新聞現象の分析」(1934)などで例外的に戦前ジャーナリズム論の最高水準に到達していた．

保守主義の文化ペシミズム

アカデミズムを指向した新聞学とは別に，戦間期のメディア論として大きな影響力をもったのは文化ペシミズムに根ざした大衆社会論である．最初から大衆向けのメディアとして登場した映画やラジオに対する教養エリートの反発は，この時期の大衆社会論の特徴といえる．また，ファシズム，スターリニズムの嵐が吹き荒れた1930年代に，こうした「ニューメディア」は全体主義批判の文脈で保守主義とマルクス主義という左右両極から盛んに取り上げられた．

保守主義の大衆社会論は，工業化・機械化に起因する社会変動の伝統文化に対する否定的な影響を前提としていた．大衆民主主義の時代に保守主義者が守ろうとしたものは，市民的公共性(ブルジョア)であった．それは「財産と教養」を入場条件とした公共圏の中で，理性的討議にもとづいて形成される輿論という擬制であって，普通選挙制にもとづく大衆の政治参加は市民的な民主主義(ブルジョア)(すなわち公共性)の堕落(だらく)と目された．識字率の向上や廉価新聞の普及それ自体は必ずしも忌避(きひ)されなかったが，それがもたらす知的水準の低下，文化の画一化，個人主義の解体が批判された．「平均人」である大衆の知的閉鎖性を批判したオルテガ・イ・ガセット『大衆の反逆』(1930)は，一つの典型である．

「高級文化 vs. 大衆文化」の対抗図式でエリート的教養を強く擁護した T. S. エリオットや F. R. リーヴィスなど『スクルーティニー(精読)』(1932-53)派は，カルチュラル・スタディーズの源流にも位置づけられる．リーヴィスは『大衆文明と少数者文化』(1930)で，廉価本，ペニー・プレス，映画，ラジオが生み

だす大衆文化は，批判精神のない大衆の「気晴らし」用に作られた粗悪品と見なした．さらに，民衆固有の伝統文化を商品化し「ポピュラー・カルチャー」とする伝統的良俗の破壊者として，マスメディア自体にも批判の矢を向けた．

マルキストの文化産業批判

同様のマスメディア批判は，大衆運動の組織を目指したマルクス主義陣営からも生まれた．特にテオドール・アドルノ，マックス・ホルクハイマー，エーリヒ・フロムなど後に第三帝国からアメリカに亡命した「フランクフルト学派」は重要な役割を果たした．彼らは，ワイマール共和国時代にマルクス主義の階級分析とフロイトの心理学を結合させ，独自の大衆文化分析に先鞭をつけ，後に「批判理論」と呼ばれる社会理論を生みだした．「なぜ労働者階級はその革命性を喪失したのか」「なぜワイマール民主主義からナチズムが生まれたのか」という問題設定から，マスメディアが大衆の政治的社会化に果たした否定的な役割に批判が向けられた．「文化産業」(クルトゥア・インドゥストゥリー)が製造する大衆文化は，文化を論議する創造的な公衆を，文化を消費する受動的な大衆へと移行させ，国家権力への服従を大衆に促すものである．「ラジオは，ベートーベンの第五シンフォニーを，口笛で吹ける万人向きのメロディにしてしまった」というアドルノの言葉は，そのマスメディア批判の性格をよく示している．いうまでもなく，現実逃避的な大衆文化が「虚偽意識」(ファルシェ・ベブストザイン)を生みだすという彼らの批判の根底には，保守主義者と同じエリート的教養が存在していた．それは，亡命後もアドルノがシュペングラーの文明批判に示した共感にも反映されている．写真や映画が芸術に及ぼす作用をむしろ肯定的に捉えたヴァルター・ベンヤミン「複製技術時代における芸術作品」(1936)もフランクフルト学派の『社会研究』誌(1932-39)に掲載されているが，この論文はアドルノによって批判された．亡命後，コロンビア大学ラジオ調査室で音楽部門の主任となったアドルノは，複製技術によってアメリカ社会に蔓延しているナチズム同様の画一主義を，ホルクハイマーとの共著『啓蒙の弁証法』(1944)で激しく批判している．

弾丸効果(皮下注射)モデルのパラダイム

今日のマス・コミュニケーション研究は，第二次大戦中アメリカの戦時宣伝

研究から形成された.『欺瞞の預言者』(1949)を執筆するレオ・ローウェンタールや『一次元的人間』(1964)で管理社会批判を行なったヘルベルト・マルクーゼなどフランクフルト学派の亡命者たちも戦時情報局 OWI で対ナチ心理戦争に参画した.ドイツ新聞学の哲学的・歴史学的な方法論に対して,メディア政策での合理的判断に直接寄与する実証的アプローチを作り上げた研究者として,政治学のラスウェル,集団心理学のレヴィン,実験心理学のホヴランド,社会統計学のラザースフェルトの「四学祖」を取り上げたい.彼らは,メディアが大衆の思考と行動に強力な刺激を与えて直接的な反応を引き起こすと考えられた「弾丸効果」bullet effects の研究パラダイムから出発して,やがてマスメディアの直接的効果よりパーソナル・コミュニケーションの影響力を高く評価する「限定効果」limited effects モデルの確立者となった.ちなみに,「マス・コミュニケーションの威力は原子爆弾に匹敵する」と評し,後に個人に作用する「皮下注射」hypodermic injection だと修正したが,「弾丸効果」の名付け親になったのは,ウィルバー・シュラムである.シュラムは,アメリカで最初のコミュニケーション学博士課程を 1947 年イリノイ大学につくり,古典的教科書『マス・コミュニケーション』(1949)を編集した.この学問領域のディシプリン確立者も,大戦中は戦時情報局でラスウェルたちと協働していた.

　政治学者ハロルド・ラスウェルは,シカゴ大学に博士論文『世界大戦における宣伝技術』(1927)を提出後,ナチズム台頭期のベルリンに研究滞在した宣伝研究の第一人者である.第二次大戦中,議会図書館戦時報道調査局長官に就任すると新聞の記事占有面積やシンボル頻出度を組織的に調査分析し,「内容分析の創始者」となった.また,5W の法則として定式化された線形リニアコミュニケーション・モデル,すなわち,

　　Who says What, in which channel, to Whom, with What effect
は,それに対応する次のようなメディア研究の枠組みを確立した.

　　統制研究 → 内容分析 → メディア分析 → 受け手分析 → 効果研究

　効果研究が最終目標となるこの図式は,メッセージ選択が自由にできる送り手の優位を前提としており弾丸効果パラダイムを具現している.当然ながら,心理兵器として利用すべく「より強力な効果方法」の解明が目指された戦時研究であるため,メディアに効果があることは自明な前提とされている.

ラスウェルが統制研究と内容分析の確立者とすると，メディア分析の枠組みは，ベルリン大学から亡命したユダヤ系心理学者クルト・レヴィンによって打ち立てられた．レヴィンは，個人への集団圧力を心理学的に分析した，グループ・ダイナミックス研究の先駆者としても著名である．大戦中は連邦政府からモツ肉消費を奨励する広報実験を委託され，その成果を自ら創刊した『ヒューマン・リレーションズ』第2号の論文「集団生活のチャンネル」(1947)にまとめた．ここで，コミュニケーション・チャンネルが集団におけるメッセージの流れを制御する「ゲート・キーパー」の機能を果たすことが明らかにされた．この仮説は弟子のD. M. ホワイトによって「ニュース選択のゲート・キーパー・モデル」(1950)として定式化された．メディアの機能とは，情報をコミュニケート(伝達)するよりもコントロール(制御)することである．

　実証的な受け手研究は社会心理学者カール・ホヴランドによって開拓された．第二次大戦中，ホヴランドは連邦戦争局(国防総省の前身)に招集され陸軍新兵教育用映画の効果研究に従事した．映画を見た兵士の態度変容を測定した成果は，『マス・コミュニケーションにおける実験』(1949)にまとめられた．また，アーヴィング・ジャニスとの共編『パーソナリティと被説得性』(1959)では，自己評価の低い人は高い人に比べて説得されやすいことを実証し，受け手のパーソナリティ研究にも道を開いた．

　効果研究の確立者ポール・ラザースフェルトはウィーン大学で社会調査を行なっていたが，プリンストン大学ラジオ調査室(後のコロンビア大学応用社会学研究所)の主任となり経験的調査手法を確立した．『ラジオと印刷物』(1940)，『ラジオ研究1941』(1942)など，狭義な放送研究にとどまらず，ラジオ調査室からはマス・コミュニケーション研究の記念碑的業績が生みだされた．ラジオ劇が引き起こした「パニック」(本書 pp. 150 f.)を分析したハドレー・キャントリル『火星からの侵入』(1940)や，戦時債券募集放送を分析したロバート・マートン『大衆説得』(1946)などである．さらにマスメディアが投票者に強力な効果を与えることを確認すべく，ラザースフェルトは1940年大統領選挙のパネル調査を実施した．『国民の選択』(1944)にまとめられたこの調査結果は，皮肉にも後に限定効果モデルの出発点となった．エリフ・カッツとの共著『パーソナル・インフルエンス』(1955)では，メディアは地域社会のオピニオン・リーダーを

仲介にして個人に影響を与えるとする「コミュニケーション二段階の流れ」仮説が提示された．その意味で，弾丸効果パラダイムから出発したラザースフェルトによって，次の限定効果パラダイムが立ち上げられたと言える．

実際，メディア接触による心理的充足度を分析する「利用と満足の研究」uses and gratifications study も戦時下のラジオ調査室で開始された．ヘルタ・ヘルツォークは 1944 年，連続ラジオドラマ(ソープ・オペラ)を聴く主婦たちがストレス発散や代償的満足だけでなく，実生活の知恵を学びとっていることを明らかにした．

情報科学と行政管理的研究

こうして 1940 年代の実証調査研究がすでに限定効果説を示していたにもかかわらず，テレビが普及する 1950 年代まで弾丸効果パラダイムが続いた一因として，総力戦体制が促進した情報テクノロジーの急速な発展も考慮しなければならない．実際，コンピュータ，サイバネティックス，情報工学は，すべて軍事目的の国家的科学プロジェクトから誕生した(本書 pp. 226-29)．

MIT の数学者ノーバート・ウィナーの『サイバネティックス――動物と機械における制御と通信』(1948) も防空用高射砲の自動制御研究から生まれたものである．それはコミュニケーションとコントロールを一体のものとして考える情報通信と自動制御の一般理論に発展した．サイバネティックスは，ファシズムの「非人間的な人間利用」に対する「人間的な人間利用」として最大の生産性を引き出すべく生みだされた．戦時中，ウィナーの軍事研究プロジェクトに従事したクロード・シャノンと国防総省の官僚として研究を指揮したウォーレン・ウィーバーとの共著『コミュニケーションの数学的理論』(1949) により，コミュニケーションの線形(リニア)モデルが数学的に定義された．この SMCR モデル(情報源(ソース)―メッセージ―チャンネル―受信者(レシーバー))は，同じく直線的なラスウェルのメディア・コミュニケーション・モデルを科学的に裏書きするものであった．

第二次大戦後の「パックス・アメリカーナ」の下，総力戦体制の産物であるマス・コミュニケーション研究は全世界に輸出された．占領下の日本でも，連合国総司令部 GHQ の指導により，東京大学文学部新聞研究室は 1949 年新聞研究所に発展改組された．戦時中は内閣委員(情報局担当)として，戦後は新聞出版用紙割当委員として情報政策に携わった小野秀雄が所長に就任した．また，

1949年占領政策のために世論調査を必要としたGHQは,『戦時宣伝論』(1942)の小山栄三を所長に据え国立世論調査所(1949-54)を設立させた.

　戦時の宣伝研究を世論研究に横倒しした小山の『輿論調査概要』(1946),戦時中に執筆された小野の『新聞原論』(1947)など,戦時のナチ新聞学は戦後のアメリカ流マス・コミュニケーション研究へと,ほとんど摩擦なく移行できた.それは,ファシズムであれニューディールであれ戦時動員体制に由来する行政管理的な研究パラダイムの同一性による.

　明治期には世論(せろん) popular sentiments は輿論(よろん) public opinion と区別して使われていたが,政治の大衆化とともに公的な意見(輿論)と世間の空気(世論)の区別は曖昧になっていった.戦後,当用漢字表(1946)で「輿」が制限漢字になると,新聞は世論を輿論の代用として使用したため,世論と書いて「よろん」と読む習慣が生まれた.この「輿論(よろん)の世論(せろん)化」と並行して,宣伝は商業化されて広報となり,軍事用語の情報も民需転換されて産業用語となった.

　ドイツの大学でも戦前の「新聞学」は,「公示学」Publizistik と名称を変えた後,ナチ世代の教員が大学を退いた1960年代には「コミュニケーション学」Kommunikationswissenschaft へと,なし崩し的にアメリカ化を遂げた.

第4節　文化的消費と再生産——テレビ段階

「効率と精度」から「利用と満足」へ

　アメリカが空前の「豊かな社会」を実現した1950年代には,大衆はますます自らを「労働者」よりも「消費者」として意識するようになり,余暇活動の重要性が高まった.カッツ／ラザースフェルト『パーソナル・インフルエンス』が出版された1955年,アメリカの産業別構成で第3次産業部門就労人口は50％を突破し,テレビはほぼ全世帯に普及していった(本書 p. 207).

　ジョージ・ギャラップが1935年にアメリカ世論調査所を創設して以降,市場や世論の科学的調査が進み(本書 p. 123),マスメディアの弾丸効果に疑問を投げかける実証データが積み上げられていった.ジョゼフ・クラッパー『マス・コミュニケーションの効果』(1959)は,こうした限定効果を理論化し,マスメディアが個人行動へ及ぼす影響は変数の一つにすぎず,意識の改変効果よ

り先有傾向の補強効果が一般的であると主張した．

　研究対象がラジオからテレビに移行した1960年代には，受け手の参与性が高い「クール」なテレビと，参与性が低い「ホット」なラジオを対比するマーシャル・マクルーハン『メディア論――人間の拡張の諸相』(1964)がブームとなった．テレビ番組分析を中心とした「利用と満足」研究は，受動的・画一的な大衆観から「参加する聴衆」「選択する個人」の能動性を確認するとともに，大衆世論に対するペシミズムを中和する役割を果たした．その結果，「効率と精度」を重視した効果研究の刺激 stimulus―反応 reaction モデルは修正され，システム内におけるノイズやフィードバックを重視するモデルも登場した．また，受け手のパーソナル・コミュニケーションを分析する認知心理学の発展は，無意識や不条理なコミュニケーションにも目を向けるようになった．

「文化研究」Cultural Studies

　しかし，アメリカでマスメディアの効果研究は大学や研究機関で制度的ヘゲモニーを確立しており，マス・コミュニケーション研究への批判はエリオット『文化の定義のための覚書』(1948)に代表されるエリート主義的文化理論の伝統をもつイギリスで開始された．アメリカのジャーナリズム学科(スクール・オブ・ジャーナリズム)やドイツの新聞学部のような組織化が進まなかったため，イギリスの大学ではメディア研究の制度的自由度が比較的に大きかった．文化ペシミズムの克服を目指したリチャード・ホガートは『読み書き能力の効用』(1957)で大衆文化を通じた労働者階級内部の文化形成を社会史的に描きだした．また，レイモンド・ウィリアムズは『長い革命』(1961)や『コミュニケーションズ』(1962)で，日常的なコミュニケーション自体が送り手／受け手の関係を変えることで新しい役割や社会認識が形成されるとする学習効果論を唱えた．こうしたヨーロッパ・マルクス主義の影響下に「イデオロギーの再発見」が起こり，大衆文化を日常生活において分析する批判的コミュニケーション研究が開花した．ウィルソン労働党政権が誕生した1964年，「カルチュラル・スタディーズ」の名称の由来となるバーミンガム大学現代文化研究センターが，1966年にはレスター大学にマス・コミュニケーション研究センターが設立された．特にホガートによって組織された現代文化研究センターは，1968年スチュアート・ホールがその跡を継いで所

長となると，グラムシのヘゲモニー論，アルチュセールの構造主義，記号論やエスノメソドロジーなど多様な知的潮流を取り入れて注目を浴び，1979年には機関誌『メディア・文化・社会』も創刊された．

特に受け手研究では，受動的「視聴者」から能動的「読者」へのパラダイム転換にも棹さし，メッセージの意味生成の分析が繰り返された．ホールは，テレビニュース分析から，テクストの解釈過程における意味のせめぎ合いを説明する「エンコーディング(記号化)／デコーディング(解読)」モデル(1973)を次のように提示した．資本主義システムのなかで，マスメディアは既成権力に都合のいい「優先的意味」によって出来事を記号化する．それに対して受け手は「支配的・妥協的・対抗的」コードのいずれかでその意味を解読するが，3つのコードは階級的に配列され，支配的コードに基づく優先的意味がマス・コミュニケーションにおいて中心的な位置を占めている．

このモデルによって，受け手が属する階級やサブカルチャーの特性からメディア受容過程での解釈の多様性が確認された．メディアによる資本主義イデオロギーの再生産機能と受容過程における労働者階級の「意味の闘争」を理論化するホールの視点は，デイヴィッド・モーレイ『ネーションワイド・オーディエンス』(1980)をはじめとする能動的受け手研究の流れを生みだした．また，送り手研究においても，アルチュセールの構造主義派マルクス主義の影響を受け，マスメディア機構の内的ダイナミズムや他の国家装置(学校教育・圧力団体など)との関係を重視する批判的研究が行われた．カルチュラル・スタディーズはメディアの即効的な弾丸効果を相対化したが，文化権力による長期にわたる強力効果のパラダイムの成立に大きく寄与した．

第5節　情報化社会の文化研究——コンピュータ通信段階

メディア調査の新仮説

弾丸効果パラダイムの時代に執筆されたジョージ・オーウェルのSF小説『1984年』(1949)では，テレスクリーンが独裁者「ビッグ・ブラザー」の抑圧的な監視権力のシンボルとして登場した．しかし，現実には社会のシステム化により，テレビは受け手をその主体性ごと動員するソフトな文化権力として機能

した．微細な関係性に包まれたフーコー的な権力イメージは垂直的というより水平的であり，それは中央制御のスーパー・コンピュータがパソコンのネットワークにとって代わられる情報化のイメージとも一致していた(本書 p. 232)．

また，1980年代には地上波テレビ放送のみを受信していたブラウン管がCATV，衛星放送を映し，ビデオやゲームのモニターに使われたように，メディア利用とともに研究のアプローチも細分化され，統合的なマス・コミュニケーション理論は見いだし難くなっている．だが一方で，ポスト工業社会の文明論としての「情報社会」(本書 pp. 230-35)がさかんに論じられるようになると，個人に対するメディアの直接的で即効性ある影響を扱った調査研究に代わって，文化や社会的規範への間接的で長期的な影響を分析する「新しい強力効果モデル」が台頭してきた．現在もメディア調査で検証が繰り返されている仮説としては，情報化が加速した1970年代前半に登場した「議題設定機能」「沈黙の螺旋」「培養分析」「知識ギャップ」の4つを挙げることができる．

「議題設定機能」agenda setting(1972)は，アメリカでウォーターゲート事件が発覚した年にマクスウェル・マコームスとドナルド・ショーが発表した．マスメディアは選挙戦における争点の決定を行なっており，それが人々の認知に変化を与えていることが指摘された．さらに，ウォーターゲート事件を取り上げた論文では，集中的な新聞報道と上院聴聞会のテレビ中継が目新しくない政治疑惑に人々の目を集中させ，世論の変化が引き起こしたプロセスが分析された．ニュース番組に順番があるように，メディアは多様なテーマに優先順位をつけて報道するため，人々はメディアが強調する程度に応じて問題の重要度を理解するようになるという仮説は，メディア内容の定量分析と世論調査の変化を対照することで検証が可能なため，多くの事例研究を生みだした．

「沈黙の螺旋」spiral of silence(1974)は，西ドイツのアレンスバッハ世論調査研究所(1948)を設立したエリザベート・ノエル＝ノイマンによって提起された．マスメディアが特定の見解を優勢と報じると，異なる見解をもつ人々の沈黙を生みだし，その沈黙がメディアの言説の正当性を裏付け，社会的孤立を恐れる人々は勝ち馬を追うようにその見解にとびつく．こうして螺旋状の自己増殖プロセスが生まれ，優勢な世論が作られていくメカニズムが説明された．

「世論とは，論争的な争点に関して自分自身が孤立することなく公然と表明

できる意見である」

　彼女は，第三帝国からの留学生としてアメリカで世論調査を学び，帰国後はナチ党週刊紙『帝国（ダス・ライヒ）』の記者だった．この仮説は同調圧力やバンドワゴン効果など初期の社会心理学の成果を情報社会にふさわしく再構成している．

　「培養分析」cultivation analysis (1972) は，ジョージ・ガーブナーがアメリカ公衆衛生局長官諮問委員会報告書『テレビと社会行動』(1972) に寄せた「テレビドラマの暴力」で知られるようになった．キング牧師やロバート・ケネディーが暗殺された 1968 年には，先進各国で学生反乱が発生した．特に「テレビを見て育った青少年」の暴力化が深刻な社会問題と見なされた．ガーブナーによれば，暴力シーンの多いテレビに接触した視聴者はテレビ世界と現実世界を混同し，現実以上に暴力に対して危険性を感じるようになる．暴力シーンは，その直接的影響の有無よりも存在自体が人間関係の疎外状況を映しており，社会にシニシズムを蔓延させるのではないか．そうした仮説の検証は，暴力のみならず性役割，年齢別役割，人種問題などでも続けられている．

　「知識ギャップ」knowledge gap (1970) は，「知識産業」(フリッツ・マッハルプ，1962) や「情報産業」(梅棹忠夫，1963) など情報化の楽観的な展望に対してフィリップ・ティチェナーらが提起した．社会で流通する情報量が増大しても知識格差は解消せず，高学歴者が低学歴者に比べて情報処理能力が高いため，知識格差はむしろ拡大する．知識格差は価値観や行動様式のギャップも拡大させるため，社会の分断化は深刻化することになる．この仮説はインターネット普及とともに注目されてきた．情報を押し出すプッシュ型のマスメディアと異なり，情報を自ら引き出さねばならないプル型のインターネット利用では，知識ギャップが「情報富裕層／情報貧困層」をグローバルに拡大再生産することも懸念された．この情報格差論は，生産様式よりも情報様式を現代資本主義の規定要因とするネオ・マルクス主義的な情報社会批判とも親和性が高い．

　こうした新しい強力効果モデルの台頭を「メディア・システム依存理論」media system dependency theory (メルヴィン・ド・フルール＆サンドラ・ボール＝ロキーチ，1976) は受け手研究から説明している．社会の構造が不安定であればあるほど，人々は安定の回復を求めてメディアが提供する情報資源に依存するようになる．その依存度が高ければ高いほど，メディアはより大きな認知

パラダイム	弾丸効果モデル	限定効果モデル	新しい強力効果モデル
問題関心	宣伝 propaganda	広告 advertisement	広報 public relations
研究領域	政治領域	経済領域	教育領域
中心機能	操作する manipulate	説得する persuade	納得させる convince
分析対象	非常事態(戦争・選挙)	日常生活	文化再生産
効果モード	短期(即時)効果	→	長期(遅延)効果

図4

的・情動的・行動的効果をもたらし,それはメディアを通じて社会システムにフィードバックされる.こうした受け手とメディアと社会システムの連鎖と相互関係の中でメディアの効果は検討されなければならない.

メディア論＝メディア史

図3(本書p.7)では,マス・コミュニケーション研究の学説史を基軸メディアの変化に重ねた.本章のまとめとして,さらに図4で説得コミュニケーションの変化と重ねたモデルを示しておきたい.

戦争や選挙など短期的効果をめざす宣伝の効果(弾丸効果)に関心が集中した20世紀前半にマス・コミュニケーション研究は成立した.第二次大戦後に消費社会が本格化すると,広告の効果(限定効果)に研究者の関心は広がった.さらに新しい強力効果モデルの現在では,政治宣伝も商業広告も広報(PR)に包含され,研究者は短期的な効果より世代を超える長期的あるい遅延的な効果に注目している.長期に及ぶ効果の分析は実験室やアンケート調査では不可能なため,メディア史的思考が不可欠なのである.

国民統合が強く要請された総力戦体制下の「宣伝の時代」では,映画やラジオの効果は無条件に前提にされていた.それに続く「広告の時代」は,社会システムの相対的安定期だった.何よりも広告媒体であるテレビは,高度経済成長の中で消費者の凝集性を確保していた.「広報の時代」には文化研究を含む新しい強力効果モデルが浮上するが,それは情報化とグローバル化における国民国家システムの揺らぎも反映している.長期的な強力効果を最も必要とするのは,国民文化の再生産を求める国民国家だからである.こうしたメディア研究の言説はそれ自体がメディア史の構成要素なのである.

第2章
メディア都市の成立

> 「市民社会は，広報活動によって造形されるようになるにつれて，ふたたび封建主義的な相貌を帯びてくる．商品提供の主体は，信徒的な顧客の面前で，代表具現の豪華さをくりひろげる．新しい公共性は，かつて具現的公共性が賦与していた人身的威光や超自然的威信の風格を模倣するわけである」
> （ユルゲン・ハーバーマス『公共性の構造転換』1962）

第1節　都市と市民的公共圏

メディアとしての都市

都市はメディアである，と言えば奇異に聞こえるだろうか．

私的領域と公的領域の媒介をメディアの機能に数えるならば，都市はまさしくメディアである．また，都市論とは，テクストとしての都市空間を「読む」ことにほかならない．建造物は人々にメッセージを発信しており，盛り場や公園，オフィスや工場はコミュニケーションを生みだすべく創造された空間である．都会人とは，こうした都市の読解力(リテラシー)をもった人間を指す．空間 space は経験を通じて関係性を生みだすことで場所 place となるが，都市とはこうした関係性が濃縮された場所である．都市化とは場所における経験の組織化である以上，出版，新聞，放送などマスメディアは都市で発生し，そこに集中する．

ダニエル・ラーナー「コミュニケーション体系と社会体系」(1957)によれば，人々の広範な社会的参加に不可欠な条件は，読み書き能力(リテラシー)の上昇と連動する都市化であり，情報を生産する産業的複合は都市でのみ発展した．コミュニケーションのメディア化は，人間関係を対面接触の第一次集団から解放し，「いま・ここ」の私情を離れて目的合理的な公論に従う第二次集団，すなわち官庁・学校・組合・企業・政党などの組織を発展させた．今日の消費都市は，これらの結節機関を軸とするコミュニケーション装置（＝メディア）を基盤としている．都市化こそが都市間の長距離輸送網を発展させ，チェーンストアー，メイルオーダーなど流通産業を育成し，耐久消費財の普及を加速させた．

市民的公共性(ブルジョア)の成立

もちろん輿論(よろん)/世論(せろん)を生みだす社会関係である公共性 Öffentlichkeit も都市に起源する．公共性の歴史についてはユルゲン・ハーバーマス『公共性の構造転換』(1962)の議論がよく知られている．ハーバーマスによれば，近代以前の政治秩序は「代表的具現の公共性」によって基礎づけられていた．臣民の前に臨御する君主の身体は，栄光・尊貴・威厳など不可視の存在を具現化する機能をもっていた．この機能において王権神授説の君主制はキリスト教会と結合しており，不可視の神を幻視させる荘厳なミサ儀礼は君主の正統性を裏付けた．また，君主の威光を顕示する政治都市の中心に，バロック時代の宮廷社交界が存在した．このアンシャン・レジーム(旧体制)では，君主の身体を第一身分の聖職者，第二身分の貴族が取り巻いており，その行列や祝祭を遠くで観覧する第三身分が市民であった．

17世紀になると都市の中心は教会と宮廷から取引所と新聞社に移動した．商品と情報の流通を恒常化させる取引所と新聞社は，市場経済の基盤であった．

この近代都市において，市民は公権力に対して自らの意志，すなわち輿論を表明するようになった．まずロンドンにおいて17世紀後半以降，資本主義システムに基礎づけられた「市民的公共性(ブルジョア)」が成立した．この公共性(圏)は，国家と社会の分離を前提として両者を媒介する社会関係(空間)であり，公衆の自覚をもった市民は公開の討論によって政治的輿論を形成し国家権力を制御しようとした．公共性は世俗化され，教会は公的領域から私的領域へ後退した．ここにおいて輿論は議会制民主主義の組織原理と考えられた．

コーヒーハウス

こうした政治的公共圏に先行する文芸的公共圏として，ハーバーマスは啓蒙時代のサロンとコーヒーハウスを挙げている．第三身分の前衛が最初に公共的議論の術を習得したのは宮廷貴族のサロンだったが，「言論の市場」である公共圏の成立にとってはコーヒーハウスが決定的役割を担っていた．「身分」の権威が及ぶサロンよりも，「財産と教養」さえあれば誰にでも開かれたコーヒーハウスにおいて「文化の商品化」は促進された．

ロンドンで最初のコーヒーハウスは，ピューリタン革命によるチャールズ1

世処刑3年後の1652年,取引所のあるコーンヒル教区に登場した.1680年代後半に開業したコーヒーハウス「ロイズ」は貿易商の溜まり場となり,そこに集まる船舶情報をまとめた『ロイズ・ニュース』が1696年創刊された.ロイズは,大英帝国の拡大とともに世界的な船舶保険会社に発展する.

またイギリス最初の日刊紙『デイリー・クーラント』(1702)も,コーヒーハウスの読者に向けて創刊された.18世紀初頭までにコーヒーハウスの数はロンドンだけで2000軒を数え,政治的討論の中でホイッグ党,トーリー党への政党組織化が進んだ.だが,コーヒーハウスの増加によって,市民的公共圏には経済利害の対立する労働者階層の一部までも参入した.「万人に開かれていること」を意味する公共性の原理において肯定すべき「公衆の拡大」は,結果的には19世紀にコーヒーハウスの衰退をもたらした.「情報」志向の教養新聞の読者は閉鎖的なクラブハウスに引きこもり,犯罪「物語」を売り物とする日曜新聞の読者はエールハウスと呼ばれた public house(パブ)に流れていった.飲酒もできたコーヒーハウスの実態はともかく,覚醒作用のあるコーヒーは「理性」の象徴であったが,エール(ビール)は「喧噪」の象徴である.

レジャーの産業化

18世紀後半に始まるイギリスの工業化は,大量の労働者を都市に集中させ,そのレクリエーション装置としてレジャー産業を発展させた.パブを舞台に時おり提供されていた芝居や音楽は,19世紀後半には完全に商業化されて専用のミュージック・ホールに移された.イギリス最初の専用ミュージック・ホールとして1852年ロンドンにオープンしたカンタベリー・ホールには,ジンと歌声で気晴らしをする労働者がつめかけた.ここに文化を論議する公衆に代わって,文化を消費する大衆が登場する.「有閑階級」という言葉が示すように,本来レジャーは貴族的な特権であった.このレジャーの民主化=商品化は「大衆の貴族化」をもたらした.貴族化した大衆が革命を欲しないのは当然である.マス・レジャーの登場とともに,市民的公共性は「再封建化」を始めた.レジャーの普及に対応し,19世紀を通じて拡大された選挙権によって,公衆の範囲はますます広がり,共通な階級利害を前提とした対等性と開放性は公共圏から消えていった.知性は公共に使用するものと教育されてきた教養層の共鳴

輿論＝public opinion	⇒	世論＝popular sentiments
可算的な多数意見	定義	類似的な全体の気分
19世紀的・ブルジョア的公共性	理念型	20世紀的・ファシスト的公共性
活字メディアのコミュニケーション	メディア	電子メディアによるコントロール
理性的討議による合意＝議会主義	公共性	情緒的参加による共感＝決断主義
真偽をめぐる公的関心（公論）	判断基準	美醜をめぐる私的心情（私情）
名望家政治の正統性	価値	大衆民主主義の参加感覚
タテマエの言葉	内容	ホンネの肉声

図5

板は粉砕された．市民ならぬ「私民」は，公共性の意識もなく論議する専門家という少数者と，公共的サービスを受容する一方の消費者という大衆へと分裂し，市民社会に特有の輿論を生み出すコミュニケーション形態は失われてしまった．図5はメディア史における「輿論の世論化」をモデル化したものである．

明治日本の「公論」と国民的公共性

ちょうど西欧で市民（ブルジョア）的公共性が再封建化を始めた19世紀中葉に，日本に「公論」の概念が取り入れられたことは重要である．幕末にはすでに公共性の政治的言説が登場している．最後の将軍，徳川慶喜は1867年，朝廷への信約において「広く天下の諸侯を聚め，公議を尽し輿論を採りて国是を定めんこと」（『徳川慶喜公伝』）を表明している．輿論を生みだす公議という考え方は，翌年に明治新政府が発表した「五箇条の御誓文」にも「広く会議を興し，万機公論に決すべし」として登場する．この公議＝公共性への参加が諸侯に限られていたことは，確かに封建的ではある．しかし，それは西欧の再封建化した公共性との同時代性を備えていた．「王政復古」と言っても，王政モデルが先例のない理想像のため，その統治には大きな自由度があり，「復古」の名において武士身分の解体，被差別民の平民統合といった脱身分制の大規模な社会変革は実現した．「復古」から「開化」への象徴転換はスムーズであり，明治国家は近代テクノロジーとともに西欧の政治概念を容易に受容できた．

市民の批判的公共性を生みだした近代都市は，19世紀後半には大衆をシンボルで統合する新たな具現的公共圏へと変貌していった．国民主義（ナショナリズム）の時代であ

る19世紀は、市民的公共性(ブルジョア)が国民的公共性へ拡大してゆく過程である．市民社会で調整不能な階級利害は，国家による工場法，健康保険法などの制定によって私的領域への公的介入，いわゆる社会国家化を引き起こした．また，国家が階級対立を国民国家の外部へ転嫁する社会帝国主義の時代が到来した．それを可能にした技術的基盤を見ておこう．

第2節　交通空間としての現代都市

近代の循環系と神経系

「石炭と蒸気の革命」の発祥地ロンドンの人口は19世紀の100年間で96万から454万へ4.7倍に増大した．市街化した郊外地域を含めると人口は6倍以上に膨張したことになる．新興都市ベルリン，ニューヨークの場合は，まさしく「電気と化学の革命」の産物である．1816年わずか人口22万だったベルリンは，71年93万，1900年には271万に膨張する．1840年に人口31万だったニューヨークも60年81万，1900年には344万に達した．一方，18世紀半ばには世界最大の都市として100万を超えた江戸の人口は100年間ほぼ変化せず，維新後の人口流出で1872年には57万に半減していた．工業化の開始により1890年には115万人に回復し，日露戦争後の1908年には219万に倍増した．

こうした人口集中を可能にした社会経済的基盤こそ，人・物・エネルギー・情報の「交通」システムであった．マルクスが『資本論』(1867)で使った「コミュニケーション」Kommunikationには，今日では一般に物的な輸送手段を指す「交通」Verkehrの意味も含まれる．そもそも遠隔コミュニケーションtelecommunicationである電信，電話，ラジオが普及するまで，物質的移動から切り離された「情報伝達」は考えられなかった．実際，書籍や新聞雑誌による「情報伝達」は鉄道や自動車などの「交通」を欠いては考えられない．

まさに19世紀は「交通革命」の時代であり，人々の時空の感覚は大きく変容した．ここでは交通都市の循環系となった鉄道・自動車，神経系となった照明・電化について概観しておこう．

鉄道と国民化

ジョージ・スティーヴンソンは，蒸気によって場所 locus を移す motive 機関車 locomotive を 1814 年実用化した．1825 年にストックトン・ダーリントン鉄道が開通して以降，鉄道は都市を結ぶ動脈として発展した．鉄道網によって都市空間の閉鎖性は崩れ，高速移動による空間収縮は，首都を核とする均質的な「国土」を生みだしていった．35 君主国と 4 自由都市からなる領邦分立のドイツ連邦(1815-66)から，統一ドイツ帝国が誕生する技術的基盤もまず鉄道であった．アメリカでも 1845 年連邦議会に提出された大陸横断鉄道建設計画は，南北戦争(1861-65)を挟んで 1869 年に実現した．同年，日本初の電信実験が東京―横浜間で行われた．翌年から新橋―横浜間の鉄道敷設が始まり，学制公布の 1872 年に開通した．

電信網もまた鉄道網の一部として広がったのである．1837 年サミュエル・モールスの発明以後も長らく有効需要を見いだせないでいた電信技術は，鉄道の登場によって産業化の道を踏み出した．物流の循環系に電信という情報の神経系を加えることで，鉄道システムは近代社会の統治原則(コンスティチューション)となった．

大日本帝国憲法発布の 1889 年には東海道本線が開通している．日清戦争前の鉄道敷設法(1892)から日露戦争後の鉄道国有法(1906)までの時期は，国民国家・日本の形成に決定的であった．

また，鉄道時刻表を基準として時間も均質化されていった．鉄道標準時として採用されていたグリニッジ標準時が 1880 年イギリス標準時となり，これを基準として 1884 年ワシントン国際標準時会議で世界的時間秩序は方向づけられた．日本が東経 135 度の子午線を標準時の基準とすることを決定したのは 1886 年，ドイツも 1893 年に合流した．こうして世界は，同一の時空のもと，各国民国家を単位とする一つの国際システムとして動き始めた．

鉄道と感覚変容

さらに鉄道はコミュニケーション様式にも影響を及ぼした．移動時間を圧縮することで，鉄道は旅行のプロセスを消し去り，鉄道旅行の体験は目的地での体験に集約された．こうした変化は，私たちのコミュニケーション理解をプロセス重視から目的重視，効率重視へと変えていった．以前にはそれ自体が楽し

みであった旅程は，退屈で眠気を誘うものとなった．暇つぶしのため，また狭い車内で互いのプライバシーを守る手段として，旅行中の読書が定着し，携帯に適した書籍の小型化を促進した(本書 p. 53)．鉄道輸送の整備は全国同一料金で出版物を頒布することを可能にし，駅のキオスクは新聞・雑誌など情報流通の拠点となった．特に，定期性をもつ雑誌ジャーナリズムの成立には鉄道網の広がりが不可欠であり，大部数の全国誌が台頭してきた．

情報流通の高速化は，情報そのものを商品として扱う通信社の活動領域を海外にまで拡大させた(本書 pp. 69 f.)．そうした情報の商品化により，時間も資本の投下領域となり，情報市場のフロンティアは未来に向けて大きく開かれた．それを象徴するイベントこそ，1851年ロンドン万国博覧会に始まる科学技術イベントである．それまでエデンの園の「遥かな過去」やユートピアの「未知なる新大陸」に想定されてきた理想郷の物語は，もっぱら未来テクノロジーの「科学小説(サイエンス・フィクション)」に投影されるようになった．社会主義の宣伝も「空想から科学へ」(フリードリヒ・エンゲルス，1880)と変貌した．

鉄道の速度は視覚にも影響を与えた．車外に流れる光景は視覚的に処理するイメージを増大させ，大都会的な知覚の発生を促した．最初期の有名な映画にリュミエール兄弟の《ラ・シオタ駅》(1895)があり，最初の物語映画がエジソン・カンパニーの《大列車強盗》(1903)であるのは象徴的である(本書 pp. 98-102)．

鉄道の規則正しい運行に必要な管理と組織化の技術は，社会のあらゆる領域に応用された．事故防止のために行なわれた工業性疲労実験は，フレデリック・W・テイラーによって工場労働者の組織的怠業防止のために考案された「科学的管理法」へ応用された．1913年ヘンリー・フォードが創案した大量生産方式(フォーディズム)は，ベルトコンベアに機関車の進行を反映させたものである．

新たな公共空間を切り開いたという意味では，地下鉄が重要だ．1863年ロンドンで世界初の地下鉄「メトロポリタン鉄道(首都鉄道)」が開通した．以後，各都市の地下鉄が「メトロ」と略称されたため，メトロナード(地下街)のようにメトロは「首都」よりも「地下」の意味で理解された．浅草―上野間の地下鉄開通は，未来社会における地上と地下の階級的対立を映像化したSF映画《メトロポリス》(フリッツ・ラング監督)がベルリンで封切られた1927年である．

自動車とモードの創出

イギリスでの交通革命は産業革命の結果であったが，ドイツやアメリカの産業革命は交通革命によって加速した．1885 年，ドイツでゴットリープ・ダイムラーが密閉式ガソリン機関の二輪自動車を発明し，翌 86 年にカール・F・ベンツは，四輪自動車を開発した．さらに 1888 年，「自転車狂時代」を現出させた空気入りタイヤがイギリス人ジョン・B・ダンロップによって開発され，自動車の滑らかな運行が可能となった．ヨーロッパで発明された「エンジン付きの馬車」は上流階級の誇示的消費の対象であったが，アメリカでは「個人向けの機関車」として発展した．自動車が交通手段として鉄道の水準に到達するのは，アスファルトとコンクリートで舗装された専用道路がアメリカで実用化された 19 世紀末である．日本でも 1904 年，国産車第 1 号として山羽式蒸気乗合自動車が試作され，1907 年東京自動車製作所がガソリン自動車「タクリー号」の生産を開始した．

1908 年ヘンリー・フォードが製作した「T 型フォード」は，1913 年よりハイランド・パーク工場の可動組立ラインで大量生産が開始され，ヨーロッパ富豪の「ひけらかし」をアメリカ大衆の「生得の権利」に変えた．モノを規格化，均一化，標準化する「生産の流れ」を生みだしたこのフォード・システムに対して，差異化，多様化による「消費の流れ」を生みだしたのは馬車製造業者ウィリアム・デュラントが 1908 年創設したゼネラル・モーターズ (GM) 社のモデルチェンジ戦略であった．1923 年アルフレッド・スローンが GM 社長に就任すると技術革新を伴わない意匠だけの変化によって流行を生みだした．また，買い換え用にローン会社を設立して需要を掘り起こし，廉価な規格車「T 型フォード」を生産中止に追い込んだ．さすがのフォードも 1927 年，広告とモデルチェンジを駆使した GM 流「ファッション化」に踏み切った．大量生産品の性能や価格に大差がなくなれば，包装・商標など外見的な差異が購入の決め手になる．大量消費社会の到来は，情報化時代の幕開けであった．

コカコーラと並びアメリカ消費文化の象徴＝商標ともなったファーストフード「マクドナルド」チェーンは，1939 年マクドナルド兄弟が開業したドライブイン・レストランを起点としている．ハンバーガーの製造販売には，自動車の生産ライン方式とガソリンスタンドのセルフ・サービスが応用されていた．

大衆消費の拡大で自由や民主主義を可視化するアメリカニズムは，自動車とともに世界化していった．

照明と電化

啓蒙 enlightenment とは，世界を光 light で照らすことである．18 世紀の啓蒙思想は光学を発展させ，写真という高度に複合的な複製技術産業を 19 世紀前半に成立させた（本書 p.94）．それは，近代都市空間の成立とパラレルでもあった．「読書革命」も照明が普及した都市で始まるが，夜会(ソワレ)への参加が上流階級の証であったように，高価な蠟燭(ろうそく)の下での読書は市民階級の特権であった．市民的公共圏で討議した市民は，「財産と教養」を持つ読書人にほかならない．

一方，19 世紀の工業化は労働の合理化を進め，日照時間に左右されない時計による時間管理が定着した．その際，人工照明は不可欠な前提となった．最初の工業的照明，ガス照明は，蒸気機関車と同様，石炭産業から生まれた．ともに広義な石炭産業であるという以上に，ガス灯は鉄道システムを模倣して生まれた．蠟燭やランプは独立して輝く照明だったが，ガス灯は都市に張り巡らされた導管の上で輝き，レールの上を走る機関車と同じく全体がシステム化されていた．ここに照明史におけるガス灯の画期があった．

1820 年代のイギリスでは公共照明にガス灯は欠かせぬものとなり，ドイツの諸都市でも 1850 年代には急速に普及した．明治の文明開化の象徴も鉄道とガス灯であった．新橋―横浜間の鉄道開業(1872)につづいて，翌年には横浜，翌々年には東京でガス灯が点火された．いみじくも，ガス灯の登場は徴兵令公布と同じ 1873 年である．西欧においても，街灯の整備が国家による暴力装置の独占化とともに進展したことは重要である．1848 年パリで勃発した「二月革命」は，電信の速報によって全ヨーロッパで革命運動を誘発しウィーン反動体制は崩壊した．しかし，こうした革命運動は速やかに弾圧され，都市の治安活動は自警団や市民軍から警察・軍隊の手に移った．本来，近代ヨーロッパの市民とは，都市を守るために自弁で武装し市民軍を形成した人々であった．1848 年革命は最後の市民革命であり，「市民」の時代の終焉を意味した．ガス灯の点火とともに「市民革命」の可能性は消えたのである．

労働者階級が政治の舞台に躍り出たこの革命以後，クラブハウスや書斎へ引

きこもった市民階級により，石油ランプが使用され始めた．1859年ペンシルヴァニア油田の発見以後，灯油ランプの利用が広まると，1860年代には仕事が終わった勤労者でも新聞を読めるようになり，有閑階級の高級な朝刊紙にかわって大衆的な夕刊紙が増加した．公共性の構造転換はランプの下で起こった．

1867年ヴェルナー・ジーメンスによる発電機の実用化とともに1870年代にはアーク灯が，続いて1880年代にはエジソンが1879年に商品化した白熱電灯（竹フィラメント）が普及した．電灯の配電システムも，ガス灯の集中供給システムを手本にエジソンによって開発された．1882年にロンドンとニューヨークで配電所が操業を開始し，都市には送電線が張り巡らされていった．日本の電気事業も1886年の東京電燈の開業に始まり，1890年代には主要都市に電灯会社が設立された．とはいえ，白熱電灯が今日と同じ安定した明るさに達し，水力発電によって安価になった電気利用が広まるのは日露戦争後のことである．

蠟燭が生みだした「読書する市民」は電灯の下で「気晴らしする大衆」となり，「ランプの個人主義」は「電化の集産主義」に呑み込まれた．この電化都市からは市街電車，電話，映画，ラジオなど無数のコミュニケーション手段が生みだされた．公共事業体が各家庭に配電する電気システムは，公共圏の枠組みである「私人の領域」(社会)と「公権力の領域」(国家)の壁を取り払った．「社会国家」Sozialstaat の出現は公共性の構造転換を完成させた．レーニンの国家社会主義，すなわち「社会主義＝電化＋ソビエト」も，それを裏付けている．

合意を製造する国民的公共性

19世紀後半，交通網の発達は，都市を飢饉から解放した．飢饉の恐怖から解放された大衆は，貴族の習慣，すなわち余暇を要求した．市民とは生産する財貨において市民であるが，貴族とは彼が具現する権威において貴族である．貴族化した大衆の道徳は，「何をなすか」(財産・教養)ではなく「何ものであるか」(人種・国民)によって基礎づけられた．それゆえ，「大衆の貴族化」はすなわち「大衆の国民化」(ジョージ・モッセ, 1974)である．19世紀の国民国家が選挙権を広げ，その公共圏を市民階級の外まで拡大したとき，教養を共有せず各々の階級利害を主張する大衆を国民統合すべく，かつて「王の政治的身体」(エルンスト・カントロヴィッチ, 1957)がもった具現的公共性が再活性化された．

シンボルによって政治的権威は可視化され，広告的表現によって政治的言説は過剰に演劇化された．シンボルに彩られた国民的な祝祭，記念碑，デモ行進などで大衆の合意を形成する「新しい政治」の舞台は，国家を交通網で収縮させた祝祭都市（首都）である．今や首都は，鉄道・自動車という循環系をもち，電気テクノロジーの神経系を張り巡らしたヴァーチャルな「身体都市」となった．かくしてメディア都市は討議なき合意形成（世論製造）の装置となった．

「世論の輿論化」は可能か？

　以上は本書初版（1998）の20世紀末における都市と公共性の概観だが，インターネットが普及した21世紀の公共性を私たちはどう考えるべきだろうか．

　そもそも輿論 public opinion とは，説得すべき少数意見を伴う多数意見のことである．一方，議論なき共感の世論 popular sentiments では，説得すべき他者ははじめから想定されていない．図5（26頁）に示された「輿論の世論化」が民主主義の暴走を許し，全体主義体制を招来した20世紀の歴史的教訓は重い．それに抗して「世論の輿論化」という展望は可能なのか．

　現在ではヨーロッパの市民社会的な理想である輿論に見切りをつけ，ウェブ空間でバージョンアップした世論を「一般意志2.0」（東浩紀，2011）として活用する方が現実的なのかもしれない．それは SNS 元年の2005年頃から流行語となった「Web 2.0」（ティム・オライリー）を受けた概念である．Facebook にせよ Twitter にせよ，あらゆるソーシャルメディアは利用者が自ら積極的にデータを書き込み，投稿しなければネットワークとして機能しない．消費者の自発性にサービスの存在，つまりビジネスの成否がかかっており，そのため運営企業も利用者本位にならざるを得ない．この点を強調する限り，旧態依然たるマスメディアの票読みや政局解説などを超えたウェブ空間の集合知への期待は大いにふくらむ．

　むしろ，「一般意志2.0」論で興味深いのは，ウェブ空間でこそ民主主義先進国への跳躍を日本が狙えるという視点である．「空気を読む」ことにも情報技術の扱いにも長じた日本国民は，自分たちに向かない熟議の理想を追い求めるべきではなく，むしろ「空気」を技術的に可視化し，それを合意形成の基礎に据える新しい民主主義を構想したほうが良いというわけだ．

確かに，討議を前提とする読書人的公共性は合意形成から情報弱者を実質的に排除するコミュニケーションであり，国民全体の参加という意味では「コミュニケーションなき意見集約」の方がより民主的である．そしてビッグデータの情報解析はそうした意見集約をある程度まで実現してゆくはずだ．SNSで「毎日毎時間選挙をやっているような時代」を私は楽観できないものの，AIを駆使した「集合的な無意識」の可視化は推進すべきなのだろう．この問題には，終章の第4節「超スマート社会（Society 5.0）？」で再び触れたい．

第3節　ドイツ──大衆の国民化

シンボル駆動の「新しい政治」

　ドイツ統一を目指したプロイセン王国は，ナポレオン3世下でオスマン男爵によって着手されたパリ改造計画（1853）に大いに刺激された．1862年建設参事官ポプレヒトの都市計画案が提出され，ベルリンは大環状道路を軸にして広場を配置した巨大都市へと発展した．普仏戦争の戦下で1871年成立したドイツ帝国のナショナリズムを追うように，イギリスや日本の首都改造も開始された．「大衆の国民化」を推進するシンボル政治の舞台として，都市というメディアは20世紀の歴史を動かしていった．
　都市計画と同様に，近代におけるシンボル政治の先頭を切ったのはフランスである．1789年のフランス革命では，共和国を象徴する「自由の女神」（マリアンヌ）像はもちろん，国旗（三色旗）や国歌（ラ・マルセイエーズ）など国民国家を表象するシンボル体系が構築され，それはナポレオン戦争に巻き込まれた欧州各国でモデルとされた．特にフランスが国民統一の最大の障害となったドイツでは，フランスとの対抗で国民的「伝統」の創出が急がれた．ドイツ国家のシンボルである「ゲルマーニア女神」も，帝国旗「黒白赤」も，国歌「ドイツの歌」（いわゆる「世界に冠たるドイツ」1841）も，フランスへの対抗意識が示されている．国歌1番は「マース川からメーメル川まで」と領域を示すが，マース川流域の大半はフランス領だった（第二次大戦後は3番のみ歌われている）．

国語,国民文化,国民祝祭,国歌,国旗

こうしたシンボルと並んで,「国語」や「国民文化」が整備されていった.フランス革命勃発の3年前に没したプロイセンのフリードリヒ大王は,その流暢なフランス語に比べてドイツ語はたどたどしく,愛国詩人ヘルダーの憤懣を買っていた.また,グリム兄弟は1837年イギリス王室より分離したハノーヴァー王室の反動化に抗議した「ゲッティンゲン七教授事件」で免職され,ドイツ語大辞典の編纂に着手した.宗教改革以降のドイツ語を見出し語とし,語義・用法の変遷を歴史的に跡づけた膨大な作業は,兄弟の生前にはFrucht(結実)の項目までしか進まなかったが,その『ドイツ語大辞典』全16巻32冊(1854-1960)の刊行は引き継がれ,1909年以降はプロイセン科学アカデミーの国家事業となった.『オックスフォード英語辞典』全12巻(1884-1928)にも踏襲された言語の歴史主義は,「国家語」の確立を求めた国家理性を反映している.

同じグリム兄弟の民話収集からワーグナーの北方神話のオペラ化に至るまで,「民族文化の発見」に情熱が注がれたのがこの時代であった.ルター宗教改革300周年記念祝典(「ヴァルトブルク祝祭」1817),グーテンベルク印刷術発明400年祭(1840)からライプチヒ諸国民戦争100年祭(1913)まで,ナショナリズムに触発された多様な記念祝祭が「創造」された.こうした「疑似イベント」(シュード)は,新聞・雑誌の報道で増幅され,全ドイツ的な歴史意識の共有を促進した.

1871年に成立したのは「小ドイツ主義」の帝国である.「第二帝国」を名乗ったものの,神聖ローマ帝国の皇統ハプスブルク家のオーストリアは排除していた.当時,「ドイツの歌」が正式な国歌とされなかったのは,フランツ・ヨーゼフ・ハイドンの曲が「オーストリア皇帝」に捧げたものであり,作曲が「自由主義者」ホフマン・フォン・ファラースレーベンだったためである.

その未熟な国民統合を補強するため,ビスマルクは「国民国家の敵」に憎悪を結集する,否定的統合戦略(ネガティブ・インテグレーション)を採用した.槍玉に上がったのは,まずローマ教皇と関係をもつカトリック教会,次いで労働者階級の国際的連帯を唱える社会民主党であった.それでもカトリック教徒と労働者の国民化が進展すると,こうした過激な統合戦略は国民全体の新たな「敵」を求めて反ユダヤ主義を過熱させていくことになった.

記念碑建立ブーム

ゲルマン民族や神聖ローマ帝国の神話に由来する国民的記念碑（ヴァルハラ，ヘルマン記念碑，キフホイザー記念碑など）や，セダン戦勝記念碑，ビスマルク塔など量産された公共建造物は，ドイツ国民の自己表現として人々の意識に浸透していった．記念碑 monument は「思い出させる」を意味するラテン語 monere に由来する．そこに共通するのは，一つの特殊な場所の構成である．訪れる人は，そこに語られる歴史を想起し，場所の体験を共有することで同じ歴史に共感する国民意識を発揚した．記念碑の多くは，学生や一般市民を含むさまざまな協会や結社の募金によって建てられた．もちろん「記念碑崇拝（カルト）」は国家の援助も受けたが，それは大衆が「操作」されたことを意味しない．大衆にも参加の感覚を与える演劇的な「新しい政治」が，国民的な合意を形成していた．第二帝政期のベルリンの王宮前には，正午に軍楽隊が演奏を開始するとバルコニーの窓ごしに皇帝の姿を一目見ようと観光客が連日つめかけた．確かに，こうした国民的合意は情緒的な共感によるものであって理性的討議による合意ではない．社会秩序における非合理的要素が，ジェイムズ・フレイザー『金枝篇』(1890)，ギュスターヴ・ル・ボン『群衆心理』(1895)，エミール・デュルケーム『自殺論』(1897)，ジグムント・フロイト『夢判断』(1900)などにより再発見されたのも，国民的伝統が大量生産された19世紀末以降のことである．

また，ベルリンの帝国議会議事堂(1894)に代表される新古典主義の公共建築も，国民的理想を具現化すべく建てられた．強調された軸線は歴史を貫く権力意志を，厳密なシンメトリーは秩序への志向性を，整然とした列柱様式は揺るぎなき国家権力を表現していた．この新古典主義様式は，やがて第三帝国で再生産されたばかりか，全ヨーロッパの公共建築を席巻し，日本やアメリカやソビエトでも国民統合のアーキテクチャーとして採用された．

第4節　イギリス——伝統の創出

伝統の大量生産

そもそも都市化とは，伝統的な村落共同体の解体過程である．空間の流動性が高まり時間が加速化する中で，多くの人々はアイデンティティの危機に直面

した．19世紀の国民国家は，アトム化する大衆を「連綿たる歴史」や「民族的伝統」という安息の地に導くために，「伝統の大量生産」(エリック・ホブズボウム，1982)を開始した．今日われわれが国民的伝統であると信じている形式や儀式は，19世紀，とくに1870年代以降に形成されたものである．大量の国民的伝統はマスメディアとほぼ同時期に成立したのである．また，交通網と観光産業の発達も，記念碑や史跡公園が体現する国民的伝統へのアクセスを容易にし，土産，記念品など伝統製造業を活性化させた．

市民的(ブルジョア)公共性の発祥地であるイギリスも，1871年統一ドイツ帝国の出現を契機として国民崇拝(カルト)の国際競争に巻き込まれた．

自由主義時代

名誉革命(1688)による立憲君主制の確立後にドイツから渡ってきたハノーヴァー朝(1714-1901)の政治的影響力は小さかった．自由主義新聞は君主に批判的であり，地方新聞は王室に無関心であった．王室儀礼を全国に伝えるような大衆向けのイラスト新聞もまだ存在せず，1842年創刊の『絵入りロンドンニュース』は高価でその影響力は限られていた．イギリス国歌「神よ女王(国王)を守らせたまえ」は，18世紀中ごろには演奏もされ楽譜も出版されていたが，1837年ヴィクトリア女王の戴冠式にはこの国歌が演奏されることはなく，戴冠式も国民的祝祭と呼ばれるには実質を欠いていた．

国家権力の象徴として首都に記念碑や祝祭広場を整備したパリやベルリンと異なり，ロンドンの広場や建造物は資本家個人の富の記念碑であった．それはあたかも，ドイツの国民経済学派とイギリスの自由経済学派の発想の違いを反映していた．首都で都市計画が実施され公園や広場が整備されるのは，1888年にロンドン市委員会が設置されて以後である．

帝国主義と大衆民主主義

1871年プロイセン国王ヴィルヘルム1世のドイツ皇帝位就任は，イギリス王室にも大きな波紋を投げかけた．1877年，ヴィクトリア女王はインド皇帝位に就任し，ようやく「国王」から「皇帝」になることができた．これ以後，王室儀礼は帝国行事として強調されるようになる．国内事情も「帝国」のイベ

ントを必要としていた．第3次選挙法改正(1884)により男性戸主の労働者層まで選挙権が拡大すると，工業化とともに激化した階級対立が議会政治に持ち込まれた．帝国イベントは，国民の共通関心を海外に誘導する重要な役割を果たし，拡大する大英帝国の中核，国民共同体の悠久性のシンボルとして王室が積極的に活用されるようになった．半ペニーの大衆新聞『デイリー・メール』が1896年創刊される頃には，君主制を批判する論説や漫画は新聞から消えていた．印刷技術の発展により，君主の肖像と儀式の模様は全国に伝えられた．ロンドンには公的な記念碑，記念像が乱立し，劇場型政治の舞台としてバロック都市への改造が着手された．1911年エドワード7世の葬儀では，遺体をウェストミンスター・ホール正面に安置する革新的演出が施され，25万人の大衆が葬列をつくった．王室行事の記念陶器やメダルの大量生産が始まり，娯楽化，商業化をともないつつ「伝統の創出」は全盛期に達した．

　ロシア，ドイツ，オーストリアの3帝国が崩壊した第一次大戦後，イギリスの王室儀礼は「帝国」間の競争を脱して独自な発展を遂げた．メディア環境も1922年BBC放送の登場で変貌し，1932年ジョージ5世は「国父」としてクリスマスのメッセージ放送を行なった(本書 p. 156)．1950年代以降はテレビと結合して世界に冠たる伝統の大衆化を実現した(本書 pp. 210 f.)．1990年代には国家ブランド戦略「クール・ブリタニア」Cool Britanniaが打ち出されたが，「伝統とモダンが溶け合う国」において王室行事は一定の役割を演じている．

第5節　アメリカ——進歩の伝統

新しい国のアイデンティティ

　「アメリカ人」を創るという目的から，国民主義を極めて意識的に制度化した人工国家こそ，アメリカ合衆国である．近代最初の計画首都ワシントンDCは，1791年フランス人技師ピエール・シャルル・ランファンによって設計された．星条旗は，独立革命時の大陸旗を土台として1777年6月14日（「旗日ﾌﾗｯｸﾞ･ﾃﾞｲ」）に制定された．1812年英米戦争の際，フランシス・スコット・キーが作詞した「マクヘンリー砦の防衛」が国歌となった．しかし，首都が国家儀式の舞台として整備されるのは南北戦争以後であり，アメリカでも19世紀後半から国民

統合的な記念事業が急増した．

　1776年英領植民地から独立したアメリカは，国家のアイデンティティを出身国の「伝統」ではなく自由の「進歩」に求めた．1876年建国100周年祝賀博覧会がフィラデルフィアで開催されたが，そのシンボルは開拓者や愛国者という植民地時代の「伝統」ではなく，「進歩」の象徴たるコーリス蒸気機関であった．以後も，技術的進歩を謳った巨大博覧会がアメリカニズムの祝祭として相次いで企画された．そこから「進歩の伝統」という特有の発想が生まれた．

　連邦政府がこの「進歩の伝統」に本格的に介入してくるのは，南北戦争中の叙勲制度創設以後である．1861年から4年間に及んだ南北戦争の戦火の中で合衆国の国民意識は鍛えられたが，一方で地域間，人種間，階級間の溝の大きさも改めて意識されるようになった．建国100周年記念事業として連邦議会は各地の「郷土史」編纂推進を決議し，1880年代以降は学校での星条旗掲揚が義務づけられていった．

首都ワシントンの威厳

　1892年にはコロンブス上陸400年が各地で祝われ，軍隊や市民組織がパレードを繰り広げた．翌93年，首都ワシントンを見下ろす高台に超宗派キリスト教のゴシック様式大伽藍，ワシントン国立カテドラルが連邦議会の承認を得て建設された．この1890年代，連邦議会はゲティスバーグなど南北戦争の激戦地を国立古戦場と指定し，記念施設が建設された．すでに1872年イエローストーンが最初の国立公園に指定されて以降，鉄道会社は観光客集めのために国民的記憶の開発に力を尽くした．

　ワシントン公園企画委員会はワシントンDCを祝祭都市とする計画を進め，1900年「ページェントや公式の儀式を受け入れるための大広場」が設計された．169メートルのオベリスク，いわゆるワシントン記念塔(1884)，ドリス様式の円柱をもった大理石のリンカーン記念堂(1922)，白いドームの偉容を誇る議会議事堂(1866)に挟まれたモールの中に「進歩の殿堂」スミソニアン協会の博物館群が建てられていった．この空間でアメリカ人としてのアイデンティティを確認した人々は，壮大な新古典主義建築の官庁が居並ぶコンスティテューション(憲法)街で国家の秩序と権威を目にすることになった．

「進歩の伝統」を謳うアメリカでは，その時々の「ニューメディア」は国民的イベントと一体化していた．1844年5月サミュエル・モールスはボルチモアで開催された民主党全国大会の進行をワシントンに電送することで電信の威力を知らしめ，グラハム・ベルは電話装置を1876年フィラデルフィア建国100年祭博覧会に，エジソンはキネトスコープを1893年シカゴ万博に出品した．最初の定時ラジオ局 KDKA の第一声は，1920年大統領選挙開票日に設定されていた．

第6節　日本——象徴の設計

「復古」ではなく「近代」としての天皇制

おりしも明治維新は，欧米各国が以上のような「伝統」の量産競争を開始する直前にあたっていた．この国際的潮流において考えると，日本の近代化が1868年1月3日の王政復古で始まり，祭政一致の復活が唱えられたことは異様には見えない．こうした「伝統の創出」の文脈では，「復古」は後進性や反動性を示すものではなく，むしろ「近代化」の前提であった．

近代的な国民国家を立ち上げようとした維新の指導者たちは，同時代の西欧列強の儀礼システム内に自らの位置を占めるべく努めた．近代天皇制が範を求めたドイツやイギリスの君主制も，ちょうど同じ時期に伝統的な儀礼や文化を創り出そうと努めていた．こうした同時代性を見落とすと，天皇制という国民統合システムの今日に至る連続性を誤って理解することになろう．

「天皇は，日本国の象徴であり日本国民統合の象徴であつて，この地位は，主権の存する日本国民の総意に基く」

これは現行の日本国憲法第1条だが，ここでも社会のマジョリティが伝統ある象徴秩序を受け入れる「国民化」が前提とされている．

大巡幸

国民的公共圏は民衆がシンボル政治へ主体的に参加することで創出される．ここで大きな役割を果たしたのが，明治天皇の大巡幸であった．天皇が地方を巡回して民衆の歓迎を受ける「巡幸」という儀礼は，1868年5月の京都から

大阪への行幸ならびに同年 11 月の東京への行幸に始まった．同年 9 月 3 日には東京遷都の詔勅が発布されたにもかかわらず，以後 1880 年代末まで，天皇は東京に腰を落ち着けることなく，北は北海道から南は九州の最南端まで「大巡幸」を繰り返した．

この間に西欧モデルの伝統儀礼や国民行事が整えられ，国歌や国旗など象徴装置があわただしく創り出された．1868 年 3 月に菊花御紋（16 花弁）が天皇家の公式紋章として制定され，1870 年には船舶に「日の丸」掲揚が義務化された．大巡幸の目的は，こうしたシンボルの普及にあり，それによる「領土の象徴的掌握」であった．1873 年 1 月に神武天皇即位日（紀元節）と天長節の国家祝日が制定され，暦の中にも公認の国民的記憶が組み込まれた．「君が代」は，1869 年横浜のイギリス軍楽隊長 J. W. フェントンが作曲した天皇礼式曲を，1880 年海軍省傭のドイツ人音楽教師フランツ・エッケルトが編曲した．1890 年教育勅語発布による学校儀礼整備の中で，1893 年に文部省が「祝日大祭日唱歌」として官報で告示し国歌として定着した．

大礼服の都

明治天皇がかくも長期間の大巡幸を行なった理由の一つは，「伝統」の象徴的資源に富んだ京都との関係で「新都」の果たすべき統合機能をめぐって政府内で論争が続いたためであった．福沢諭吉は『時事新報』社説「首府改造と皇居御造営と」(1883)で，当時建立が進められていた華盛頓（ワシントン）記念塔やケルン大聖堂 (1880) の例を引き西洋に通用する儀礼様式を首都改造に盛り込むよう主張した．皇居を中核とする東京改造案は，1888 年市区改正委員会によって具体化された．ここに皇居を中心に南側（霞ヶ関・日比谷）を官庁街，東側（丸の内・大手町）を商業地区とする現在の東京の基本計画ができあがった．焼失放置されていた江戸城本丸跡にネオ・バロックの二重橋と正門前の儀礼用広場をもった皇居が完成するのは，憲法発布の 4 カ月前であった．ここを舞台に 1889 年 2 月 11 日紀元節に催された大日本帝国憲法発布の祝典は，天皇制の象徴空間の完成，すなわち大巡幸の大団円をも意味した．

東京招魂社を 1879 年改組した靖国神社境内に，大村益次郎の銅像が建立された 1893 年以降，日清戦争勝利を契機として記念碑ブームが発生した．1894

年の明治天皇銀婚式大祝典では，最初の記念切手が発行された．ちなみに，1900年5月10日，皇太子（後の大正天皇）の成婚式パレードが行なわれたが，これ以後「伝統的」な神前結婚式が民間に普及していった．かくして皇居を中心とする代表具現的公共圏が立ち現れた．その過程で大きな機能を果たしたのが御真影や祝祭日の教育勅語奉読などのシンボル教育であった．

御真影からビデオメッセージへ

　1887年から始まった「御真影」，宮内庁の正式用語では「御写真」の学校への下賜も，欧米の儀礼様式の模倣であった．

　「君が代」斉唱は讃美歌合唱，校長による教育勅語奉読は聖職者による聖書朗読，校長訓話は司牧者の説教に対応しており，明治国家はキリスト教祭祀の形式を利用していた．こうした国民化儀式の素材である文部省唱歌にも讃美歌起源のものが多かった．「御真影」の明治天皇も洋服を着用している．当初は明治天皇のみであった「御真影」が，明治20年代から皇后の写真とセットになった．明治期には腰掛けの天皇と立ち姿の皇后は別々に写されていたが，大正期にはどちらも立ち姿となり，夫唱婦随的アジア型から夫婦同伴的西欧型へと変化している．昭和期には1枚の額縁に収められ，近代家族の象徴となった．

　「国民化」の位相で近代天皇制を眺めれば，そこで問題となるのは封建遺制より急激な近代化である．それは，メディアの「日本型」編成にも当てはまるはずである．

　平成の終わりは「玉顔放送」から始まった，2016年8月8日，退位の意向をにじませた天皇のビデオメッセージがテレビ放送された．事前収録のメッセージ放送という点では，1945年8月15日の「玉音放送」(本書pp. 169 f.)と同じである．しかし，音声だけの「玉音」と比べて，映像付きの「玉顔」は象徴とは何ものであるかを強く国民に印象づけた．ほぼすべての国民がその「内容」ではなく「心情」を理解し，「事実」ではなく「印象」に共感した．当然ながら，現示型シンボル(身体表現)の印象が強烈なため，天皇制への意見を論弁型シンボル(言語)で表現することは難しい．象徴天皇制を支持する世論は完璧なレベルにまでに高まったが，「象徴とは何か」をめぐる輿論はほとんど語られることがないのである．

第3章
出版資本主義と近代精神

「華氏451度——本の頁に火がつき，燃え上がる温度……」
（レイ・ブラッドベリ『華氏451度』1953）

第1節 「書籍」とは何か

プレ「マスメディア」

ユネスコ総会で採択されたマス・コミュニケーション統計規格化勧告(1964)によれば，書籍 book とは「表紙を除き最低49頁の非定期刊行物」である．この場合，書籍はマスメディアと見なされている．また，「プレスの自由」に関する叙述の多くは，「信仰告白の自由」を「言論の自由」に発展させたジョン・ミルトンの書籍，『アレオパジティカ』(1644)に通常始まる．

しかし時代が下るにつれて，「プレス」の指示対象は定期刊行物にほぼ限定される．市民社会で「信仰の自由」は私的領域として承認されたが，書籍（私的な読書）は，新聞（社会の木鐸）や放送（電波の公共性）とはしばしば区別される．

確かに印刷術の歴史は書籍から始まるが，メディア史においても「プレス」の主役は新聞である．すでにルイ・ブラン『フランス革命史』(1848)でも，「市民の書物時代の終焉，大衆の新聞時代の到来」が謳われているように，書籍は19世紀半ばには「旧いメディア」と見なされていた．大衆社会到来の400年前にメディアとして完成した書籍が，大衆を前提としていないのは当然である．

精神文化の象徴

またマス・コミュニケーション研究は，商取引媒体から出発した新聞にしろ，広告媒体として発展した放送にしろ，流れ去る情報の媒体を中心対象としてきた．書籍のように蓄積される媒体，例えば写真，レコード，ビデオなどは周辺的に扱われてきた．特に，個人蔵書であれ図書館であれ，集積される「高い精神性の産物」としての書籍は書誌学の対象とされた．書誌学 bibliography の

語源が聖書 bible と同じであるように，書籍は宗教を含めた教育の手段として単なるメディアとは考えられなかったからである．もっとも，月払いの新聞購読や広告料経営の民間放送に比べれば，書籍は直接店頭で購入されることも多く，「商品」的性格を強く帯びているのだが．

精神文化の象徴「書籍」と機械文明の象徴「テレビ」という対比は，例えばレイ・ブラッドベリのSF小説『華氏451度』(1953)にも反映されている．テクノロジー社会における書籍の焼失点を描いたこの小説で，書籍は歴史の原拠となるばかりか，自由の精神と個人の尊厳そのものの拠り所とされている．

近代読書と「個」の誕生

確かに，活字文化は言葉の商品化によって著者の独創性(オリジナリティ)，すなわち個性(アイデンティティ)という発想を生みだした．また，自己を省察する沈黙の私的読書からプライバシー概念も生まれた．また，「記憶」への従属から知性を解放する，正確に複製可能な報告書(リポート)の出現は近代科学成立の一因でもあった．

このように，書籍は近代精神の基礎と考えられてきた．マルクスは「そもそも『イリアード』が印刷道具，まして印刷機械とともに存在しうるであろうか」と『経済学批判序説』(1857)に書いた．印刷により神話の時代は終わり，歴史は科学となったというわけだ．つまり，活字印刷により，口頭コミュニケーションの非線形で詩的な思考は衰退し，あたかも書籍の行配列のように直線的な論理思考，「読書人の官僚システム」が立ち現れるのである．

こうした活字的近代の成立する以前，上流階層と一般民衆との交流は祝祭や宗教行事において営まれていた．読書習慣はまず上流階層において，情動を抑制し規律を内面化する「文明化」(ノルベルト・エリアス，1969)を促した．この自己規律化した身体を自らのアイデンティティとした上流階級は，カーニバル的な祝祭空間から退き，自らを民衆文化から隔離していった．読書行為そのものも，酒場や団欒(だんらん)において大声で読みあげる庶民と，静かに書斎で読書する教養人へと二極化していった．それに続いた黙読の拡大は，自らに向けられる他者の視線を内在化した市民的価値観(リスペクタビリティ)が庶民にまで浸透したことを意味する．日本における「近代読者の成立」(前田愛，1973)も，均質的で共同体的な読書から多元的で個人的な読書，すなわち音読から黙読への変化として理解されている．

第2節　グーテンベルクの銀河系

ひと月かぎりのベストセラー

　街角の書店に並ぶ小説は，マーシャル・マクルーハンが『グーテンベルクの銀河系』(1962)で述べたような，活字人間の近代文化なのであろうか．データベース消費のライトノベル，あるいは2006年ごろブームとなったケータイ小説にも触れたいところだが，本書初版(1998)ではマスメディア化したペーパーバックの典型として「ハーレクイン・ロマンス」を取り上げた．

　カナダのトロントで1949年創業したハーレクイン社は，1971年洗剤会社P&Gのマーケティング部長ローレンス・ハイゼーが経営に加わり急成長を遂げた．約500人の専属女性執筆者によって毎月数十冊単位の女性向け小説を全世界向けに量産していた．1979年支社が設立された日本でも，1998年当時，毎月5日と20日に12種44点が，新書版か文庫版で刊行されていた．主に，OLや主婦を中心に定期読者は50万人に達し，年間約1000万部が販売されていた．ロマンチックな恋愛とワンパターンのハッピーエンドは若い女性の「心のリゾート」として支持された．一応の著者は存在するが，マニュアル化されたオリジナリティのない内容．一カ月で店頭から消え，原則的に重版はされず，ヒットしたモチーフが繰り返し活用されるシステム．このシリーズは，メディア論における「近代的な書籍」と呼べるだろうか．新聞が「一日だけのベストセラー」とすれば，ハーレクイン・ロマンスは「一カ月だけのベストセラー」であった．毎月同じペースで刊行される他社の文庫や新書も，雑誌化さらに新聞化することでマスメディアとなっている．この夢工場の拠点は，皮肉にも「トロント学派」と呼ばれるイニスやマクルーハンの活躍した都市にある．

　21世紀の今日，新書サイズの「ハーレクイン・ロマン」をリアル書店で見かけることは少ない．むしろ，ウェブ上のオフィシャルサイトから小説からコミックまで電子版にアクセスできる．電子書籍はスマートフォンのバックライトで寝室の読書もできる利便性もあるが，レディース・コミックを含め人目を気にせず痕跡なく消去できることも魅力である．実際，日本の電子書籍市場ではコミックが5分の4(2016)を占めている．問題は「電子」を冠したとしても，

それを「書籍」と呼ぶべきかどうかである．

メディア論＝民主化＋近代化

マクルーハンに先行したハロルド・イニスも，その他のメディア論者と同じく，民主化と近代化をテーマとしていた．イニスの主著『帝国とコミュニケーション』(1950)には，大きく二つの論点がある．

第一は，社会における情報・知識の占有状況が権力のあり方を規定するため，コミュニケーション技術の革新が社会変動の主要因となるという歴史観である．例えば，特殊な解読コードを必要とするメディアは，それにアクセスする時間と資源をもつエリート階級によって独占的に利用され，逆にアクセスしやすいメディアは知識を民主化する．この意味で，グーテンベルクの印刷術はローマ教会の情報独占を打ち破って知識を民主化した．

第二に，メディアが時間(持続)性あるいは空間(伝播)性のいずれに重点があるかで，文化に対してもつ意味に偏差(バイアス)があるとする比較メディア論である．例えば，エジプトの石碑のような時間バイアスをもつメディアは比較的安定した社会をもたらし，ローマのパピルスのような空間バイアスをもつメディアは遠隔地まで権威を及ぼし大帝国を生みだすが社会を不安定化させる．これは，時間(歴史)指向的な「国民国家」と空間(拡大)指向的な「帝国」の対比を重ね合わせると理解しやすい．時間バイアスのメディアは，歴史と伝統に対する関心を深め，宗教的・民族的な政治支配を促し，中央集権的な国民国家システムを強化する．対する空間バイアスのメディアは，拡大主義と現在への関心を高め，世俗的・普遍的な政治支配を助長し，地方分権的な帝国システムを拡大させる．

第一の論点は，「読み書き能力(リテラシー)は民主的な近代化を推進する」という「常識」に発展した．この常識の決定版はルシアン・パイ編『マスメディアと国家の近代化』(1963)である．ここでは，「情報は市場法則の支配を受け，マスメディアは工業生産力の上昇と直接比例した関係で拡大する」という一般法則が示された．さらに，政治状況[P]をコミュニケーション過程[C]の関数，すなわち$P=f(C)$とし，大衆民主主義の政治状況に合理性をもたらす不可欠な前提としてリテラシーが高く評価された．この発想は「近代化への離陸に必要な条件は，全人口の40％が識字者になること」とするユネスコ報告にも反映されている．

だが，こうしたメディア近代化論は，単線的発展パラダイムに規定されていたため，先進国(中心部)の経済発展と第三世界(周辺部)の低開発を表裏一体とみなす世界システム論の登場により，1970年代には急速に色あせてしまった．

近代化論よりも，第二の論点，比較バイアス論が今日でもポストモダンの視点から高く評価されている．この比較バイアス論を発展させたマクルーハンは，異なるメディア形式でコミュニケーションの性質が変わることを指摘して，「メディアはメッセージである」The medium is the message. という有名なテーゼを打ちだした．メディアの研究史で，それはメッセージ研究(内容分析＝効果論)から比較ミディウム研究(異なる媒体によって生みだされる異なる文化環境の分析)へのパラダイム転換を意味した．この比較ミディウム研究こそ，メディア論である．メディア論においては，メッセージ(内容)よりメディウム(媒体)が重要である．例えば，1455年マインツで活字印刷術を始めたグーテンベルクは，ルター宗教改革の前提として語られることが多いが，彼こそルターが糾弾した「免罪符」の印刷人であり，彼を有名にした『四二行聖書』はローマ教会定訳のラテン語版であった．

出版資本主義

近代的量産体制で製造された最初の商品こそ『聖書』である．情報伝達手段としての出版物は，手書きに比べて標準化された字体，明確に分節化されたテクストによって，高度な均質性，規格性，弁別性を獲得した．単調で安定したテクストの登場は，書籍の大量生産を可能にした．植字，印刷，製本という生産ラインと分業システム，また付加価値の高さにおいて，書籍生産は18世紀の工業化に先行した知の「産業革命」である．

だが，出版史を15世紀の初期刊行本(インキュナブラ)から論じる必要はあるまい．印刷部数で2000部を超える出版物が登場するのは17世紀のことであり，その状況は18世紀末まで変わらなかった．手動印刷機で3000部以上を刷ることは困難であったし，小規模な書籍市場で価格の下落を抑えるために印刷部数はギルドによって厳しく制限されていた．実際，マス・コミュニケーションの前提となる大衆的な読書は，初等教育の充実，シリンダー印刷機，パルプ製紙法が実用化された19世紀になって開花した．16世紀から18世紀までの識字率には，科

学革命や産業革命に比すべき「革命」的上昇は存在しない．

　ベネディクト・アンダーソン『想像の共同体』(1983)の指摘通り，16世紀に成立した「出版資本主義（プリント・キャピタリズム）」による俗語印刷物の普及と「国語」の形成がナショナリズムの流行の前提であるとしても，「大衆の国民化」が全面展開するには爆発的な読書人口の増加をもたらした18世紀末の「読書革命」（ロルフ・エンゲルジング，1974）が必要だった．書籍の大量流通に対応すべくヨーロッパで書籍業が出版社と販売店に分化したのは，少数の著者と大量の読者が乖離（かいり）しはじめた19世紀中葉である．フランス革命に始まる「大衆の国民化」によって，書籍の評価も理性的な文化財から感覚的な消費財へと変った．それにもかかわらず，アンダーソンの議論に有効性があるのは，宗教改革との関連で精神史的に論じられてきた活字文化を資本主義の成立に力点を置いて考察したことで，非西欧ナショナリズムを含む一般仮説を提示できたためである．

出版革命

　以下では，これまで書誌学・図書館学が「消耗品」としてほとんど無視してきたペーパーバックを中心に「書籍のメディア化」を考察する．ペーパーバックとは，原著を廉価な携帯用小型判に復刻した紙装本のことであり，日本の文庫本，新書本もこれに含まれる．二次利用商品として長らく原則的に新聞雑誌で書評対象とならなかったこと，図書館がその収集に消極的であったことは，ペーパーバックが消耗品であることを証明している．ただし，廉価な消費財であることがペーパーバック成功の必要条件ではあっても，十分条件ではない．19世紀に初等教育の拡充によって大衆化した読書習慣が出版の大衆化を促したのであって，廉価本が読者を増大させたわけではない．そもそも，現代の出版資本主義にとって重要なのは，生産の問題ではなく流通，消費の問題である．ペーパーバックの登場が「出版革命」と呼べるとすれば，それは造本の革命でも内容の革命でもなく，大衆需要を生みだす流通の革命であった．

　比較出版史上で特記すべきは，出版社が自ら製本を行なって大量販売する方式(edition binding)を比較的早く採用したイギリスやドイツに対し，フランスなど南欧諸国では紙装本を自らの蔵書として注文製本する方式(hand binding)が一般的だった．書籍の量産には，まずハードカバーで出版された原著が廉価版

としてソフトカバー化される二段階のプロセスが不可欠であった．その大量販売は，企画がシリーズ化され，長期的な刊行計画が立てられ，判型から活字，装丁から製本まで製作全般が画一化されて初めて可能になった．

教養財から消費財への書籍の変化を論じたロベール・エスカルピ『出版革命』(1966)は，1935年のペンギン・ブックス創刊を起点として挙げている．この「革命」が二つの世界大戦の間に起こったことは重要である．

まずは活字文化の発祥地であるドイツ，ペンギン革命のイギリス，最大のペーパーバック量産国アメリカを概観し，最後に我が国の発展を見ておきたい．

第3節 ドイツ——レクラム百科文庫

近代小説と国民化

活字文化の発祥地ドイツは，16世紀以来のフランクフルト，ライプチヒの国際書籍見本市(ブーフメッセ)で知られる出版文化の中心地であった．また，各国の初等教育制度のモデルとなったプロイセン王国の地方学事通則(1763)による識字層の拡大が18世紀後半の「文学市場」の成立を用意した．心理描写で個性の重要さを強調する近代小説こそ，市民階級の芸術形式であった．アンダーソンは，「この間(かん)」という語法によって異なる場所で同時進行する出来事を併存させて記述する近代小説が，国民国家という均質空間の観念を育んだことを指摘している．

ドイツ出版産業の興隆は，「国民化」と同時進行した．ナポレオン圧政下にベルリン大学でヨハン・ゴットリープ・フィヒテが行なった連続講演「ドイツ国民に告ぐ」(1807-08)を追うように，『ブロックハウス百科事典』(1808)は刊行された．フリードリヒ・ブロックハウスは反ナポレオン解放戦争の機関誌『ドイツ雑誌(ドイチェ・ブレッター)』(1813)を発行して名声を高め，「ブロックハウス」はドイツ語圏で百科事典の代名詞とされてきた(2009年その商標権はベルテルスマンに買収され，2014年にそのオンライン版も終了した．その国民的百科事典もインターネットのフリー百科事典 Wikipedia(ドイツ語版2004)の敵ではなかった)．

文庫の登場

ブルシェンシャフト(学生組合)が宗教改革300周年を記念して挙行したヴァ

ルトブルク祝祭の1817年,ゲオルク・J・ゲッシェンは廉価な国民的古典と教養書の大量生産を開始した.こうした廉価復刻版の流れの中から,「タウフニッツ文庫」と「レクラム文庫」が台頭した.

1809年ギリシャ・ラテン古典の廉価シリーズで成功したタウフニッツ出版社は,1837年には,イギリスやアメリカの小説のリプリントを中心に「タウフニッツ版」と呼ばれる英文ペーパーバック文庫を刊行した.英米文化の影響力の増大とともにヨーロッパ全土で人気を博したこのタウフニッツ文庫は,そこから派生した「アルバトロス・モダン・コンチネンタル・ライブラリー」(1932, 創刊)がイギリスの「ペンギン・ブックス」のモデルとなり,文庫本のルーツとされる.ナチ体制下でもタウフニッツ社は印刷のみを担当し,編集から販売まで別会社アルバトロスに委託し,古典的シリーズとして生き残った.「アルバトロス文庫」は,縦長ポケット判,ジャンル別色カバー,アルバトロス(アホウドリ)のトレードマークなどペーパーバックの原型を示している.

レクラム百科文庫

しかし,ドイツ国民文化を代表する文庫は,なんといっても1867年創刊の「レクラム百科文庫」Reclam Universal-Bibliothek である.戦前の旧制高校ではレクラム文庫が教科書に使われることも多く,第一次大戦まで同文庫の海外輸出先のトップは日本であった.岩波文庫はこれを模範に創刊された.

三月革命前に政治パンフレットの出版を手がけたアントン・フィリップ・レクラムは,シェイクスピアのペーパーバック廉価版(1858)で成功し,1867年著者の死亡後30年で著作権が消滅する新著作権法の施行とともに,古典を中心に「百科文庫」を創刊した.レクラム社史によれば,「古典的文人の理想とした教養理念において教養を伝え,志操堅固にして,精神にとむ不動の人格形成の手助けとなること」が創刊の目的であった.第1巻がゲーテ『ファウスト第1部』であったように,ドイツ統一戦争(1866-71)の真っ最中に登場したこの文庫が,「教養」Bildungによる「文化国民」Kulturnationの統合に果たした役割は大きい.実際,読者の中核となったのは,エリート予備軍としての学生であり,そこにはやがて「知は力なり」と叫ぶ社会主義者も加わった.野心的な労働者は,フェルディナント・ラサールの著作をレクラム文庫で入手できた.

第3章　出版資本主義と近代精神　51

　レクラム文庫といえば，古典イメージが色濃いが，販売面では革新的な実験も試みられた．ポケット判の同一サイズを利用して，1912 年には書店や駅構内に自動販売機が設置された．第一次大戦が勃発するとレクラム社は「携帯用野戦文庫」を出版したが，娯楽の欠乏した塹壕(ざんごう)と銃後で文庫本は新たな市場を獲得した．また，戦後はその延長線上に「自然の友文庫」「職業女性文庫」など特定の読者層を対象にしたシリーズ化を進め，1926 年にはラジオ放送されるオペラのテクストなどを「レクラム・ラジオ文庫」として刊行している．

時代を泳ぎぬく文庫本

　1933 年 1 月 30 日成立したナチ第三帝国の文化状況は，5 月 10 日の悪名高い国民啓蒙宣伝相ヨーゼフ・ゲッベルスの「焚書(ふんしょ)事件」で印象づけられた．ユダヤ人や社会主義者の図書館蔵書が対象だったが，メディア論として重要なのは内容ばかりではない．もし焚書の対象が書籍でなく古新聞や古雑誌，使い古しの文庫本であったとしても「文化に対する野蛮」として記憶されたかどうか．

　レクラム文庫も目録からユダヤ人や社会主義者の作品を削除した．同年 9 月 22 日，帝国文化院法により書籍の著述・出版・販売に従事する者は，帝国著作院への加入が義務づけられた．ナチ時代が教養文化の暗黒時代であるとしても，独ソ戦開始の 1941 年，帝国著作院が海外宣伝の必要によりドイツ文字（髭文字）𝔉raktur からラテン文字 Antiqua への改革命令を出したことは，出版の大衆化＝近代化にとって一つの前進であった．なお戦時下で新刊点数こそ減少したが，レクラム社は大きな収益を上げ続けた．第一次大戦でも第二次大戦でも，連合国はレクラム文庫の表紙を付けた宣伝文書を空からドイツ国内にばらまいたように，レクラムは教養ある外国人にとってドイツ文化の象徴であった．

　第二次大戦後レクラム本社のあった出版都市ライプチヒはソビエト占領下に置かれ，レクラム社も東西に分裂して再建された．しかし，戦後レクラム文庫の地盤沈下の原因は，政治的分裂よりもナチ体制下で進行した「読書人の没落」（フリッツ・リンガー，1969)，すなわち教養の衰退であろう．

　ドイツ出版史では，ゲッシェン文庫やレクラム文庫など教養本の歴史が大半を占めるが，実際には世紀転換期以来，キオスクや理髪店などでの販売を中心とした探偵小説，風俗小説など大衆的な文庫本も大量に出版されていた．

もちろん，文庫本の大量流通が，必ずしも大衆の読書習慣の普及や文化の向上を意味するわけではない．例えば，「活字教養」を徹底的に批判したアドルフ・ヒトラー『わが闘争』(1925)がペーパーバックで何百万部と売れたとしても，それは本当に読まれたと言えるのだろうか．

輪転機小説

敗戦の余燼のなかで，西ドイツ地区でエルンスト・ローヴォルトによって「輪転機小説(ロタツィオン・ロマーネ)」が発行された．その名の通り，粗悪な新聞紙を転用した雑誌サイズの軽装本だったが，1950年にポケットサイズで「ロロロ・ポケット文庫(タッシェンブーフ)」となった．レクラムの教養財からロロロの消費財へ，文庫の質は量へと転化した．レクラム文庫として戦前発行された7000点は普遍的教養の体系として，いつでも入手可能な状態に置かれていた．現代のポケットブックには，書店の棚を新刊で埋める必要だけで企画されているものも少なくない．

それは，専門研究の最新知識を教示すると謳(うた)った『ローヴォルト・ドイツ専門百科』や「古典の範例(エクセンプラ・クラシカ)」を自称した「フィッシャー文庫」，ポケット本のインテリ・ブランドとも言える「ズーアカンプ版」の各シリーズについても妥当する．1960年，独自のペーパーバック部門を経営できないドイツ語圏の出版社の共同出資によって「ドイツ文庫出版社」dtv＝Deutsche Taschenbuch Verlagが設立され，単行本の文庫化は出版経営のスタンダードになった．

文庫購入の精神安定効果

ドイツにおけるポケットブックの生産状況を，ハンス・M・エンツェンスベルガーは『意識産業』(1962)所収の「消費財としての教養」でこう分析する．

読書調査の結果，ポケットブックの購買者は，20代を中核とした都市住民であり，男女比では男性が高く，労働者，農民の購入は著しく低いとされる．つまり，購買者の大半をホワイトカラーとその予備軍が占めているが，販売数の半分以上はせいぜい頁をめくられただけで書架に投げ込まれ，読了された4分の1程度の文庫も理解されているかどうかわかったものではない．だが，消費財としての文庫とは，読まれて投げ捨てられることを意味しない．むしろ，安価で大量発行される知的な文庫は買い集められることによって，その所有者

に知識を所有したという幻想を与えている．知識社会への移行のなかで，アイデンティティの不安や社会的信用への渇望を抱く高学歴中間層は，精神安定剤としてポケット判教養書を買い集め，「意識産業」のプロセスに組み込まれている．今日，大学の大衆化がもたらしている機能と同様に，文庫本の功績は大量流通によって，ごく少数の本当の読者に迂回的な補助金を与えることにある．読まれない大量の購入本は良書の廉価出版を可能にしている．だとすれば，大量出版の恩恵を受けたのは，「幸福な少数」だったのではないか．

第4節　イギリス――ペンギン革命

工業化と大英帝国

　工業化先進国であるイギリスにおいても，出版市場の成立は18世紀後半のことであった．1829年出版業者と書籍販売業者の間で定価維持協約が成立し，最終的に1900年業界協定として正価本協定が結ばれた．ここに近代的な出版市場の枠組みが確立した（この再販制度は規制緩和により1995年廃止された）．

　もっとも，民衆向けの廉価読み物という意味では，17世紀以来一般に「ペニー・ヒストリー」と呼ばれ，行商人によって売り歩かれた「チャップブック」がすでに存在した．これを衰退させた要因の一つは，鉄道網の発展にともなう流通のシステム化である．また，鉄道の普及は市民階級向け書籍を小型化させる上でも大きな意味をもった（本書p.29）．世界最初の駅売り書店は1848年ロンドンのW.H.スミスによって開設されたし，シムズ&マッキンタイヤー社が1シリングで発売した「パーラー・ライブラリー」(1847-63)，ジョージ・ラウトリッジが創刊した「鉄道ライブラリー」(1848-98)など娯楽中心の携帯用「イエロー・バック」が次々に刊行された．さらに，著者死亡7年後もしくは初版の発行日から42年後に著作権の消滅を認めた1842年著作権法が発効した1884年以後，廉価リプリント版はブームとなった．特に，「カッセル国民ライブラリー」(1886-90)は，6ペンスの布製本に加えて3ペンスの紙装本を発行し，平均約3万部の売り上げを記録した．しかし，もっぱら著作権切れ作品の復刻であり，新しい読者の開拓には行き詰まった．この意味で，後述する「ペンギン革命」以前のライブラリー・シリーズはマスメディア化の前史にすぎない．

大英帝国と輸出出版

戦前の大日本帝国はともかく，ほとんど輸出製品として意識されない日本語出版物と異なり，イギリス出版史を考える上で重要なことは，巨大な海外市場の存在である．インド植民地ではイギリス式教育システムが導入され民族的な出版産業も抑制されたため，第二次大戦後の独立まで聖書や教科書から文学一般を含むイギリス書籍の一方的な輸出市場であった．

また，同じ英語圏であるアメリカの出版史もイギリス書籍の存在を無視して語ることができない．アメリカ市場での海賊版氾濫は19世紀を通じてイギリスの著作権問題の最大案件であった．このため，大手出版社はアメリカ支店を創って進出したが，第一次大戦後はアメリカ資本の逆進出にさらされた．英語書籍のグローバル展開は大英帝国の文化覇権のシンボル『ブリタニカ百科事典』(1771)の歩みに反映されている．その版権は1901年アメリカに移り，第11版(1911)以降はアメリカで発行されている．1920年シカゴの通信販売会社シアーズ・ローバック社に著作権を買収され，1941年その権利はシカゴ大学に贈与された．1996年にはスイスのジェイコブ・サフラ財団に経営権が譲渡され，印刷の形態での発行・販売は2012年に終了し電子版のみが残っている．オンライン化された「ブリタニカ」がその権威で，インターネットのフリー百科事典Wikipedia(2001)の速度に太刀打ちできると考える者は少ないだろう．ちなみに，Wikiはハワイ語で「速い」を意味するwikiwikiに由来する．

ペンギン革命

1935年，アラン・レーンは文芸書を中心に「ペンギン・ブックス」を創刊した．第1回配本はアーネスト・ヘミングウェイ『武器よさらば』(1929)ほか10冊であった．ジャンル別色分けから鳥のトレードマークまでドイツのアルバトロス社を模倣したが，成功の秘密は大英帝国の広がりとアメリカ人フランク・W・ウルワースが創出した大規模チェーン・ストアーなど新たな流通販路の開拓であった．

ヨーロッパ大陸でのファシズム台頭も，レーンの時局対応的な企画のヒットに寄与した．日独伊三国軍事同盟が成立した1937年，バーナード・ショー『知的女性のための社会主義・資本主義・ソビエト主義・ファシズム案内』を

皮切りに，哲学から科学までの教養書をリプリントした「ペリカン・ブックス」も創刊された．同年11月には，『ドイツは時代を逆行させる』を第1冊目とする時局問題を扱った書き下ろし「ペンギン・スペシャル」が開始され，書き下ろし作品も増やしていった．第二次大戦の開戦後もペンギン社は，戦時体制の恩恵を最大限に活用して大躍進を遂げた．他の出版社に打撃を与えた用紙不足による配給制度は重量制であったため，ペーパーバックには比較優位に作用した．また，国内外への戦時宣伝用文書，『航空機認識法』などハンドブック，兵士の教育と慰安向け「軍隊用ブッククラブ」など，ペンギン叢書はあらゆる戦争目的に貢献した．戦時体制下で伝統的なハードカバーの大出版社も協同して復刻版協会（1944年からパン社）を創り，ペーパーバックの発行を始めた．イギリスのペーパーバック文化は戦時体制の産物と言えよう．

　戦後，パン社はイギリスの大衆書籍市場に君臨する巨大ペーパーバック出版社となり，本は一般市民にとっても借りて読むものから買って読むものへと変化した．ペンギン社は世界各国の名作を網羅すべく，1946年には「ペンギン古典文庫」も創刊した．

アメリカニズム
　第二次大戦勃発直前にペンギン・アメリカ支社が開設された．戦争によってイギリスからの対米輸出が困難になると，アメリカ支社はアメリカ陸軍の機関誌『歩兵ジャーナル』と提携を結び，もっぱら戦争関係の出版に専念して知名度を高めた．ちなみに，戦後ペンギン社は，『読み書き能力の効用』の著者リチャード・ホガートが所長を務めるバーミンガム大学現代文化研究センターに資金を提供し，今日のカルチュラル・スタディーズ隆盛の基礎を築いた．ポスト・コロニアル時代の文化貢献として記憶しておいてよかろう．

　1939年に始まるアメリカの「ペーパーバック革命」は，かくしてイギリスで点火された．しかし，イギリスでも後発のペーパーバック出版社は消費者の「嗜好」を重視したアメリカ流の派手な表紙を採用した．1970年ピアソン・ロングマン・グループに買収された後のペンギンも同じ道を歩んだ．

　「ジェームズ・ボンド」シリーズの版元として初版100万部の記録を樹立したパン社は，売り上げの9割が「衝動買い」であることに自覚的であった．数

分前まで購入意欲のまったくなかった通行人の目を引きつけるためには，内容より表紙のグラビア，加えて映画やテレビとのタイアップが重要なのである．

ペンギン・ブックスは大英帝国の知的面影をとどめた文化商品だったが，2013年にペンギン・グループはアメリカのランダムハウス社と合併して，ペンギン・ランダムハウス社（ニューヨーク）の傘下に入った．

第5節　アメリカ——消費財としてのペーパーバック

大衆消費の開拓

アメリカにおけるペーパーバックの歴史は，1829年にボストン知識普及協会が発行した紙装廉価本から記述される．しかし，消費財としての読み物は，1841年ニューヨークの週刊新聞『ブラザー・ジョナサン』『ニュー・ワールド』が発行した文芸付録「今週の本」に始まる．

他国に先駆けて「ペニー新聞」を生みだしたアメリカでは（本書p. 82），その印刷技術や用紙の転用によって，1部25セント以下の「四つ折り^{クオーター}」判の廉価小説本が生み出された．チャールズ・ディケンズやウォルター・スコットなどイギリスの人気作家の海賊版を含む文芸付録本は，新聞売店でも通信販売でも入手できた．この廉価本市場に出版社も多数参入し，1845年には書籍郵送料金が値下げされたため新聞付録本は衰退した．

1861年の南北戦争勃発は，「10セント読み物^{ダイム・ノベルズ}」と呼ばれる従軍者向け娯楽読み物の大量需要を生み出した．特にビードル社が大成功をおさめた「西部もの」短編小説は，開拓者のメロドラマ，インディアンとの闘争活劇を混ぜ合わせた内容で，大衆読者を「自明の運命^{マニフェスト・デスティニー}」で染め上げた．

消費財としての書籍

低俗な「10セント読み物」に対して，シカゴのドネリー・ロイド社は良質な文学を廉価で普及させるべく定価10セントの「レイクサイド・ライブラリー」を1875年創刊した．著作権保護の切れた作品を復刻する形式は，レクラム文庫と同様である．これ以後，1870年代後半には硬軟多様な四つ折り判ペーパーバックの「ライブラリー」が各社から刊行された．1877年からジョー

第3章　出版資本主義と近代精神　　57

ジ・マンローは「シーサイド・ライブラリー」を1日1点という新聞並みのペースで発行し，返本分は景品用に石鹸会社に売却した．ドラッグストアーや文具店など非書店系流通ルートを開拓したマンローによって，アメリカの書籍はいち早く近代的文化財の枠を超え，洗剤やキャンディと同じ現代的消費財の性格をもつに至った．このため通信販売ルートは縮小し，1880年代になるとペーパーバックの判型は，郵送向きの「四つ折り」から雑貨店の棚に並べやすい「聖書サイズ」に縮小された．

　こうして出版の離陸（本書 p. 59）が達成されたことで，1860年代まで続いたアメリカの「海賊出版時代」は終わった．それまでイギリス作品の海賊版によって利益を上げてきた出版社にも，自国の文学産業の成長に目を向ける余力が生まれてきた．1891年には国際著作権法も制定されている．だが，その保護範囲はアメリカ国内で製造されたリプリントに限定されており，著者人格権の保護などより厳しい規定をもつベルヌ条約（1886年，日本加盟は1899年）にアメリカが加入するのは20世紀も末の1989年である．

　20世紀に入ると粗悪用紙を使った「パルプ雑誌」が，より拡大された大衆市場でブームとなった．ドウィット・ウォレスによって『リーダーズ・ダイジェスト』が創刊された1922年，戦争読み物の需要に応えて『戦争ストーリーズ』と銘打ったパルプ雑誌を出版するデル社が設立された．デル社やエイヴォン社などのパルプ雑誌出版社は，第二次大戦中にペーパーバック出版社に移行した．こうしたペーパーバックは発行部数と刊行ペースで雑誌に近いメディアとなっていった．

ポケット・ブックス革命
　第二次大戦勃発の1939年，ロバート・デ・グラーフによって「ポケット・ブックス」社が設立された．「可能な限り低廉な価格で，できる限り多くの人々に最良の本を」というモットーにもとづき，価格25セントで現代作品の大量販売を実現した．同年発行の34点の総発行部数は150万部を超えた．低価格化の実現に寄与したのは，造本技術よりむしろ大量消費社会で発展した流通技術であった．本来，市民「階級」と結びついていた書籍＝教養を，国民的に平準化することに，戦時下のポケット・ブックスは貢献した．

すでに，アメリカでも第一次大戦において組織的な「軍隊図書サービス」が行われていたが，日米開戦直後，約 70 の出版社ならびに図書館，取次の代表から構成された「戦時書籍審議会」が組織された．ポケット・ブックス社はこの審議会に多くの委員を送り込み，支配的な地位を築き上げた．戦時体制下の検閲や海外宣伝にも関与したこの審議会は，陣中文庫としてポケットブック判が最適であると決定し，既存ハードカバーのポケットブック化を推進した．政府の援助を受けて 1943 年から発刊された「陣中文庫版」Armed Force Edition は 4 年間で 1324 点，総発行部数は 1 億 2300 万部に及んだ．陣中文庫とは別に，軍事教育向けに初等数学，物理や通信，運転技術などのペーパーバック教科書も 1400 万部以上刊行された．

こうした文庫により，それまでコミックやパルプ雑誌以外を読んだことがなかった階層の兵士にも読書習慣が広まり，戦後には多種多様なポケットブックが登場した．また，1944 年から宣撫目的の「精神的チョコレート」として配布された独仏伊語の「海外版」も，グローバルな出版革命を強力に後押しした．

ブロックバスター・コンプレックス

1970 年代に入ると，ペーパーバック出版は映画製作に由来する「ブロックバスター方式」を採用するようになった．テレビや映画などあらゆるメディアを動員し，超ミリオンセラーを創りだす方式である．計画的なシリーズ刊行に追われる出版者の仕事は，プログラムの枠を埋めることが最優先される放送プロデューサーと同じ状況に置かれた．一方，1957 年のスプートニク・ショック(本書 p. 226)以後の教育投資ブームを背景に「知識産業」(フリッツ・マッハルプ，1962)を目指すコングロマリットによって出版社の買収が進んだ．RCA，IBM，GE など巨大資本の傘下に入った出版社は，娯楽産業の研究開発部門となった．『ゴッドファーザー』(1968)，『かもめのジョナサン』(1972)以降，大作映画やテレビ・シリーズの原作として，ベストセラーはヒット確実な商品として製造された．流行作家の作品は，まだ一行も書き始められないうちに，版権，翻訳権，映画化や放映のライセンス，CM やイベントとのタイアップが企画されていく．この結果，大手出版社の出版決定権は編集担当者から販売担当者へ移っていった．再販制をとっていない「思想の自由市場」は，「市場の検閲」

によりその内側から溶解している．今日，その読書市場を今日支配しているのは，1995 年にジェフ・ベゾスが開始したインターネット上の「世界最大の書店」，Amazon.com（1995，日本版 2000）であることは言うまでもないだろう．

第 6 節　日本——消費財としての教養

内発的発展

　ドイツ，イギリス，アメリカの順に概観してきたが，日本の出版は欧米への後追い型，いわゆる後発優位で発展を遂げたわけではない．日本の出版業は普及率，経済的アクセス，多様性において今なお世界で屈指のレベルにある．しかも，こうした産業的成熟は比較的早く，内発的に始まったと箕輪成男『歴史としての出版』(1983) は指摘する．

　ウォルト・ロストウ『経済成長の諸段階』(1960) における「経済離陸期」（イギリス 1785-1805→アメリカ 1845-60→ドイツ 1855-75→日本 1880-1900）と，年間新刊書籍点数が 5000 点レベルに達する「出版離陸時」（ドイツ 1780→イギリス 1825→アメリカ 1850→日本 1870）を比較分析すれば，ドイツと日本では出版離陸が工業化に先行していたことがわかる．とすれば，出版離陸にとって大量印刷の工業技術は絶対的条件ではなく，むしろ公教育制度の整備や識字率の上昇が出版の産業化に不可欠だったことがわかる．

　読書習慣や識字率に関していえば，明治開国期の日本は欧米と比べて決して立ち遅れてはいなかった．ロナルド・P・ドーア「徳川期教育の遺産」(1965) によれば，維新当時の男性の 40-50％，女性の 15％ が自宅外で読み書き教育を受けていたと推定しているが，同時期のイギリスやドイツの水準に比べて遜色ない数字である．

　また，日本の出版離陸が西欧の造本技術や流通システムの移転によって起こったとも言えない．日本国内での洋紙生産の開始（1874）は出版離陸以後であり，小学校教科書でさえ 1903 年の国定化まで手漉き和紙であった．本木昌造によって始められた邦字活版印刷は明治初期に急速に普及したとはいえ，『西国立志編』(1870) や『学問のすゝめ』(1872) などベストセラーの多くは低コストの木版刷りであった．アルファベット 26 字のみを使う欧米と異なり数千種の活字

を必要とする漢字文化圏では，活版技術そのものは出版発展の決定要因とならなかった．戦国時代に輸入されていた朝鮮銅活字は，版木による製版印刷が主流となった江戸時代には忘れ去られていた．

1927年革命と文庫文化の成立

しかも，1927年の「円本ブーム」と岩波文庫創刊は，アメリカのポケット・ブックス革命(1939)に10年以上も先立っている．円本や岩波文庫の大量販売が始まった1927年は，日本出版史における「近代」と「現代」の画期でもある．

1927年の出版界は，前年に改造社が1冊1円で予約を募った「現代日本文学全集」全63巻を追って，新潮社「世界文学全集」全57巻，春秋社「世界大思想全集」全54巻が刊行され，円本ブームに沸き返っていた．また，大日本雄弁会講談社が1925年に創刊した国民大衆雑誌『キング』は，1927年新年号で100万部を突破している．明治・大正を代表した大出版社・博文館の主力雑誌『太陽』が廃刊に追い込まれたのも，後に「書店スペース産業論」を唱えて大型書店を全国展開する紀伊國屋書店を田辺茂一が創業したのも同じ1927年である．こうした大量出版時代を可能にした，日本における取次店・小売店の全国ネットワーク，委託配本制度，再販制度からなる流通システムは，まったく内発的発展の産物である．

今日の「文庫本」イメージを確立したのは，夏目漱石『こゝろ』，カント『実践理性批判』などを第1期のラインナップとして1927年に創刊された「岩波文庫」であろう．もちろん，岩波文庫以前にも文庫本は存在し，日露戦争前に冨山房が始めた「袖珍名著文庫」(1903)が嚆矢とされる．これもドイツ留学から帰国した国文学者・芳賀矢一がレクラム文庫をイメージして提案したもので，古典文学を9年間で50冊以上発行した．ただし，袖珍本とは袖に入れる携帯する和綴じ本であり，日本的伝統も併せ持っていた．もっとも，小型サイズの廉価版シリーズであれば，1901年から雑誌『文章世界』の臨時増刊として出版された『小文学』(文学同志会出版)なども存在する．小型廉価普及版が「文庫」と呼ばれるようになるのは，『猿飛佐助』など青少年向け講談本でヒットした立川文明堂の「立川文庫」(1911，創刊)や，翻訳文学を中心とした第一次「新潮文庫」(1914，創刊)以後のことである．それ以前には「文庫」は布製大版

の古典集成や叢書にも冠せられたし,「日本のレクラム」を謳った「アカギ叢書」(1914)が「文庫」を名乗っていなかったことは,今日の「文庫」概念が岩波文庫以前には未成立であったことを示している.

岩波文庫と岩波新書

1918 年,原 敬 内閣が出した「大学令」「高等学校令」による学校増設で 1920 年代には教養書を購入する高学歴者が急増していた.東京帝国大学文学部哲学科選科を卒業した岩波茂雄が出版業で成功したのは,大正教養主義と不可分である.

岩波文庫の創刊言「読書子に寄す」にも,そうした熱気を読みとることができる.三木清の筆になる名文である.その冒頭を敢えて引用しておこう.

「真理は万人によって求められることを自ら欲し,芸術は万人によって愛されることを自ら望む.かつては民を愚昧ならしめるために学芸が最も狭き堂宇に閉鎖されたことがあった.今や知識と美とを特権階級の独占より奪い返すことはつねに進取的なる民衆の切実なる要求である.岩波文庫はこの要求に応じそれに励まされて生まれた.それは生命ある不朽の書を少数者の書斎と研究室とより解放して街頭にくまなく立たしめ民衆に伍せしめるであろう.近時大量生産予約出版の流行を見る.その広告宣伝の狂態はしばらくおくも,後代にのこすと誇称する全集がその編集に万全の用意をなしたるか」

定価を★印(一つ 20 銭)で定めるレクラム方式を採用する一方,円本の予約販売システムを退けた岩波文庫は,学生層を中心に熱烈な支持を集めた.もっとも,ここで糾弾する「予約出版」こそ,『漱石全集』などで岩波書店が得意としてきた販売方式であり,岩波文庫は円本の世界文学全集で新潮社に先を越された岩波の巻き返し策であった.

これを追って,改造文庫,日本小説文庫(後の春陽堂文庫),新潮文庫(第二次)など多様な文庫が続々と創刊された.もっとも,1937 年日中戦争勃発までには,社会主義運動の弾圧とともに,社会科学を中心とする岩波文庫白帯,改造文庫は姿を消した.

こうした非常時局に対して,1938 年イギリスのペリカン・ブックスをモデルに「現代人の現代的教養」岩波新書が刊行された.岩波書店開業 25 周年企

画と謳われたが，このシリーズが日中戦争勃発の影響下に企画されたことはラインナップからも明らかである．第1回刊行はドゥガルド・クリスティー（矢内原忠雄訳）『奉天三十年』，津田左右吉『支那思想と日本』，フィリップ・ヴィットコップ編（高橋健二訳）『ドイツ戦歿学生の手紙』などであった．これ以後，一般教養あるいは時事解説の書き下ろしは新書，古典や名著は文庫という刊行スタイルが定着した．また，物資動員計画による用紙規格化によって文庫サイズは今日のA6判に標準化された．さらに文庫に限らず，戦時体制下の物資欠乏からソフトカバーが一般化し，並製本が主流となった．欧米の例と同様，前線兵士慰問用に陸軍が特注した恤兵品にも岩波文庫は含まれていた．

戦前＝戦後体制の成立

日米開戦を直前に控えた1941年5月，すべての取次店を統合して出版物の一元的配給機関「日本出版配給株式会社」，いわゆる「日配」が設立された．情報局，商工省，日本出版文化協会の指導監督下におかれた日配は，従来の複雑な流通機構を一本化して効率的な書籍流通システムを整備した．また，戦時体制下での企業合同により出版社は約300社に整理された．

敗戦により1945年10月にはGHQは「用紙配給に関する新聞及び出版統制団体の統制排除に関する覚書」を日本政府に手交し，戦時統制法である出版事業令，統制団体の日本出版会は廃止された．しかし，翌11月新聞及出版用紙割当委員会が設置されたのは情報局であり，12月31日情報局の解体によって管轄は商工省に移された．しかも，既に9月10日手交の「言論及び新聞の自由に関する覚書」，いわゆるプレス・コードによって，戦前に内務省が行なった事後検閲に代わって対敵諜報部CISの指揮の下で民間検閲支隊CCDによって事前検閲が実施された．1948年に事後検閲になり，1949年10月に検閲自体が廃止されたが，GHQは「言論の自由」を唱道しつつ，手紙の開封から電話の盗聴まで情報統制を組織化していた．これに対応して権力の視線を内面化する「自主規制」も戦前同様に継続された．市場原理の中で強化された自主規制は，最も進化した情報統制の段階である．

日配が独禁法違反として閉鎖機関に指定された1949年，「第二次世界大戦の敗北は，軍事の敗北であった以上に，私たちの若い文化力の敗退であった」と

いう発刊辞を掲げた角川文庫が登場した．しかし，スタートは「私たちの若い文化力」でなく大正教養主義の象徴ともいうべき阿部次郎『三太郎の日記』(1914)である．ちなみに，岩波文庫の「読書子に寄す」も変更なく今日も掲げられている．

そして，文庫，新書が書棚を埋める

　教養主義的な文庫に変化が起こるのは，サンフランシスコ講和条約が締結された 1951 年に発生した第二次文庫ブーム以後である．当時，一般向け文庫として約 30 種，児童向けなどを含むと 60 種以上の文庫が存在したが，多くは数年をまたず淘汰され，1955 年保守合同による戦後体制の成立までには岩波・新潮・角川を「御三家」とする長期安定体制が確立した．1956 年に実施された独占禁止法改正による出版物への「再販売価格維持制度」，いわゆる再販制の適用も出版業界の戦後体制を安定化させる上で大きく貢献した．

　既に敗戦直後の大ベストセラー『日米会話手帳』(誠文堂新光社)に見られた実用主義は光文社の「カッパ・ブックス」(1954，創刊)によってシリーズ化され，1950 年代後半には推理小説ブームを呼んだ「カッパ・ノベルス」やビジネス書の原型となった「カッパ・ビジネス」とともに，ベストセラー化を企画演出するアメリカン・スタイルが定着した．教養主義の衰退とともに読書の目的は，思索や教養から気晴らし，情報源に変わっていった．1960 年代前半には，中公新書(1962)，講談社現代新書(1964)など新書ブームが現出した．

　新刊書の年間発行点数が 2 万点を超えた 1971 年，講談社文庫が一挙 70 点で創刊されると，書店スペースを確保すべく，中公文庫(1973)，文春文庫(1974)ほか大手出版社が軒並み文庫市場へ進出した．この結果，古典・名著の二次利用という性格は薄れ，文庫本は標準的な書目を提供する出版の機軸となった．街角の書店のスペースの大半は，新刊の文庫，新書が占めている．アメリカのブロックバスター方式も，《犬神家の一族》(横溝正史原作，市川崑監督，1976)で映画界に進出した角川書店によって採用され，「読んでから見るか，見てから読むか」のキャンペーン販売が行なわれた．

　1990 年代にはコンビニエンス・ストアーの普及とも相まって，文庫の多様化も急速に進んだ．新書にも多くの出版社が参入し，2000 年代には新書だけ

で毎月新たに約150冊が刊行されている．ちなみに，日本における書籍の総販売額のピークは1996年であり，それ以降は低落傾向が続いている．

「電子書籍」と「リアル書籍」

　本書初版(1998)では本章を次のように結んでいた．「古典や教養は「華氏451度」で燃え上がるというよりも，『CD-ROM 版　新潮文庫の100冊』(1995)のようにコンパクト・ディスクの中に電子化されて凍りつくのであろうか」．

　当時，「電子書籍」の利用といえばCD版か電子辞書ぐらいだった．『広辞苑第3版』CD-ROM版は1987年に発売されていたが，著作権消滅のテクストをウェブ上で公開する「青空文庫」の設立は1997年のことである．「電子書籍元年」といわれた2010年には，AmazonのKindle DX, AppleのiPadなどの電子ブックリーダーが鳴り物入りで発売されたが，日本ではコミックと雑誌を除けば「電子書籍」市場の成長は遅い．その要因の一つは，「雑誌的書籍」である文庫と新書の成熟だろう．同じ装幀で，毎月決まった日に，シリーズとして発行される文庫や新書は，出版の製作・流通システムにおいては単行本より雑誌に近い．雑誌市場がウェブに侵食されて縮小している現在，この「雑誌的書籍」がリアル書店の存続を支えているとも言える．読者は定期的に発行される文庫や新書の新刊を求めてリアル書店に足を運ぶからである．

　さらに言えば，リアル書籍である文庫や新書は，テクスト・データである電子書籍にはない魅力をもっている．それが物理的な単体として外在することで読者は「他者」の全体性を自然と意識できる．一方，電子書籍で読者が直面するのは，同じモニターに映るまとまりを欠いたデータである．そのデータから具体的な「他者」を再構成する作業はそれほど容易ではない．むしろ，電子書籍では「他者」との対話を必要としない自己中心な夢想に逃避しようとする誘惑にさらされている．その意味ではリアル書籍は，他者性をイメージさせやすいメディアである．それに対して，他者イメージを中抜きしたウェブ上のコミュニケーションが，サイバーカスケード(集団極性化)を誘発しがちなことはよく知られている．だとすれば，熟慮の民主主義という政治的要請からして，リアル書籍を保護する文化政策の必要はあるのかもしれない．

第4章
大衆新聞の成立

> 「もし新聞のない政府と政府のない新聞のいずれをとるか決定する権限が私にあるとすれば，私は一分の迷いもなく後者を選ぶ」　　　　　（独立革命期のトマス・ジェファーソン）
> 「新聞に出ていることは一つも信用できない．真実でさえも堕落した新聞に載ると疑わしくなる」
> 　　　　　（大統領就任後のトマス・ジェファーソン）

第1節　「新聞」とは何か

新聞とは何か

新聞電子版もある今日でさえ，「新聞」は新聞紙の意味で使われている．書籍の定義と同じく，新聞紙 newspaper の定義もむずかしい．1909 年に制定され 1949 年まで存続した新聞紙法の第 1 条を見ておきたい．

「本法ニ於テ新聞紙ト称スルハ一定ノ題号ヲ用ヰ時期ヲ定メ又ハ六箇月以内ノ期間ニ於テ時期ヲ定メスシテ発行スル著作物及定時期以外ニ本著作物ト同一題号ヲ用ヰテ臨時発行スル著作物ヲ謂フ」

この規定では，縮刷版，号外はもちろん，雑誌も「新聞紙」に含まれる．ちなみに，雑誌について出版法(1893-1949)の第 2 条はこう規定していた．

「新聞紙又ハ定期ニ発行スル雑誌ヲ除クノ外，文書図画ノ出版ハ総テ此ノ法律ニ依ルヘシ，但シ専ラ学術，技芸，統計，広告ノ類ヲ記載スル雑誌ハ，此ノ法律ニ依リ出版スルコトヲ得」

つまり，戦前には政治や経済など時事を扱わない学術雑誌や文芸雑誌は「出版法の雑誌」として保証金なしで発行できた．例えば，1923 年に菊池寛が文芸雑誌として創刊した『文藝春秋』は，1926 年に総合雑誌として保証金を納め「新聞紙法の雑誌」に登録変更した．とはいえ，学術も文芸も十分に政治的でありえるため，内容からいずれの雑誌かを区別することは困難である．

1920 年代のドイツ新聞学 Zeitungswissenschaft は，固有な研究対象と研究方法をもった学問分野として自立すべく，新聞の定義に関する議論を繰り返し

た．結局，新聞を定義する基本概念は，時事性 Aktualität，公示性 Publizität，定期性 Periodizität，一般性 Universalität に集約された．だが，「定期性」においては日曜新聞と週刊誌，「公示性」や「一般性」においては業界新聞と団体機関紙など，雑誌との境界事例はこと欠かない．そもそも，歴史的にはドイツ語の Zeitung（新聞）も情報，メッセージなどを広く指す言葉で，16世紀末にニュース媒体一般を指すようになった．

新聞史の教科書を紐解くと，その起源をカエサルの官報「アクタ・ディウルナ・ポプリ・ロマーニ」（B.C. 61）や元老院の議事録「アクタ・セナートゥス」に，あるいは唐の官報『邸報』に求める記述が存在する．それが現代の新聞との関連で何らかの意味をもつとすれば，「本来，新聞は統治の手段であった」という点であろうか．

あるいは，イタリアの商都ヴェネチアで発行された手書き情報紙『ガゼッタ』（1536）やフッガー家の情報通信紙（1565-1605）を新聞の起源と語るなら，「新聞は市場のメディアである」．1部が1ガゼッタ銅貨で販売された『ガゼッタ』は，フランス語「ガゼット」として新聞を指す言葉になった．資本主義の循環系が銀行－貨幣であるなら，新聞＝情報は資本主義の神経系である．

政治と経済における新聞の機能は，確かに今日まで連続的である．今日の新聞の形成過程は，活字媒体の細分化として新聞タイトルの変遷に見いだすこともできる．イギリスの場合，17世紀初頭に出来事やスキャンダルを印刷した Relation 期に始まり，断続的に発行されたビラ Courant 期，毎週定期的に発行されたパンフレット Journal 期，冊子形式の最後段階である Mercurius 期を経て，19世紀中頃に雑誌形式と一応区別できる Newspaper のスタイルが成立した．こうした形式の推移と並行して，保存される「日刊の年代記」から読み捨てられる「一日のみのベストセラー」へと受容の形態も変化した．だが，読み捨てられる新聞も継続して予約購読されるため，書籍の場合より強固な集団帰属意識，すなわち党派性，やがて国民性を読者に与えるようになった．

木鐸の意味

今日でも，新聞を「社会の木鐸(ぼくたく)」と思っている人はいるだろうか．そもそも木鐸とは，古代中国で法令などを人民にふれる時に鳴らした木製の鈴に由来す

る．木鐸とは本来「官報」であり，体制秩序のシンボルであった．しかし，新聞人が「社会の木鐸」を名乗るときには，権力に対する「番犬(ウォッチ・ドッグ)」の意味で使うことが多い．こうした「木鐸」の含意の変化の中に，新聞の機能転換を見ることができる．

　ドイツでもイギリスでも，定期発行される新聞が登場した17世紀の「絶対主義体制」から18世紀の「立憲君主体制」，そして19世紀以降の「議会制民主主義体制」という3段階の統治システムの変化が新聞の発展を規定してきた．

　絶対主義体制では，政治機構と市民新聞は機能的に分離していた．秘密外交に象徴されるように政治決定過程は閉鎖的で，「よく管理された輿論」(トマス・ホッブス，1651)によって平和と調和を実現するために，検閲は統治者の基本的権利と見なされた．そのため，官報の機能をもつ新聞の発行者は，王より特許状を与えられていた．

　いわゆる「市民(ブルジョア)革命」以後の立憲君主体制において「市民(ブルジョア)的公共性(圏)」の理念が成立するが，国家と社会の分離を主張する自由主義がその前提であったことは重要である．言論の自由とは，新聞が国家権力へ異議申し立てを行なう権利と考えられた．このため，自由主義の躍進とともに，検閲，印紙税，認可制といった法的規制も，19世紀には撤廃されていった．18世紀後半以降，多くの政治家が執筆や編集を通じて新聞に関与したが，新聞と政治の結合は個人的であって，まだ統治システムとして機能してはいなかった．

「第四権力」の機能転換

　19世紀における市民的新聞の政治的影響力の増大を示す言葉としてエドマンド・バークやトマス・マコーレーは新聞を「第四身分」the fourth estate と呼んだが，それは貴族，僧職，市民の3身分が構成する議会の外部に存在することも意味した．議会主義の最先進国イギリスでも1803年まで下院での「第四身分」の傍聴は拒絶され，1834年にはじめてメモ禁止の記者席が設置され，1853年になって採決時の記者傍聴が許可された．

　こうして議会制民主主義体制へ組み込まれた「第四身分」は，「第四権力」the fourth power とも呼ばれるようになり，司法，立法，行政の三権に伍する監視役と理解されている．これに対し，新聞の体制権力化を批判した社会主

者フェルディナント・ラサールは『労働者綱領』(1862)で，市民階級に対抗する労働者階級を「第四階級」と呼んだ．労働者階級を主な読者とする大衆新聞の出現は，政治体制と新聞の関係が根本的に変化したことを意味した．

　イギリスでは1884年の第3次選挙法改正で男性戸主に選挙権が拡大され，ドイツでは1867年北ドイツ連邦選挙で男子普通選挙が実現した．この拡大した有権者の国民的合意を形成するために，大衆新聞は正／邪，友／敵，利／害のステレオタイプで政治言論を単純化した．ナポレオン戦争後のウィーン会議で各国外交団は舞踏会を催して微妙な妥協を図ったが，100年後の1914年，大衆新聞が煽る明快な世論を無視して政治指導者が戦争回避のテーブルにつくことはもはや不可能になっていた．また，新聞は大衆を政治的に動員するばかりか，政治家が大衆の反応を読みとる情報源にもなっていた．まだ放送メディアが登場していない19世紀末，大衆への直接伝達手段をもたない政府に対して，議題設定を行なう新聞は「第四権力」として絶大な影響力を持っていた．こうした大衆世論の組織力において，19世紀はまさしく「新聞の時代」であった．だが20世紀になると，権力批判を売り物とする反体制的新聞でさえ，政治不満をフィードバックして社会秩序を安定化するシステムの自己組織性を担っていくことになった．

第2節　電信による「新聞革命」

技術史としての新聞史

　現存の朝刊新聞紙のスタイル（ブロードシート判，日本ではブランケット判）やその発行システムは，以上述べた19世紀後半の大衆民主主義とともに始まった．「新聞革命」は，さまざまな技術革新によって促進された．19世紀の新聞史は，40年代シリンダー印刷機，80年代パルプ製紙法，90年代ライノタイプ（自動植字機），および写真印刷によるイラスト化を可能にしたハーフトーン印刷法（本書 p. 94）など，発明と実用化の歴史でもあった．グーテンベルクの15世紀から平版印刷術は大きな質的変化なく続いてきたが，1814年『タイムズ』は4ページ立ての新聞を1時間に500部印刷するフリードリヒ・ケーニヒの蒸気式シリンダー印刷機を導入した．これ以後，大量印刷の技術は急速に改良さ

れ，同じく『タイムズ』が1868年実用化したロール紙使用の輪転機，いわゆる「ウォルター・プレス」は，1885年自動折り畳み装置を取り付けることで1時間2万5000部の自動印刷を達成した．もちろん，ドイツ人ケーニヒの発明がイギリスで採用され，やがてアメリカで改良されたように，最新技術導入に大量印刷の需要が先行していたことは言うまでもない．実際，イギリスの全国紙『タイムズ』やアメリカのペニー・プレスを除けば，1850年代までほとんどの新聞は平台型トレラー印刷機で十分であった．

その意味で，19世紀半ば以後の輪転機普及の前提となったのは，購読者数の飛躍的増加をもたらした都市の成長と鉄道による流通空間の拡大であった．そもそも新聞の発行頻度は郵便速度とともに月刊から週刊，日刊へ進んできた．1516年，神聖ローマ皇帝カール5世から郵便事業の独占権を与えられたフランツ・フォン・タクシスの馬車定期便(タクシス郵便)が新聞の定期性の起源とされている．早期に全国的な統一郵便制度，鉄道網を完備したイギリスで全国紙が成長したのに対し，1869年に漸く大陸横断鉄道が完成するアメリカに全国紙が成立する状況はなかった．とはいえ，鉄道網の普及した統一ドイツ帝国で全国紙が発達しなかったことは，連邦制など政治体制も大きな規定要因であることを示している．1865年南北戦争終結後も州権主義の伝統が残ったアメリカでも，1871年普仏戦争勝利後の統一ドイツ帝国でも，同年の廃藩置県後の日本でも，地方新聞は各地域の文化的自立のシンボルとなった．

報道主義と通信社

モールス電信機の利用が公開された1848年以後，これを利用して情報を商品化する通信社 news agency が台頭し，新聞記事の重心は「意見」から「事実」へと移っていった．ワード数で課金される電信の利用により，冗長なレトリックは簡素化され，必要最小限の事実から記述を始めるリード付きの「逆ピラミッド」文体が成立した．

近代的通信社は1835年フランスのアヴァス社 Agence Havas(現・AFP通信社)を先駆とするが，1849年にはドイツでヴォルフ通信社 Wolffs Telegraphisches Bureau，1851年にはイギリスでロイター通信社 Reuters が創設された．アメリカでも1848年，ニューヨークの6新聞社が AP 通信社 the New

York Associate Press を結成している．クリミア戦争が終結した 1856 年，高まる外国ニュースの需要に対し英独仏の 3 社は経済情報の相互交換を開始した．これに政治ニュースも加えた 1859 年協定で，その勢力圏で情報世界を 3 分割することが合意された．大英帝国と極東をロイター，南欧と南米をアヴァス，東欧とロシアをヴォルフの担当地域とする情報＝文化帝国主義は，1870 年協定でも確認された．アメリカ人が独立国ハワイでクーデターを起こした 1893 年，カナダを除く北米大陸を AP の担当地域と定めた 4 社による新協定が取り決められた．後発の AP はこの協定範囲を不服としたが，第一次大戦後の 1919 年協定での変更もヴォルフ社がロシア・東欧地域を失うに留まった．

この情報ブロック協定が破棄されるのは，日本の満州国建国，ドイツの第三帝国誕生によってヴェルサイユ＝ワシントン体制が崩壊した後の 1934 年である．日本では 1888 年に時事通信社が創業するがもっぱら国内情報を扱っており，外電は長らくロイターによる独占が続いた(本書 p. 138)．

新聞は商品である

通信社による情報販売は，広告需要の成長とともに新聞の商品的性格を強めた．市民階級を読者とする政論新聞から，一般大衆向けの総合新聞への潮流が各国で現れた 19 世紀後半，新聞は購読料よりも安定した広告料収入に財政基盤を移していった．ドイツで 1870 年代に登場した大衆新聞が「総合広告新聞」(ゲネラルアンツァイガー)を名乗ったことは象徴的である．政治，経済面に加えて犯罪記事や連載小説や娯楽欄を持ち，派手な広告が紙面に躍る大衆新聞については，ジャーナリズム史で批判的に言及されることが多い．労働者の階級意識を麻痺させたとする文化産業批判は，大衆社会論として広く浸透している．

しかし，新聞の商業主義を批判する際にも，そもそも市民新聞が都市経済の拡大とともに「官報」から「商品」へと発展していった歴史を忘れてはならない．また，商品として魅力のない新聞の典型こそ，ファシズムや社会主義の支配下にある新聞であったことも想起するべきであろう．本書では，「高級新聞」に比べてあまり言及されない大衆新聞の発展を中心に論じる．街頭ビラなど廉価印刷物の延長上に生まれた大衆新聞は，官報，「広報雑誌」(インテリゲンツ・ブラット)の流れをくむ高級新聞とは系譜が異なる．現代日本の主要な全国新聞も瓦版「読み売り」

の系譜から発展した「小新聞」が，明治開国期の官報や佐幕派政論新聞の流れをくむ「大新聞」を商業的に吸収あるいは駆逐して形成された．

第3節　ドイツ——近代新聞の起源

国民化のメディア

　新聞の前史としては，1492年コロンブスの新大陸発見を報じた現存最古のビラ Flugblatt や16世紀アウグスブルクの富豪フッガー家の手書き定期通信文『フッガー新聞』(1565-1605)が有名である．1609年創刊された世界初の週刊新聞『通知—報告書または新聞』アヴィサ-レラツィオン・オーダー・ツァイトゥング，世界初の日刊紙『新着雑報』アインコメンデ・ツァイトゥンゲン(1650-52)，伝統ある政治新聞『フォス新聞』フォシッシェ・ツァイトゥング(1617-1934)など，ドイツ語圏は近代初期の新聞発展をリードしていた．にもかかわらず，三十年戦争による荒廃と領邦国家体制による政治的分断により，ドイツは大衆新聞の発展ではフランス，アメリカ，イギリスに大きく遅れをとっている．

　フランス革命と対ナポレオン解放戦争を通じて自由主義と国民主義の洗礼を受けたドイツでは，国家統一をめぐって知識人や学生を中心に政論が沸騰していた．1819年オーストリア帝国宰相クレメンス・フォン・メッテルニヒは，ドイツ諸邦の代表をカールスバートに集め，出版物の検閲強化を決議した．

　このウィーン反動体制を打倒した1848年の三月革命は「ビラの革命」と呼ばれる一方，自由主義的『国民新聞』ナツィオナール-ツァイトゥング(1848-1938)，保守主義的『新プロイセン新聞』ノイエ・プロイシッシェ・ツァイトゥング(1848-1939)，マルクスを編集長とする『新ライン新聞』ノイエ・ライニッシェ・ツァイトゥング(1848-49)など多様な政治新聞が創刊された．『国民新聞』の編集長となったのは，翌1849年にヴォルフ通信社を設立するユダヤ系人ベルンハルト・ヴォルフである．『新プロイセン新聞』の編集には後に帝国宰相となるビスマルクも携わっていた．後に社会主義運動のバイブルとなった『共産党宣言』(1848)を執筆したマルクスは，『新ライン新聞』で急進的な民主化要求の論陣を張ったが，赤刷り301号を最後にロンドンへ亡命した．だが，この「挫折した市民革命」の数少ない成果こそが，1850年プロイセン憲法第27条の「出版の自由」であった．検閲は廃止されたものの，保証金制度などによって実質的には厳しい統制がしかれていた．

社会主義者鎮圧法と総合広告新聞

　1871年普仏戦争の発端は「エムス電報事件」として知られるが，ビスマルクは新聞を利用してドイツ国民の反仏感情を煽り立てた．統一戦争の過程では，ラサール派の社会主義新聞を含め新聞は「大衆の国民化」のメディアとなった．

　1874年に自由主義的な帝国出版法が成立すると，ビスマルク体制を批判する新しい政党新聞が多数創刊された．そのうち代表的なものとしては，自由主義左派の人民党系『フランクフルト新聞${}^{フランクフルター・ツァイトゥング}$』(1856-1943)，カトリック中央党系『ゲルマーニア』(1871-1938)，社会民主党中央機関紙『前　進^{フォアヴェルツ}』(1876-78/1890-1933)がある．特に，自由主義者のサロンやカトリック中央党の教会のような伝統的コミュニケーション装置をもたない社会主義者は，新聞を組織化のメディアとして最大限に利用した．こうした社会主義新聞の創刊ラッシュに対して，ビスマルクは「例外法」(1878-91)，いわゆる社会主義者鎮圧法によって空前の出版弾圧を加えた．

　だが重要なことは，政治的言論が萎縮したこの12年間でドイツに英米流の大衆的商業新聞が台頭したことである．1883年アウグスト・シェールによって創刊された『ベルリン地域広告新聞${}^{ベルリナー・ロカール・アンツァイガー}$』は「総合広告新聞^{ゲネラルアンツァイガー}」と総称される大衆新聞の嚆矢となった．第二帝政期(1871-1914)に創刊された新聞の半数は，政治的中立を掲げた廉価な総合広告新聞であった．シェールは地域新聞を系列化して新聞コンツェルンを形成したが，こうした近代的新聞経営は社会民主党にも大きな影響を与えた．その紙面構成と経営手法を模倣した「カムフラージュ新聞」は，非合法下の党にとって唯一の財源であり組織基盤となった．かくして1891年に例外法が廃案となったとき，社会民主党は労働者政党として世界最大の購読者と最も整備された機関紙網を有していた．第一次大戦までに90紙の日刊紙と100万党員を擁する空前の社会主義政党は「新聞政党」として出現した．

新聞コンツェルンとワイマール民主主義

　こうした労働者運動の組織化と並行して，1890年代には，シェール社を筆頭に，自由主義的高級新聞『ベルリン日報${}^{ベルリナー・ターゲブラット}$』(1872-1939)を核とするモッセ社，イラスト化で大成功を収めた『ベ ル リ ン 画 報${}^{ベルリナー・イルストリールテ・ツァイトゥング}$』(1891-1945)のウルシ

ュタイン社，『ライプチヒ新聞』など地方紙の買収で発展したジラルデ社など，四大新聞コンツェルンが成立した（スイス系ジラルデ社は 1926 年，ドイツ共和国での新聞経営から撤退）．

　こうした集中化の傾向は，第一次大戦とドイツ革命を経たワイマール共和国時代にはいっそう加速化された．モッセ社は広告代理店業へも乗りだし，ウルシュタイン社は雑誌，書籍を含む総合出版コンツェルンに成長した．また，クルップ社の総支配人であったアルフレート・フーゲンベルクは 1914 年シェール社を買収して，戦後はヴォルフ通信社と勢力を二分する「電信連合（テレグラーフェン・ウニオン）」，やがて映画会社「ウーファ」UFA を擁する総合メディア・コンツェルンを形成した．フーゲンベルク系の保守新聞は，ナチズム台頭への世論の地均しに絶大な影響力を発揮した（本書 pp. 112, 127）．

闘争新聞と言論の自由

　こうしたメディア産業の寡占化にもかかわらず，政治的に不安定なワイマール共和国では「傾向新聞（テンデンツブラット）」，「闘争新聞（カンプブラット）」と総称された世界観政党の機関紙が重要な役割を演じていた．ワイマール共和国末期の 1932 年，全ドイツの新聞 4703 紙のうち政党機関紙 976 紙，党派的新聞 1267 紙で，ほぼ半数は何らかの世界観を標榜していた．ドイツ革命に際し社会民主党から分裂したドイツ共産党は，中央機関紙『赤旗（ディ・ローテ・ファーネ）』(1919-33)ほか多くの地域新聞で共和国打倒の煽動を展開した．一方，アドルフ・ヒトラーを宣伝担当にすえた国民社会主義ドイツ労働者党(NSDAP)も，1920 年『民族観察者（フェルキッシャー・ベオバハター）』を買収して中央機関紙とした．1927 年にはヨーゼフ・ゲッベルスがベルリンで『攻撃（デア・アングリフ）』を創刊し，共和国を文字通り激しく攻撃した．

　このような過激な反体制新聞の「言論の自由」乱用に対して，共和国擁護のため政府はしばしば短期間の発行停止を命令した．しかし，徹底性を欠く言論弾圧は効果を上げるどころか，その殉難イメージがナチ党機関紙の人気を高めた．一方，1933 年 1 月 30 日政権を取ったヒトラーは，2 月 4 日ワイマール憲法 48 条 2 項に基づき「国民及び国家防衛のための大統領緊急令」を発動した．以後 1 年間で社会民主党系，共産党系の新聞 600 紙を発禁としている．

　他者に対して「言論の自由」を一切認めない反体制過激派に「言論の自由」

をどこまで認めるべきか．それは「理性の限界」への挑戦であり，今日に至るまで民主主義のアポリアとして残されている．

第三帝国の新聞

1933年3月13日ナチ党宣伝部長ゲッベルスは，新設された国民啓蒙宣伝省の大臣に就任した．4月30日にはナチ党新聞部長オットー・ディートリッヒがドイツ新聞雑誌連盟議長に，6月28日には『民族観察者』編集長でナチ党新聞全国指導者マックス・アマンがドイツ新聞発行者協会会長に就任した．7月1日政府の定例記者会見は，公的な帝国新聞会議に改組され発表内容の掲載が全新聞に義務づけられた．9月22日帝国文化院設置法により，新聞人はアマンを総裁とする職能身分組織「帝国新聞院(ライヒスプレッセカマー)」に加入させられ，10月4日の「記者法(シュリフトライターゲゼッツ)」公布によってジャーナリストは弁護士，医師のような国家資格となった．記者法の資格規定でユダヤ人は排除され，自由主義的立場で共和国を擁護したユダヤ系ウルシュタイン社，モッセ社の新聞もすべて「アーリア化」された．一方でジャーナリストの社会的威信を高めた記者職の国家資格化を多くの新聞人が歓迎したことも忘れてはならない．左翼系，自由主義系のみならず保守系新聞もナチ党傘下に接収され，12月8日フーゲンベルク系の電信連合もヴォルフ通信社ともども国策通信社「ドイツ通信社(ドイチェ・ナハリヒテン・ビューロー)」DNBに一元化された．12月13日帝国新聞院は雑誌創刊の禁止令を布告した．ここに1874年帝国出版法の自由主義体制は終焉した．

だが，第三帝国の情報システムは必ずしも中央集権的に効率よく管理されていたわけではない．宣伝省は対外宣伝や軍事情報では外務省や国防軍の情報部と，国内情報では内務省や秘密国家警察(ゲシュタポ)と，それぞれ競合関係にあった．その意味で，ナチ宣伝省はイギリスの政治戦争本部PWE（本書 pp. 157 f.）のような一元的な国家情報組織ではなかった．

それでも，新聞の強制的同一化(グライヒシャルトゥング)によって，多様な地域新聞が割拠したドイツの新聞界は一変した．経営合理化の名による新聞の統廃合が推進され，特に総力戦段階に突入した1941年以来，帝国新聞院から3次にわたり1500紙以上に廃業命令が出された．もちろん，「多様な言論のショーウィンドー」として『フランクフルト新聞』など一部の高級新聞は存続した．統合された新聞975

紙のうちナチ党所有は350紙，日刊紙では発行部数の82.5％を占めた．

戦後民主主義と新聞

　戦後は非ナチ化政策のため占領軍によって新聞発行には免許制がとられた．既存新聞の継続・復刊は一切認められず，ドイツ新聞は「零年（シュトゥンデ・ヌル）」から再出発することになった．そうした表面的な断絶にもかかわらず，ナチ期に統廃合された新聞構造の上で戦後西ドイツの新聞システムは確立した．ドイツ新聞史では断絶の強調が一般的だが，親衛隊将校だったジャーナリストを除けば，ほとんどが非ナチ化裁判をパスして現場に復帰した．冷戦の激化とともに1950年代には連邦新聞情報庁や外務省でも多くの元ナチ党員記者が登用されている．

　西側占領地区では1946年，アメリカ軍がミュンヘンで『新・新聞（ノイエ・プレッセ）』，イギリス軍もハンブルクで『世界（ディ・ヴェルト）』を創刊した．それぞれ自国風の紙面構成を持ち込んだが，英米流は戦後の新聞王アクセル・シュプリンガーの経営手法により強く反映している．シュプリンガーは，ラジオ番組雑誌『聴け！（ヘーア・ツゥ）』(1946, 現在はテレビ番組雑誌)の大成功を踏み台とし，1952年にはセンセーショナルな写真を強調したタブロイド紙『ビルト』を創刊した．さらに伝統あるウルシュタイン出版社を買収し，最盛時には西ドイツの新聞総発行部数の40％を占めた．この集中化は社会問題に発展し，1968年連邦カルテル局のギュンター委員会は多元的な言論の危機を訴える報告書を発表した．その後シュプリンガー系の占有率は減少したが，少数の新聞グループの寡占状況にあることは今日も変わりない．戦後も連邦制を採用したドイツでは，全国紙と呼びうる新聞は，シュプリンガー系の大衆紙『ビルト』，高級紙『世界（ディ・ヴェルト）』のほかに，代表的なものは，保守系知識人向けの『フランクフルター・アルゲマイネ』(1949)，自由主義的な『南ドイツ新聞（ズートドイチェ・ツァイトゥング）』(1945)である．全国紙の代用として，『ディ・ツァイト』などの週刊紙，またインテリ向けの『デア・シュピーゲル』，若者向けの『シュテルン』など，ニュース週刊誌が多く読まれてきた．

　もちろん，デジタル化の中でドイツでも新聞紙の衰退は急速に進んでいる．東西ドイツ統一の1991年に2730万部だった新聞総発行部数は，2017年には1470万部へと半減している．

第4節　イギリス——議会制民主主義の変容

新聞印紙税とコーヒーハウス

　定期刊行されたイギリス最初の週刊新聞『ニュース』(1622)は，印刷業者ナサニエル・バターが新聞先進国オランダから輸入した「コラント」の翻訳であった．しかし，1640年代ピューリタン革命の混乱で出版規制が緩み，イギリスでは大陸諸国に先駆けて政治新聞の原型が創られた．だが，皮肉にもクロムウェル率いる議会派の勝利によって新聞の規制は強化された．特許検閲法(ライセンシング・アクト)廃止によって事前検閲制度が消滅したのは，名誉革命後の1695年である．これ以後，ダニエル・デフォー，ジョン・ミルトンなどが編集した文芸新聞がブームとなったが，1712年印紙税法(スタンプ・アクト)の導入で新聞価格が倍増されブームは終息した．それでも，対仏七年戦争(1756-63)など海外情報を求める市民たちは新聞閲読室を設けたコーヒーハウス(本書pp. 24 f.)に集まった．その意味では新聞印紙税もコーヒーハウスの発展には一役買ったことになる．

　1730年には最初の広告新聞『デイリー・アドバタイザー』が創刊され，広告収入に依存する新聞経営が登場した．印刷業者ジョン・ウォルターが1785年にロンドンで発刊した『デイリー・ユニバーサル・レジスター』は，フランス革命勃発の前年1788年に『タイムズ』と改称された．イギリス，プロイセン連合軍がナポレオン軍を破ってパリ入城を果たした1814年，ウォルター2世がドイツ人ケーニヒの蒸気式シリンダー印刷機を『タイムズ』に採用した．「常に明日の勝者の側で輿論を動かした」『タイムズ』は，クリミア戦争(1853-56)時には発行部数5万部に達し，市民新聞の象徴となった．『タイムズ』の購読者は19世紀後半に5万から6万で安定したが，この「公衆」は大英帝国のエリート層にほぼ限定されていた．

　印紙税は，フランス革命以後は下層民衆向けの印刷物を抑制する目的で維持された．フランスやアメリカでは1830年代に廉価な大衆新聞が出現するのに対して，イギリスでは印紙税のために合法的な大衆新聞の出現は阻まれていた．つまり，新聞発行を「財産と教養」のある，すなわち政治的責任能力ある市民階級の手中に留めおくために，印紙税法は温存された．「知識への課税(タクセズ・オン・ナリッジ)」と呼

ばれた印紙税の撤廃運動は，チャーチスト運動や反穀物税運動の指導者たちによって推進され，新聞用紙への課税は1836年に1ペニーに軽減され，広告税は1853年，新聞本体への課税も1855年に全廃された．とはいえ，この印紙税廃止は，政治的統制から市場的統制への進化と考えるべきであろう．実際，19世紀後半になると新聞発行は大資本のみが営めるビッグ・ビジネスとなって，ロンドン発行の有力紙は全国紙としての地位を不動のものにしていた．『タイムズ』をはじめとする主要新聞社はもとより，地方紙や外国新聞社の支局などが密集したロンドンの「フリート街」は，ジャーナリズムの代名詞となった．

1855年印紙税廃止の当日，定価1ペニー(『タイムズ』定価の4分の1)で創刊された『デイリー・テレグラフ』は，中産階級下層まで「リスペクタブルな」読者を拡大し，1858年以降『タイムズ』の部数を凌駕(りょうが)した．1877年には24万部で「世界最高部数」を宣言している．

日曜新聞と大衆新聞

1869年には保証金制度も廃止され，新聞価格は急速に下がり，大衆的な日曜新聞やイラスト新聞は新たな大衆読者を開拓した．1840年代に中産階級向けの「ニューメディア」として創刊された風刺漫画雑誌『パンチ』(1841)，『絵入りロンドンニュース』(1842)も急速に部数を拡大した．また，タブロイドの日曜新聞『ニュース・オブ・ザ・ワールド』(1843，電話盗聴事件により2011年廃刊)などセンセーショナルな犯罪報道も人気を集めた．安息日に発行された日曜新聞は教会に糾弾されたが，むしろ世俗化する社会のモラル装置として機能した．犯罪の動機と処罰をめぐるスキャンダルな言説は，「シャーロック・ホームズ」などの探偵小説とともに，読者に予防的監視の視線を内面化させた．すなわち，ヴィクトリア朝期に大衆娯楽として制度化された警察報道は，市民的価値観(リスペクタビリティ)を労働者層にまで浸透させる装置となった．大量の読者を持つ新聞は，社会政策プロセスにも組み込まれるに至った．例えば，社会改革を主張したウィリアム・T・ステッドがアメリカ方式の販売促進法を採用して急成長した高級夕刊紙『ペル・メル・ガゼット』(1865)は，ロンドンの少女売春の実態を暴露する連載記事「現代バビロンの少女の生贄」(1885)を掲載してセンセーションを巻き起こした．ステッド自身も母親から13歳の少女を5ポンドで

買う「突撃取材」で捕まり投獄され，マシュー・アーノルドから「ニュー・ジャーナリズム」と揶揄された．この調査報道はかえって大衆の支持を集め，これ契機として同年の刑法改正に未成年者保護条項が盛り込まれた．

政治経済面に社会面，スポーツ面，文芸欄までを加えた総合的な近代新聞の登場は，1870年初等教育法で義務教育を受けた読者の登場を待たねばならない．

「新聞男爵(プレス・バロン)」の王国と大衆新聞

アルフレッド・ハームズワース(1865-1922)は，近代的新聞経営で多数の系列紙を擁する「ノースクリフ王国」を作り上げた．彼は1893年株式公開によって100万ポンドの資本金を獲得すると，翌94年『イブニング・ニュース』を買収した後，『デイリー・テレグラフ』に対抗して1896年定価半ペニーの『デイリー・メール』を創刊した．廉価で集めた消費者(＝読者)の質と量を公表して広告収入をつり上げる手法により，『デイリー・メール』はボーア戦争中(1899-1902)に100万部を突破した．また写真を多用したタブロイド版『デイリー・ミラー』(1903)も，第一次大戦勃発までに100万部に達した．1905年ノースクリフ男爵，1917年同子爵として貴族に列せられたハームズワースの成功は「ノースクリフ革命」と呼ばれる．ノースクリフは1905年伝統ある日曜新聞『オブザーバー』，1908年にはジェントルマン文化の象徴『タイムズ』を買収して傘下に収めた．

ノースクリフ卿と並び称せられる新聞王ビーヴァーブルック卿(1879-1964)こと，マックス・エイトケンは，1910年カナダより移住し保守党議員に当選した．1916年『デイリー・エクスプレス』を買収して世界最大の部数を達成し，第一次大戦では情報相，第二次大戦中は航空機生産相，軍需相を歴任した．なお，戦時体制下の宣伝で新聞が果たした役割については，あらためて第6章で論じる(本書 pp. 129 f.)．

戦間期においても，大衆新聞の部数競争はいっそう激化し，特にカメラや万年筆などの景品を拡材に使った保守党系『デイリー・エクスプレス』と労働党系『デイリー・ヘラルド』(1912-64)の競争は語り草になった．この結果，『ヘラルド』は1937年には世界最高の200万部まで上昇した．1913年ノースクリフ

が弟ロザミア卿に売却した『デイリー・ミラー』(1903) は，このあおりを食らって部数を減少させたが，労働者階級の立場に立つ急進的新聞に方向転換して成功し，最盛期の発行部数は400万部を超えた．

新聞の階級性と国家機密保護制度

こうした「新聞男爵」たちの活躍は，社会改良に燃えるアメリカのイエロー・ジャーナリズムと異なる保守的精神で進められた．「ノースクリフ革命」の本当の意義は，異なる読者層に読まれている大衆紙と高級紙を系列化し，娯楽的な大衆紙の収益の上に高級紙による政治的公共圏の存続を図ったことである．イギリスの新聞界には，高級新聞は朝刊，大衆紙は夕刊という区別がなお存在している．保守系の『タイムズ』にせよ，リベラル系の『ガーディアン』(1821) にせよ，その読者はゆっくりとした朝食とお茶の時間を過ごせる階級であり，夕刊タブロイド紙は仕事帰りの労働者階級が読む新聞である．

1936年危篤状態にあった国王ジョージ5世が深夜コカイン注射で安楽死させられたのは，『タイムズ』の印刷に国王逝去のニュースを間に合わせるためであったとされている．跡を継いだ「大衆王」エドワード8世が，アメリカ婦人との不倫から在位1年たらずで王位を放棄したいわゆる「シンプソン事件」でも，イギリス新聞界の階級構造が露呈した．国王の要請により新聞王ビーヴァーブルック卿とノースクリフの甥で新聞社主協会 (NPA) 会長エドモンド・ハームズワースが中心になって，このスキャンダル報道を自粛する紳士協定が結ばれた．しかしこの「紳士の沈黙」を破って国王を退位させたのは結局，スキャンダル報道とは無縁な紳士の新聞『タイムズ』など保守系高級紙であった．

第二次大戦が勃発すると，公務機密法 (本書 p. 128) が改正強化され，ドイツ軍のロンドン空爆を機に国防機密を保護するための自主検閲システム「D通告」defence notice が導入された．現在も「D通告」は政府と報道機関の代表者から構成される合同諮問委員会で運用されている．

さらばフリート街

第二次大戦後，再燃した販売競争によって大衆新聞の多くが淘汰された．『デイリー・ヘラルド』は1964年に廃刊，娯楽タブロイド紙『サン』となった．

『タイムズ』も，1922年ノースクリフ卿の没後アスター卿，トムソン卿の手を経て，1978年印刷労働組合のストライキで約1年間休刊した後，1981年オーストラリア出身の新聞王ルパート・マードック（1986年アメリカへ帰化）のメディア・コングロマリット「ニューズ・インターナショナル」に買収された．

『タイムズ』休刊が象徴するように，新聞経営の合理化はそれに抵抗する印刷工労組との力関係によって決まった．サッチャー政権の援助を受けて，1986年マードックは『タイムズ』『サン』など傘下の新聞製作をフリート街から離れたワッピングの新社屋に強行移転し，印刷工労組を屈服させた．80年代後半，マードックは，ミラー・グループの会長ロバート・マクスウェルと「メディアの覇権」をめぐって買収合戦を展開した．この状況下，最後発の高級紙として『インディペンデント』(1986)は創刊された．そこにはマードックの傘下に入った高級紙からその経営方針に批判的な有能な人材が集まった．「ベルリンの壁」が崩壊した1989年，最後までフリート街に居残った『デイリー・メール』の撤収によって，イギリス近代新聞史は幕を閉じる．

だが，イギリス近代新聞の特徴である階級構造は今なお存在している．保守系の『タイムズ』，リベラル系の『ガーディアン』『インディペンデント』など高級紙の教養世界と，ダイアナ報道でパパラッチ・ジャーナリズムと呼ばれた『サン』『デイリー・ミラー』など大衆紙のワイドショー的世界は分断されている．とはいえ，1970年代からは『デイリー・メール』『デイリー・エクスプレス』が中級紙に衣替えして三層構造となり，また1993年以後『タイムズ』が低価格競争を仕掛けて部数を拡大したため，「高級紙」の大衆化が進行している．2003年に『インディペンデント』が自称「コンパクト判」のタブロイド判を発行すると『タイムズ』も追随し，判型で高級紙と大衆紙を区別することはできなくなった．『インディペンデント』は2016年で紙媒体を廃刊しオンライン新聞に移行している．インターネットの世界では，なおさら「形式」で高級紙と大衆紙を区別することはむずかしい．デジタル化との関係では，イギリス新聞のグローバルな読者拡大に注目すべきだろう．インターネット普及前の1995年段階で日刊経済紙『フィナンシャル・タイムズ』の4割，週刊誌『エコノミスト』の8割は，イギリス国外のエリート層に愛読されていた．2015年，日本経済新聞社はデジタル時代のグローバル展開にむけて『フィナンシャ

ル・タイムズ』を親会社ピアソンから1600億円で買収している．

第5節　アメリカ——大衆民主主義の誕生

独立のメディア

　アメリカ新聞史は，英仏の北米植民地を舞台にしたウィリアム王戦争下，1690年9月25日発行されたベンジャミン・ハリスの『公共の出来事（パブリック・オカレンシズ）』に始まる．このことは，二つの意味で象徴的である．第一に，植民地政府による創刊号の発禁がアメリカ建国の大義となった「出版の自由」を想起させること．1765年印紙条例によって北米植民地の反英感情は一気に高まった．第二に，この新聞がイギリスからの情報の窓口であるボストンで誕生したこと．独立運動もまた1773年のボストン茶会事件で一気に激化した．

　伝統なき移民国家アメリカでは，新聞は信仰とともに共同体コミュニケーションの核となった．連邦派（フェデラリスト）（現・共和党）主導で制定された合衆国憲法（1787）に，反連邦派（レパブリカン）（現・民主党）は10ヵ条の修正条項（1791）を加えた．その第1条は，信仰の自由と言論の自由が表裏一体であることを次のように謳っている．

　「連邦議会は，国教の樹立を規定し，もしくは宗教の自由な礼拝を禁止する法律を制定してはならない．また，言論および出版の自由を制限し，あるいは人民の平穏に集会する権利，ないしは苦痛事の救済に関して政府に請願する権利を侵す法律を制定してはならない」

　もちろん憲法の解釈は条文の字面ではなく現実の権力関係に左右される．言論の自由も，その国の権力関係の中にのみ存在する．1798年，連邦派は反連邦派の言論を弾圧するため，外国人法・治安維持法を制定した．この弾圧法は1801年第3代大統領に就任した反連邦派トマス・ジェファーソンによって廃止されたが，独立宣言の起草者である彼もまた，名誉毀損法で連邦派の新聞を弾圧することに躊躇（ちゅうちょ）はしなかった．1829年西部貧農出身のアンドリュー・ジャクソンが第7代大統領に就任し，定期的に記者会見を開いて新聞を政府広報システムに取り込んだ．いわゆるジャクソニアン・デモクラシーの中で，ホイッグ党（現・共和党），民主党の安定した二大政党システムが成立した．

ペニー・プレスとAP通信社

　この政治的安定期に，都市住民を対象とする街頭販売の「ペニー・プレス」が登場した．その口火を切ったのは，1833年ベンジャミン・デイが創刊した『ニューヨーク・サン』である．犯罪やスキャンダルを中心に記事を他紙から切り張りし，通常6セントであった新聞価格を1セントに引き下げ，1834年4000部の部数は1839年6万部へと飛躍した．デイの成功に倣ってジェイムズ・ゴードン・ベネットが1835年創刊した『ニューヨーク・ヘラルド』は，腐敗追及など社会改革を唱えて民主党支持を打ち出したが，むしろ大見出しや木版イラストの多用，競馬を中心にしたスポーツ欄の充実で人気があった．

　こうした娯楽中心のペニー・プレスに対し，正確な事実や硬派な論説を売り物としたホレス・グリーリーの『ニューヨーク・トリビューン』(1841)とヘンリー・レイモンドの『ニューヨーク・タイムズ』(1851)が創刊された．両紙がともにホイッグ党寄りであったことは，後のイエロー・ジャーナリズムが民主党寄りであったことと合わせて，スキャンダル報道の民衆的性格を示している．

　米墨戦争(1846-48)で増大した海外取材経費に対応すべく，1848年ニューヨークの6社がAP通信社を結成した．1851年に『ニューヨーク・タイムズ』も参加し，1866年大西洋横断電線が完成するまでには情報拠点としてのニューヨークの地位は揺るぎないものとなった．広大な国土全体に毎日配達できる全国新聞は困難なため地方紙が発展し，AP加盟社は1900年に690紙となった．できるだけ多くの新聞に配信すべく書かれたニュース電文からは，党派的，地域的な個性が削ぎ落とされた．この電文作法によって規格化されたストレート・ニュースが，やがて「客観報道」を名乗るようになった．

　南北戦争(1861-65)の戦争報道では，近親者の安否を気遣う読者の欲求が強く反映され，新聞の中心機能はますます論説から報道へと重心が移された．また軍事検閲の導入で記事末尾への記者イニシャル記載が義務づけられ，結果として今日の署名記事スタイルが確立した．この内戦で国民統合を達成したアメリカでは本格的な工業化が始まり，1870年から1900年の30年間で人口は3700万から7500万に倍増した．同じ期間に一般日刊紙は489紙から1967紙へと4倍に，総発行部数は260万から1500万へと6倍に増加し，『ワシントン・ポスト』(1877)，『ロサンゼルス・タイムズ』(1881)などの有力紙も創刊された．

イエロー・ジャーナリズムの登場

　フロンティアが消滅した 1890 年代，新聞社の総収入で広告収入が販売収入を凌駕した．広告収入の比率は拡大を続け，総収入の 8 割近くを占める新聞社も一般的になった（この収益構造がインターネット普及後のアメリカで新聞経営を困難にしている一因である）．

　広告収入が急成長する新聞にアメリカン・ドリームを追い求めたのがユダヤ系ハンガリー移民ジョゼフ・ピュリッツァー(1847-1911)であり，映画『市民ケーン』(1941)のモデル，ウィリアム・ランドルフ・ハースト(1863-1951)である．

　ピュリッツァーは，南北戦争の従軍後，セントルイスのドイツ語新聞で働いた．その後州議会議員に選出され，地元紙を買収して 1878 年『セントルイス・ポスト・ディスパッチ』を創刊した．「民衆以外のいかなるものにも奉仕しない」と宣言し，センセーショナリズムの手法を確立した．殺人，セックス，暴力沙汰など事件記事に派手な大見出しを打って人目を引き，警察，役人，金持ちの不正を暴くキャンペーンによって都市大衆の心をつかんだ．こうした犯罪報道をピュリッツァーは次のように正当化した．

　「これまでのどんな法律，教訓，規則よりも，新聞で暴露されるかもしれないという恐怖のほうが，犯罪，不道徳，悪事を防ぐのに役立っている」

　1883 年，ピュリッツァーは民主党系『ニューヨーク・ワールド』を買収してニューヨークに進出し，移民労働者を中心読者層とする大衆新聞を作り上げた．彼自身も 1885 年ニューヨーク選出の下院議員となり，モルガン財閥批判キャンペーン，自由の女神の台座募金イベントなどを展開した．20 ページ 2 セントという安さに加えて，第一面トップへのマンガの使用，「ヒューマン・インタレスト」の発掘など新機軸を打ち出し，1892 年には 37 万部を突破した．生活テンポの早い都会生活では，ニュースは「ホット」な特ダネでなくてはならず，意表をつく「スクープ」であることが望まれた．

　一方のハーストは，カリフォルニアの鉱山王の息子に生まれハーバード大学へ進学した．大学を退学した後，1887 年父親から『サンフランシスコ・イグザミナー』を譲り受け，さらに 1895 年『ニューヨーク・ジャーナル』を買収してニューヨークに進出した．トップ全段抜きの特大見出しや写真の大量使用に加えて，ピュリッツァーの『ワールド』から編集者や漫画家を高給で引き抜

き熾烈な販売合戦を展開した．1893年の『ワールド』日曜版から色刷りで連載された「ホーガン裏通り(アレー)」の漫画家リチャード・アウトコートも『ジャーナル』に移籍した．両紙に登場した，漫画の主人公である黄色い上着の小僧「イエロー・キッド」にちなみ，大衆受けするセンセーショナルな報道は「イエロー・ジャーナリズム」と呼ばれるようになった．

イエロー・ジャーナリズムの正義

イエロー・ジャーナリズム競争のクライマックスは，米西戦争（1898）の報道である．キューバの反乱には『ワールド』『ジャーナル』の特派員が送り込まれ，反スペイン感情を煽る愛国報道が連日繰り返された．しばしば引用されるハーストと派遣画家フレデリック・レミントンとの交換電報は，ピュリッツァーの『ワールド』に載ったもので，その真偽は不明だが，イエロー・ジャーナリズムの本質を言い当てている．

「スベテハセイジャク　ゲンチニ　フンソウハナイ　センソウノ　ケハイモナシ　キコクシタイ」

「ノコラレタシ　エヲ　コウイセコ　ワタシハ　センソウヲ　ヨウイスル」

『ワールド』も，メイン号爆破事件では全段ぶち抜きで「リメンバー・ザ・メイン！」を掲げ，発行部数を125万と宣言した．ピュリッツァーは，1904年この収益から100万ドルをコロンビア大学に寄贈し，これに基づき1912年ジャーナリズム学科が発足した．翌13年『ワールド』に読者の声を聞く「正義と公正」部を設置し，さらに遺言によりジャーナリズムの貢献者を表彰する「ピュリッツァー賞」も1917年から開始された．こうした慈善事業が，生前は冷酷な大資本家として非難されたロックフェラーを大学や図書館の寄贈によって文明進歩の大恩人にすり替えたPR活動（本書 p. 134）と同じものかどうか，そのポピュリズムの質をめぐって評価は分かれる．ハーストも1903年民主党下院議員に当選するが，ニューヨーク市長，州知事への挑戦は失敗に終わった．

「品位ある客観報道」とジャズ・エイジ

19世紀前半のペニー・プレスの読者は中産階級であったが，同世紀末のイエロー・ジャーナリズムの読者は移民を含む労働者階級であった．ピュリッツ

ァーもハーストも政治的には民主党支持であり反エリート主義者であった．

　彼らとは逆に，キューバへの軍事介入に反対して「品位ある客観報道」の名声を得たのは，1896 年低迷していた『ニューヨーク・タイムズ』の編集経営権を握ったアドルフ・オックスである．オックスは，「私たちの新聞は，朝のテーブルクロスを汚しません」と表明し，購読は「立派な社会的地位のお墨付きを手に入れたも同然です」と広告した．同紙をアメリカを代表する高級紙へと発展させた「品位（ディーセンシー）」が，教養という文化資本に訴えて機能したことは明らかである．第一次大戦中の報道合戦に勝利し，1918 年には 35 万部に急成長した．

　1901 年大統領を激しく攻撃したハーストの『ジャーナル』は，マッキンレー暗殺事件で教唆報道として世論の批判を浴びた．そのため『ジャーナル・アメリカン』(1902-65) と改題し，それまでの攻撃性は抑制された．1923 年，ハーストの系列には『シカゴ・イグザミナー』『ボストン・アメリカン』などの 36 紙と，『コスモポリタン』など 7 雑誌，通信社「国際ニュース・サービス」INS (1910-54) や記事交換を行なう「キング・フューチャー・サービス」「国際ニュース映画」などが加わり，ハーストは総合情報ビジネスへの道を開いた．

　1920 年代は再びニューヨークを中心に煽情的なタブロイド新聞が流行し，「ジャズ・ジャーナリズム時代」と呼ばれた．1919 年創刊された代表的なタブロイド新聞『デイリー・ニュース』は，殺人事件や映画スター(本書 p. 103) のスキャンダル記事で人気を呼び 1930 年には 170 万部を突破した．映画のブロックブッキング化(本書 p. 178)，ラジオのネットワーク化(本書 p. 149) にともない，人々の関心は全国的な話題に向けられるようになり，地方新聞のチェーン化が進展した．スクリップス＝ハワード・チェーンが AP 通信社の独占に対抗して夕刊地方紙向けに 1907 年創立した UP 通信社 the United Press Association の成功もチェーン化を促進した．

　ピュリッツァー没後の『ワールド』は保守化し，タブロイド紙の写真重視にも対抗できず経営難に陥り，大恐慌後の 1931 年，スクリップス＝ハワード・チェーンに買収された．ペニー・プレス起源のニューヨークの日刊紙は合併を繰り返し，ついに 1966 年ハースト系『ジャーナル・アメリカン』も統合した『ワールド・ジャーナル・トリビューン』となったが，1 年で廃刊となった．

ペニー・プレスで幕を開けた大衆新聞の黄金時代は終わりを迎えた．

全国紙の登場と情報格差

　テレビ放送の本格化とともに，センセーショナリズムを売り物とする新聞はマスメディアの首座を失った．その一方で 1920 年代以来の系列化と寡占化は加速化していった．これに対してロバート・M・ハッチンズを委員長とする「プレスの自由委員会」が，1947 年「プレスの社会的責任理論」を打ち出した．意見の多様性や少数意見への配慮は，資本の集中化の中でかけ声にとどまった．それでも，1950 年代には戦時期の情報統制（本書 pp. 151 f.）への批判が高まり，「知る権利」の運動も進められ，1966 年には「情報公開法」が成立した．

　そうした状況下の 1970 年代から脚光を浴びたのは，「調査報道」と呼ばれる新しい報道手法であった．1971 年『ニューヨーク・タイムズ』によるベトナム戦争中の「国防総省秘密文書（ペンタゴン・ペーパーズ）」暴露報道や，1972 年『ワシントン・ポスト』によるウォーターゲート事件報道などはその典型とされる．しかし，1973 年には日刊紙の総発行部数が減少に転じている．

　そうした中，ダウ・ジョーンズ社は 1975 年通信衛星を使って『ウォール・ストリート・ジャーナル』(1889)の全米同時印刷を実現した．金融情報紙として創刊された同紙が，高学歴化と情報化の中でアメリカ初の全国紙となったことは象徴的である．同紙はエリート・ビジネスマンの必読紙として，1982 年には発行部数 200 万部を突破した．『ニューヨーク・タイムズ』も 1981 年から通信衛星によるファクシミリ送信で全国版を発行しはじめた．翌 82 年にはガネット・チェーンが，カラー・グラフィックを多用する全国版大衆紙『USA トゥデイ』を創刊した．だが，こうした高級紙の全国紙化と新しい大衆全国紙の登場は，1980 年代以降のアメリカ社会における中流の減少，資産格差の拡大に対応している．国民の所得上位の 5% が『ジャーナル』と『タイムズ』の狙う読者層であり，他の新聞が『トゥデイ』化していくアメリカにおいて，知識ギャップ（本書 p. 21）は深刻な問題となっていた．こうした社会の分断化，二極化は，1990 年代のインターネット普及，2000 年代の SNS 流行の中で，いっそう加速化している．

第6節　日本——国民的言説空間の編成

中新聞の成熟

　以上概観した欧米新聞史から，政治新聞時代から商業新聞時代への大きな流れが確認できる．とはいえ，階級社会であるイギリスやドイツでは，世界観やイデオロギーを掲げた政論新聞への愛着は長く残り，いち早く消費社会化したアメリカで「客観的」な商業新聞が台頭した．

　急速に近代化した日本では，ヨーロッパ型の政論新聞時代は極端に短く，アメリカ型の商業新聞時代にスムーズに移行した．日本が新聞システムを導入する1870年代が，欧米で大衆新聞成立期にあたったことは重要であろう．この時期までに各国とも，検閲，印紙税，保証金制度といった政治的規制をほとんど撤廃し，市場的規制のシステムへ移行していた．ドイツが1世紀をかけて1880年代に実現した新聞の近代化（政論・文芸から報道・娯楽への重心移動）を，日本は開国後30年で達成したことになる．いわゆる「大新聞」と「小新聞」から「中新聞」への発展は驚くべき速度で進んだ．小野秀雄『日本新聞発達史』(1922)から引いておこう．

　「日清戦争以後の新聞界は主として営業本位，読者本位に傾き新趣向の競争，号外附録の競争，広告の競争，定価の割引等営業本位の競争が盛んに行われた．然して各紙皆中流以下の読者を集むることに苦心し，新聞紙の調子概して通俗的となり，戦前に比して紙面の体裁全く一変した」

　こうした新聞の急激な近代化は，イギリス有閑階級の高級新聞やドイツ労働者運動の機関紙に類する新聞に成熟の機会を与えず，自らを「中流」と感じる階層を主な購読者とする「中新聞」を成長させた．

明治開国と大新聞

　現存する最古の「読売瓦版」に「大坂安部之合戦之図」(1615)があるように，日本新聞史もドイツの「フルークブラット」の時代に遡ることは可能である．しかし，今日の新聞の直接的な起源は，幕末開国期に求められる．

　1861年長崎で"Nagasaki Shipping List and Advertiser"を週2回発行した

A. W. ハンサードは，10月，開港地横浜に移り英字新聞 "The Japan Herald" を創刊した．また，幕府は攘夷(じょうい)論を抑えて開国政策の必要性を示すためオランダ政庁機関紙 "Javasche Courant" を洋書調所に編訳させ，1862年『官板バタビヤ新聞』として発行した．1865年には最初の民間新聞『海外新聞』もジョーゼフ・ヒコによって発行された．明治維新の混乱の中で，1868年旧幕臣・柳河春三の『中外新聞』，福地源一郎(桜痴(おうち))の『江湖新聞』など和綴じ版の「慶應新聞」が発行されたが，明治政府の江戸占領とともに禁止されている．

最初の日刊紙は，1871年鉛製活字・西洋紙の1枚刷発行の政府系『横浜毎日新聞』である．翌年には政府の新聞奨励策もあって，『東京日日新聞』などが続々と創刊された．1874年イギリス人ブラック発行の『日新真事誌』に掲載された「民撰議院設立建白書」は，自由民権運動の狼煙(のろし)となり，各紙は社説欄を設け激しい政論を展開した．翌75年政府は新聞紙条例，讒謗律(ざんぼうりつ)(最初の名誉毀損法)を公布し民権派新聞を弾圧したが，一方で新聞解話会や新聞縦覧所を開設させて新聞普及を図った．その結果，『東京日日新聞』は西南戦争(1877)までには発行部数1万部に達した．

1881年自由党の結成以後，政論新聞は政党ごとに系列化され「多事争論」を繰り広げた．1882年当時，自由党系で『朝野新聞』ほか21紙，立憲改進党系で『郵便報知新聞』ほか34紙，立憲帝政党系で『東京日日新聞』ほか20紙が存在した．しかし，1884年政府の弾圧強化により自由党が解散すると，政論新聞は脱政党化していった．この結果，経済記事を優先する福沢諭吉『時事新報』(1882)，国民主義の陸羯南(くがかつなん)『日本』(1889)，平民主義の徳富蘇峰(とくとみそほう)『国民新聞』(1890)など，「独立新聞」を標榜する非政党紙が，明治憲法制定後の政論をリードすることになった．自由民権と新聞の関係では政府の弾圧政策が強調されるが，民意の流出する回路の成立が政府の民意操縦を容易にした側面を忘れてはならない．民権新聞を弾圧した権力こそが新聞の成長にもっとも心を砕いていた．権力対反権力で新聞史を語る困難はここにある．

小新聞──『読売』と『朝日』

欧米新聞史では，こうした教養人を読者とする政論新聞が先行し，かなり遅れて下層まで読者層を広げたペニー・プレスが登場する．開国期の日本では

「大新聞」とほぼ同時に庶民婦女子を対象とする非政治的な「小新聞」が発現した．漢文調の大新聞に対し，小新聞は欧米のタブロイド判に相当する紙幅の小さい振り仮名つき新聞であり，記者は黄表紙の流れを汲む戯作者が多かった．

文字通り売り子が読み売りした『読売新聞』(1874)は，市井の出来事を勧善懲悪でまとめて成功し，部数では大新聞を圧倒した．また錦絵を取り入れた『東京絵入新聞』(1876)なども好評で，新聞のイラスト化の先駆けとなった．小学校建設を定めた教育令公布の1879年，大阪で創刊された小新聞『朝日新聞』は，予約者への無代紙配布や景品による派手な宣伝によって部数を伸ばした．1888年自由党系『めざまし新聞』を買収して東京に進出した朝日新聞社は，『東京朝日新聞』『大阪朝日新聞』の二本社体制を確立した．1890年には両面自動印刷の最新マリノーニ輪転機を導入し，全国紙を目指して躍進を続けた．その急成長の背景には，多事争論を小新聞で中和しようとした政府の思惑もあった．政府が三井銀行を通じて資金援助を行なった朝日新聞社は，戦争報道で実力を発揮し，北清事変(1899-1901)の際の「北京籠城記」は世界的に注目された．日露戦争直前には主戦論を激しく展開し，日露講和(1905)にも強く反対した．1907年には，夏目漱石が入社しその新聞連載小説でも人気を博した．

赤新聞──『萬朝報』と『二六新報』

アメリカでピュリッツァーとハーストが競争を展開した1890年代，日本でも黒岩周六(涙香)の『萬朝報』(1892-1940)と秋山定輔の『二六新報』(1893-1940)がキャンペーン報道で注目を浴びていた．当時，名士顕官から「まむしの周六」と恐れられた黒岩の『萬朝報』は，畜妾調査など裏面暴露記事に加え，懸賞募集や赤紙印刷などアイデアを駆使して都市民衆の人気を博した．低俗新聞の蔑称となった「赤新聞」という言葉も，「一に簡単，二に明瞭，三に痛快」を編集規約としたこの『萬朝報』に由来する．だが一方で『萬朝報』は，内村鑑三や幸徳秋水など名高い論客を入社させ社会改革を訴えた点で，単なる低俗新聞ではない．日露戦争に反対して『萬朝報』を退社した幸徳秋水や堺利彦は，日本初の社会主義新聞『平民新聞』(1903-05)を創刊している．この新聞は，マルクス『新ライン新聞』の故事にならって赤刷りの最終号を発行した．

『二六新報』も三井財閥攻撃や廃娼キャンペーンに加えて，3万人を動員し

た労働者大懇親会(1901)を主催した．既得権益を持つエリートは両紙を「赤新聞」と呼んだが，それは趣味低俗という以上に危険思想を含意していた．

　こうしたセンセーショナリズムの輝きは，論説新聞から報道新聞への変化の中で社会正義と営利主義が融合した結果である．すなわち，「赤新聞」とは1890年帝国議会開設で制度化された政論空間から閉め出された一般民衆のエネルギーを吸収して急成長を遂げた大衆紙である．選挙権は「直接国税を15円以上納める25歳以上の男子」，国民の1・1％に限られていた．それゆえ議会政治に組み込まれると「赤新聞」も衰退を始めた．1902年代議士に当選した秋山の反政府的言動は，日露戦争前夜にロシアのスパイであるという流言，いわゆる「露探疑惑」を呼び起こし，議員辞職と『二六新報』の発行禁止に追い込まれた．『萬朝報』の黒岩も1914年憲政護憲運動で大隈重信の擁立を画策し，野党的立場の攻撃性を抑制したため，その声望は失われてしまった．

大阪系新聞の全国制覇

　政都東京で言論が主義主張ごとに細分化され「志」に重きが置かれたのに対し，商都大阪では新聞は最初から商品であり広告獲得など営業が重視された．

　1890年代の大阪では，村山龍平・上野理一の『大阪朝日新聞』と，本山彦一の『大阪毎日新聞』の二大新聞体制が確立していた．後者は大新聞『大阪日報』(1876)の後継紙『日本立憲政党新聞』(1882)から号数を数えるが，その躍進は1888年に小新聞『浪華新聞』と合併して以降に始まる．

　日露戦争の報道競争は，経営規模の大きいこの大阪両紙にとって願ってもない飛躍のチャンスとなった．本山彦一は，新聞の信用とはその内容ではなく発行部数であり，新聞の独立を保つためには経営の独立が必要であるとする「新聞商品主義」を唱えた．1911年，『大阪毎日新聞』は『東京日日新聞』を合併し，『朝日新聞』ともども東西本社体制で全国制覇に乗りだした．

　こうした大阪系新聞の言論の質が問われた事件こそ「白虹事件」である．1918年8月25日『大阪朝日新聞』夕刊は，米騒動の記事を差し止めた政府を弾劾する関西記者大会の模様を報じた．この記事中「白虹日を貫けり」(『戦国策』の故事，君主に対して兵乱が起こることの喩え)の章句があることを理由に，寺内正毅内閣は『大阪朝日』を新聞紙法違反で告訴した．『大阪朝日』は

編集幹部に引責辞任をさせ，12月1日「近年已に不偏不党の宗旨を忘れて偏頗の傾向を生ぜし」の反省社告を掲載した．

ここに報道の「不偏不党」が編集綱領として明文化される．この「不偏不党」とは，読者層の拡大をめざす「新聞商品主義」のコインの片側であった．同年，新聞の口語体化が『大阪毎日新聞』によって試みられ，各紙に普及していった．翌1919年，朝日新聞社は合資会社を改め株式会社になる．一連の出来事は，巨大新聞が企業の存立をかけて権力と闘うことの困難を物語っている．

1923年関東大震災は，経営難に喘いでいた東京の政論新聞にとどめを刺した．1924年元日号で『大阪朝日』『大阪毎日』は揃って100万部達成を宣言した．同年，『東京朝日新聞』『東京日日新聞』は定価販売を口実に協定を結び，社屋を焼失して再建途上にあった多くの在京新聞社を販売店から締め出していった．街頭販売を主体にした欧米新聞と異なり，戸別配達中心の日本では販売店が新聞経営の鍵を握っていた．強者の唱える公正は，弱者の排除を意味する．1927年定価販売が実行されたときには，五大紙体制から『国民新聞』『報知新聞』『時事新報』が脱落し，大阪系両紙の寡占体制は盤石不動となっていた．

ただ元警察官僚・正力松太郎が1924年に買収した『読売新聞』のみは，翌25年の「ラヂオ版」「宗教欄」導入や，アメリカ・プロ野球団招聘などイベント事業で部数を伸ばし，昭和に入ると朝・毎に迫る勢いをみせた．正力の経営は「婦人欄」の導入など，ニュースペーパー(新聞紙)のユーズペーパー(生活情報紙)化において時代を先取りしており，1938年には100万部を突破した．

総力戦体制の連続性

1931年満州事変勃発以後，新聞は国民を戦争協力へ同調させる装置として機能した．アメリカの民主党系イエロー・ジャーナリズムの米西戦争煽動(本書 p. 84)を見た以上，内に普選と軍縮を主張した『朝日新聞』が外に聖戦を煽ったとしても何ら意外ではない．五・一五事件(1932)に際して軍部を厳しく批判し「反骨のジャーナリスト」と呼ばれる『福岡日日新聞』主筆・菊竹淳(六鼓)が，満蒙権益の熱烈な擁護者であったことも忘れてはならない．

1936年「国策通信社」同盟通信社の設立を皮切りに，翌37年日中戦争勃発直後に設置された内閣情報部の指導下，内務省警保局を通じて各地の零細新聞

の「自主的」な整理統合が行なわれた．内閣情報部に新聞雑誌用紙統制委員会が設立された1940年，『二六新報』『萬朝報』など伝統ある新聞が廃刊された．翌41年販売網を統合する新聞共販制が導入され，日米開戦後，新聞事業令に基づく統制団体「日本新聞会」が1942年設立された．1942年7月情報局は新聞社の「一県一紙主義」を発表し，今日まで続く新聞体制が確立した．

東京では『朝日新聞』(『大阪朝日新聞』と『東京朝日新聞』の題字統合は1940年9月)，『毎日新聞』(『大阪毎日新聞』と『東京日日新聞』との題字統合は1943年1月)と『読売新聞』(『報知新聞』を吸収)の全国紙と地方紙『東京新聞』(『都新聞』と『国民新聞』が合併)，業界紙『日本産業経済』(『中外商業新聞』に業界紙を統合)，大阪では『朝日』『毎日』のほか，業界紙を合同した『産業経済新聞』，北海道に『北海道新聞』(『北海タイムス』ほか10紙の合同)，名古屋に『中部日本新聞』(『新愛知』と『名古屋』の合同)，九州に『西日本新聞』(『福岡日日』と『九州日報』の合同)のブロック紙，その他の地方に「一県一紙」という体制が登場した．日中戦争勃発時に1200紙以上あった新聞は55紙に統合された．

こうした整理統合が素早く実現した理由を，単に国家権力による強制と考えるべきではない．全国紙の進出に圧迫された地方紙の多くが，経営の効率化のために自主的に統合に取り組んだ．こうして生まれた総力戦体制の情報管理システムは，敗戦後日本を占領したGHQにとってもまた好都合なものであった．一億総懺悔(そうざんげ)の先唱者となった新聞は，占領軍の検閲の下に(本書p.62)ほとんど無傷で戦後体制に組み込まれた．戦時体制＝占領体制に有効に機能したこの情報管理システムが，その後の高度成長時代にも適合的であったことは言うまでもない．だが従来のテキストは，この間の事情をたいてい次のように書いている．「日本の新聞は，終戦とともに言論の自由の旗を掲げ，自由主義の仲間入りをすることになった」と．第1章のエピグラフを，いま一度熟読されたい．

本書初版(1998)の執筆時，1997年に日本の日刊新聞発行部数はピークの5377万部に達した．その後は5371万部(2000)から4328万部(2016)へと2割も減少している．全世帯が1部以上の新聞購読を自明の前提としていた「戦後」はすでに昔であり，インターネット普及とともに再び新聞newsと新聞紙newspaperを区別する時代が到来している．

第5章
視覚人間の「国民化」

> 「映画は都市住民のファンタジーと感情生活において，以前に神話・伝説・民話が演じていた役割を引き受けた」
> （ベラ・バラージュ『視覚的人間』1924）

第1節　映画以前の視覚メディア

分水嶺
　映画史は近代から現代への分水嶺を内在化している．前半はイラスト，写真の延長としてのプリント・メディア史，後半は音響メディアと合体してテレビへと発展するマルチ・メディア史である．

　本章ではこの分水嶺まで，すなわちトーキー化までを視覚メディア史として概観し，各国ごとにサイレント映画の発展を追っておきたい．その背景となる科学技術の発展が19世紀に加速した一因として，設計図など安価な図版（イラスト）の普及が指摘できる．挿絵のない編み物教本やパソコンマニュアルが考えられないように，技術の普及にはそれを視覚化するメディアが不可欠であった．

リトグラフの複製技術革命
　宗教改革期のビラに描かれた木版画が，民衆読者に決定的な影響力をもったように，リトグラフ（石版画）の登場は，19世紀の大衆読者にとって決定的意味をもった．

　1796年バイエルンのアロイス・ゼーネフェルダーが発明したリトグラフは，木版や銅版に対して圧倒的な伝達速度を誇った．リトグラフ以前の版画では，製作と受容の間にタイムラグがあるため，画題の意図の伝達には既存のシンボルやアレゴリーへの依存が不可欠であった．実際の服装や容貌はほとんど問題にならず，「三重冠」を被っていればローマ法王，「貂皮（てん）マント」を身にまとっていれば国王を意味した．これに対し，フランス革命以後のリトグラフの図版では「リアル」な変化に重点が置かれ，アレゴリーの必要性は減少した．

逆に，アレゴリーの使用は極めて意識的になり，大衆新聞が登場する19世紀後半には「風刺漫画雑誌」という別種の視覚メディアが黄金時代を迎えた．

こうした変化に，ジャーナリズムの「複製技術革命」(グラフィック・レボリューション)(ダニエル・ブーアスティン，1962)を確認することができる．生き生きとしたイメージが青ざめた現実を圧倒したのであり，目で見たように書く文体が新聞に定着した．記者は起こるべき映像(イメージ)を脳裏に描き，報道を準備するようになった．

複製技術時代の幕開け

写真技術の発展が，イラストの大衆化とほぼ同時に起こったことは偶然ではない．1826年カメラ・オブスキュラ(ピンホールを通して風景を映しだす暗箱)により銀板に撮影することに成功したジョゼフ・ニエプスは，リトグラフ業を営んでいた．ニエプスと提携したルイ・ダゲールはもともと舞台の背景画家だったが，1837年にヨウ化銀の感光性を利用して映像を定着させるダゲレオタイプを発明した．「写真の誕生」はこの技術が公開された1839年とされる．それは「科学芸術」あるいは「機械芸術」の成立であり，芸術と絵画所有を民主化する「複製技術時代」(ヴァルター・ベンヤミン，1936)の到来を意味した．

もっとも，ダゲレオタイプは銀板写真であり，それをコピーすることはできなかった．1841年イギリス人ウィリアム・トールボットが，感光紙を使って多数の写真を複製するカロタイプを，さらに1852年には写真のハーフトーン(網版印刷)技術を発明した．1880年ニューヨークの『デイリー・グラフィック』がハーフトーン写真を初めて新聞に掲載し，写真を活字と一緒に締めた凸版印刷が実用化された．報道写真の新聞掲載が一般化するのは20世紀に入ってからのことである．

パーソナル・メディアであった写真をマス・メディア化したハーフトーンは，ほぼ同時期に出現した連続写真(映画)と並び，コミュニケーション史上屈指の重要性をもっていた．リトグラフのイラストには，伝統的な線構成の図像法に由来するシンボリックな表現が残っていたが，インクの濃淡で映像を伝えるハーフトーンは記号的介入のない図版製作を実現した．この結果，メディアとしての写真は芸術から報道へと重心を移していった．

記録の神話性

　1901年自然主義文学の大家エミール・ゾラが「写真を撮るまでは何かを本当に見たとは言えない」と述べたとき，写真は存在証明としての社会的意味を獲得しており，警察の身分証明や公的記録にも写真が使われるようになった．それにもかかわらず，絵画と同じく写真も実は主観的に切り取られた世界の解釈である．主観的イメージは写真として焼き付けられることで個人に記憶を意識させ，写真を所蔵することで個人は記憶を占有できた．

　19世紀初頭まで貴族や大ブルジョアの特権だった肖像の所有は，肖像写真によって民主化された．貴族が祖先の肖像を飾ったように，市民は家族の写真を居間に並べた．写真は，自己の存在理由をもとめる欲求を「大衆化」したのである．特に上昇する中産階級は自らの成功と社会的威信を写真で誇示しようとした．19世紀の演劇化した記念写真において重要なのは，小道具やポーズで象徴的に示される社会的身分であり，今日のスナップ写真のように個性を写すことが目的ではなかった．

　だが個人向けカメラが普及すると，写真は社会的身分の記録より，個人の特定の経験を写すようになり，やがてプライベートな「自分」がテーマとなった．その典型が，限りある生涯を悠久の世界に焼き付ける旅行写真である．スナップ写真なくして今日の観光旅行の発展は考えられない．写真は旅行者に体験の真正性を証明した．こうしたスナップを集めたフォトアルバムは家族の年代記となり，近代家族のアイデンティティを裏付けた．その意味で，写真は共同体の統合手段としても機能した．家族アルバムは不在者の存在も意識させ，家族の関係を時を超えて表象した．家庭のパーティや結婚式，家族旅行などの写真撮影は，「家庭崇拝の儀礼」となり家族の結束を強化した．

　同じように，祝祭や戦場などを伝える報道写真は「国民崇拝の儀礼」に必要な祭具である．1855年，イギリス人ロジャー・フェントンは，世界初の従軍写真家としてクリミア戦争を撮影し，その木版復刻画が新聞に掲載された．実際，19世紀の肖像写真と同じように，報道写真も多くの場合，読者大衆が望むイメージを伝えていた．日本でも日清戦争で全盛期を迎えた錦絵新聞は，戦場写真が掲載された日露戦争以後，その役割を終えて急速に衰退した．

大衆を国民化する「時間芸術」

写真の普及は，人間の歴史観や共同体意識にも影響を与えた．写真は，一瞬の出来事を時間の流れから取り出し，固定させるパーソナルなメディアとして出発した．出来事を忘却から守る写真は，「歴史」を量産するだけではない．写真を所有する者は，過去を所有する者となった．写真機が個人所有されはじめると，共同体に共有されない，あるいは公権力に管理されない個別の「歴史」が量産されはじめた．

しかし，記録された瞬間と写真を視る瞬間の間には「物語＝歴史（ゲシヒテ）」の裂け目が存在する．写真は，記憶のように連続的な経験の流れに組み込まれているわけでなく，相互に関連のない瞬間の出来事を提示する．物語から切り取られた一場面を理解するためには，物語全体の理解が前提となる．あるスナップ写真を「解読」するためには，実はそれが「何時」「何処で」「何故」写された「誰」のものであるのか，といった知識が必要なのだ．知識を持たない人にとって，そのスナップ写真は意味を持たない．つまり，1枚の記録写真に意味を読みとるためには，記録された出来事の過去と未来，すなわち「歴史」が与えられねばならない．結局，写真の瞬間は，読み手がそれを上回る時間を読み込む限りで意味を持ちうる．そのため，写真の普及は「大きな物語としての国民史」の大衆的な需要を掘り起こした．その欲望に応えるべく登場したのが，「連続写真の集合的幻影」としての映画である．偶然的で表層的な現実の一側面を切り取った写真は，「全体の物語」を映す「時間芸術」である映画を背景としたとき初めて，過去の経験の正確な模写と信じられた．

絵になる報道

シネマ時代の報道写真は，人々の世界に対する視線を一変させた．世界の縮小が始まり，大都市のコミュニケーション密度は高まり，一般大衆が政治家の顔形を隣人以上に熟知する「イメージの政治」が生まれた．

やがてフィルム製造の産業化とその感光度の上昇によって，撮影の機動性と速写性が向上し，いわゆるルポルタージュ写真やドキュメンタリー写真など，フォト・ジャーナリズムの可能性が生まれた．

1925年，35ミリ映画用フィルムを採用したエルンスト・ライツ社の小型カ

メラ「ライカ」の出現は，報道写真に革命をもたらした．かくして活字文化への不信を反映した「新即物主義(ノイエ・ザッハリッヒカイト)」のワイマール文化の中でフォト・ジャーナリズムが開花し，代表的な写真雑誌『ベルリン画報(ベルリナー・イルストリールテ・ツァイトゥング)』の発行部数は 1931 年には 200 万部に達した．写真は文字通りマスメディアとなり，1928 年には写真日刊新聞『ウルシュタイン・テンポ』が創刊された．日本でも 1923 年 1 月に写真日刊新聞として『アサヒグラフ』が創刊され，関東大震災以後は週刊誌として刊行された．この成功により「グラフ・ジャーナリズム」という和製英語も誕生した．

第三帝国の成立により，イギリスに亡命した『ミュンヘン画報』編集長シュテファン・ローランドはイギリスで『ピクチャー・ポスト』(1938) を創刊し，アメリカに亡命した『ベルリン画報』編集長クルト・コルフは，タイム社のヘンリー・ルースの要請で『ライフ』(1936) を企画した．『ライフ』は 1 年後には 100 万部に達し，1972 年には 800 万部を超えた．日本でも内閣情報部が創刊した『写真週報』(1938) は，官報ながら太平洋戦争中に発行部数 50 万部に達した．写真雑誌は映画に慣れた大衆に「絵になる」報道を送り続けた．

デジタル写真のバーチャルリアリティ

本書初版 (1998) の時点では，デジタル写真がウェブ空間で共有されることで起こる「写真」の意味の変容までは十分に予測できなかった．

一般向けデジタルカメラは 1988 年に富士フイルムが発売していた．その後，デジタル写真が現像，プリントの時間を短縮し，フィルムや紙という物質から画像を解放したことは重大な変化である．世界初のカメラ付ケータイは J-PHONE が 2000 年に発売し，その後のスマートフォンでは内蔵カメラがデフォルトとなった．その意味で写真機能はモバイルメディアの普及を牽引した．

SNS もデジタル写真と切り離しては考えられない．Facebook (2004) の名称は「写真名鑑」を意味しており，その傘下にある Instagram (2010, Instant Telegram の短縮名) は画像共有に特化したアプリである．日本では「インスタ映(ば)え」という言葉も生まれたが，それは「見栄(みば)え」を優先させるデザイン写真であり，素材の事実性は軽視されがちである．データ素材としてどのような加工もできるデジタル写真は，記録のメディアというより表現のメディアである．複製技術

がベンヤミンのいうように肖像を民主化を推進したとしても，その「民主化」の意味合いはデジタル空間においてさらに大きく変容している．

第 2 節　映画の「発明」

　通常の映画史の叙述は，しばしば「最初の上映」から始められる．
　1895 年 12 月 28 日土曜日の晩，パリのレストラン「グラン・カフェ」の「インドの間」で写真乾板製造業者リュミエール兄弟が"発明"したシネマトグラフの一般公開が始まった．この日のプログラムは，「工場の出口」「馬芸」「新兵いじめ」など 10 本である．そこに映し出されたのは，いみじくも大量生産と規律＝訓練，すなわち「近代」そのものであった．だが，ここで何が発明されたのだろうか？
　カメラ，フィルム，プロジェクターで構成されたリュミエールの映画装置は，19 世紀に研究が進んだ「網膜残像原理」(正しくは仮現運動原理)に，ハンフリー・デービーのアーク灯(1808)，ダゲールの写真技術(1839)，イーストマンのセルロイド工業化(1884)を応用した，19 世紀工業技術を集めた実用新案であって，いわゆる「発明」ではない．各国では同様な装置が登場しており，各国の映画史テキストは自国の「発明」を競い合っている．映画は，自立したメディウムでなく，テクノロジーの集積性において極めて集合的なメディアである．
　「スクリーン」「ムーヴィー」「ピクチャー」「シネマ」「フィルム」……と，外来語で映画を意味する言葉の多様さも，その雑種的起源を物語っている．
　「銀幕」は，17 世紀カトリックの反宗教改革運動の宣伝で，地獄や天国を印象づけるべくさかんに利用された，マジック・ランタン(幻灯)を映し出した「布」を起源とする．
　「動画」の呼称は，イギリスの数学者ウィリアム・ホーナーが 1834 年に発明した残像効果を利用した回転覗き絵装置ゾートロープに由来する．
　「シネマ」は，リュミエール兄弟が改良した連続写真装置シネマトグラフ，すなわちギリシャ語の kinêmatos(動き)と graphein(描く)の合成語である．
　「フィルム」は，アメリカでイーストマン・コダック社が開発した写真用セルロイド・リボンに付けた，薄い膜を意味する中世英語 filmen であり，エジ

ソンが映画撮影用 35 ミリフィルムをイーストマン社に注文してから一般化した．そのアスペクト比（横縦比率）4：3 がスタンダードとなり，テレビのブラウン管サイズにまで引き継がれた．

また，「シアター」という名前が映画館に残ったのは，初期映画が劇場プログラムの一部として芝居，手品，サーカスなどと混在していたためである．大衆文化としての映画は，劇場空間のアトラクションとして育まれた．

闇の劇場，光の遊技

バロック時代から 18 世紀まで，劇場の観客席は鑑賞のための空間というよりむしろ宴会場であった．劇場は，舞台上の劇と観客自身が演じる社交とが呼応しあう場所である．それは王侯の行列と同様に，演じる者と見物客の間に一線を画することのできない「代表具現的公共圏」を形成していた．

しかし，19 世紀の市民的公共圏（ブルジョア）の劇場は高額な入場券で下層民衆を閉め出していった．その象徴が，社交空間を劇場から閉め出して観客の意識を神話的世界に集中させようとしたリヒャルト・ワーグナーのバイロイト祝祭劇場（1876）である．新たな照明の発明によって舞台はますます明るくなるとともに，観客席はますます暗くなっていった．

しかし，今日では当たり前となった観客席の闇を一般化したのは，エリート主義的なワーグナー美学ではない．むしろ，それは 19 世紀「光のメディア」，すなわちパノラマ，ジオラマ，そしてシネマを囲む暗闇に大衆が慣れてしまった結果であり，シネマと同じ劇場で行われた演劇にもその影響は及んだ．

映画は，ドイツ語で「光の遊技（リヒトシュピール）」と呼ばれた．ちょうど 15 世紀の印刷術が「黒い魔術」と呼ばれたように，シネマはパノラマ，ジオラマなど「魔術師たちの遊戯装置」と未分化のまま融合していた．

パノラマの鳥瞰とジオラマの幻視

今日でも映画用語では，左右にカメラを回しながら撮影することを「パンする」という．「すべての」pan と「眺め」horama の合成語 panorama（回転画）の興行は，1794 年ロンドンで風景画家ロバート・バーカーによって始められた．それは巨大な円形ドームの内部に，戦闘シーンなど歴史上の光景やアフリ

カなど未知の風景を鳥瞰的に描き，暗所に立った観客に臨場感を錯覚させる視覚装置である．パノラマ登場より3年早く，1791年ジェレミー・ベンサムによって「一望監視施設」panopticonが提唱された．新しい視覚の快楽装置と強制装置は，近代的権力の成立を象徴している．日本でも1890年に，第3回内国勧業博覧会開催にあわせ，パノラマ館が上野と浅草で開業した．

一方，ジオラマ（情景模型）は暗闇の中でさまざまに照明を変えつつ絵をのぞき，絵が無限に続くような幻覚を生みだす視覚装置で，ダゲールがパリで1822年に興行館を開き大人気を博した．ダゲレオタイプは，そもそもジオラマの照明効果の研究から生みだされたものである．観客席の暗さと画面の明るさの視覚効果の活用において，映画とジオラマは同じ原理に基づいていた．その違いは，映像が動くかどうかである．

均質空間の国民化

運動の時間的連続性をフィルムに定着させた映画は，こうした照明効果のなかで写真の記録性を上回った．映画で疾走する自動車は，単なる自動車の写真よりも自動車の現実を表現している．しかも，映画の特質は単なる現実の再現の試みではなく，映像の人工的な合成，編集とモンタージュにあった．

ベネディクト・アンダーソンは，異なる場所で同時進行する出来事を併存させる近代小説が，国民国家という均質空間の観念を育んだことを指摘したが，小説のような高度なリテラシーを必要としない映画は，「集団的な同時鑑賞」（ヴァルター・ベンヤミン，1936）という条件も加わり，新聞読者に芽生えた均質空間の観念を「大衆化」した．「伝統の創出」の完成期にあたる1890年代に登場した映画は，ボーア戦争，米西戦争，日露戦争という「国民戦争」の撮影を通じて国民的メディアとなった．

「パラレル・アクション」の技法を完成させたデイヴィド・グリフィスの傑作《国民の創生》（1915）は南北戦争の叙事詩である．「映画が創ったアメリカ」（ロバート・スクラー，1975）は決して誇大な表現ではない．写真が単なる過去の断片的な証明であるのと異なり，映画は時間の連続性を具現するため現在を過去と未来にフェイド・オーバーさせる．映画は国民国家の「伝統の創出」にもっともふさわしいメディア芸術であった．

映画史は，(1)サイレント時代(1895-)，(2)白黒トーキー時代(1929-)，(3)色彩トーキー時代(1935-)，(4)大型映画時代(1952-)，(5)ビデオ普及時代(1980-)，(6)デジタルシネマ時代(2010-)に分けられる．この技術的発展はリアルな視覚の再現を望む「完全映画」への展開という側面もあるが，技術の採用自体は他メディアとの相関関係に左右されている．トーキー化はラジオ時代の必然であったし，カラー映画や大型映画(シネラマ，シネマスコープ，70ミリ)はテレビ放送との差異化のために導入された．家庭用ビデオの普及については，テレビとの関係で後述する(本書pp. 204 f)．デジタルシネマ化，すなわち映像ソフトの脱フィルム化は，ハリウッドでDCI規格(2005)が成立して拡大し，劇場空間そのものも激変させた．日本でも2010年以降デジタルシネマ化と同時に，映画館のシネコン(シネマコンプレックス)化が急速に進んだ．

シネコンは複数のスクリーンで同時上映を行なう映画館で，日本第1号の「ワーナー・マイカル・シネマズ海老名」(1993)もショッピングモールに併設された．同施設を運営する流通大手グループのイオンシネマが，2016年現在はスクリーン数で日本国内トップに立っている．消費社会の成熟により，「モノ消費」より体験型の「コト消費」が重視されており，映画館もスポーツイベントのパブリック・ビューイングなど映画以外の利用が増えている．その意味では，デジタルシネマ時代の映画館ではサイレント時代初期の「シアター」への回帰が起こっているといえるのかもしれない．以下ではサイレント時代の各国映画史を「視覚の近代化＝国民化」として概観しておこう．

第3節　アメリカ——国民の創生

世界文化としてのアメリカ映画

日本映画史は，ほぼ日本人だけのために存在する．その国の映画史が自国民以外に共有される希有な例が，アメリカ映画である．それはエジソンの発明の先進性ゆえではなく，映画のグローバル市場を生みだした移民国家の特殊性に由来する．

このことは映画と並ぶアメリカの象徴，自動車の場合とよく似ている．発明の地ヨーロッパにおいて車は，上流階級の奢侈品，工芸品であったが，それを

大衆消費財として開発したのはアメリカであった(本書 p. 30). ヨーロッパで中産階級の見せ物だった映画は,「映画芸術」として国家の補助と規制を受けたが,アメリカでは移民労働者向けの大衆娯楽として発展した. そこにこそ,巨大なグローバル市場の可能性が存在していた.

発明家エジソンとニッケルオデオン

未来小説の多くが 科 学 小 説 (サイエンス・フィクション) であるように,科学技術には人間の幻想をはぐくむ要素がある. 発明王エジソンの神話は,「進歩」を建国神話としたアメリカで生まれるべくして生まれた. エジソン自身こうした科学信仰の信者であり,1889 年に発明した「キネトグラフ」を改良したのぞき箱式「キネトスコープ」は,まず「進歩の祭典」シカゴ万国博覧会(1893)で公開された.

翌 1894 年発売されたコイン式映像自動販売機は,「魔法使いの最新の発明」として大々的に宣伝され世界的にヒットした. エジソンは当初この装置の大量販売のみを考え,スクリーンに映写する方式の開発をためらったが,1896 年,リュミエール兄弟の成功を耳にし,写真家トマス・アーマットが開発した映写装置「ヴァイタスコープ」の特許を購入し,エジソン・ブランドで売り出した.

当初,ヴァイタスコープはペニー・アーケードと呼ばれる娯楽街の片隅で上映される見世物だった. 1900 年前後エジソン社製作の,裸の少女の水浴びを撮影した《水の妖精》,《体操する娘》といった「のぞき趣味」の映像は,大半が男性である移民労働者を惹きつけた. 正統なブロードウェー演劇の入場料金が 1 ドル 20 セントした 1905 年,ピッツバーグの倉庫を改造した常設映画館は,5 セント硬貨 1 枚で入場できることから「ニッケルオデオン」を名乗った. こけら落としはエジソン社製作の《大列車強盗》(エドウィン・ポーター監督,1903)だった. 大平原を舞台に列車が爆走するこの作品は,舞台芸術の伝統のない新大陸で生まれるべくして生まれた. スピードとテンポを売りとするアメリカ劇映画の原点とされるこの映画が,各地でニッケルオデオンの叢生をうながした.

ニッケルオデオンの闇の中で

互いに見知らぬ個人が薄暗い空間で行なう映画鑑賞は,新しい都市共同体における疑似宗教体験でもあった. 古代の都市国家(ポリス)が劇場を中心に発展

したように，国民国家は映画都市を持つことで機能した．

　労働者文化の伝統があるヨーロッパと違って，アメリカの移民労働者たちは共同体的娯楽から切り離されていた．教養を必要としない映画鑑賞は識字能力の未熟な移民労働者や青少年にとって格好の「安息の場」となった．食堂や娯楽施設も備えたニッケルオデオンは，エキゾチックな体験で労働者に日常生活の憂さを忘れさせたのである．しかも，移民労働者は映画を通じてアメリカ的生活様式を習得することができた．アメリカ映画は移民労働者の国民化を通じて，言語的国境を超越した国際性をもつに至った．

ザ・トラストとスター・システム

　しかし，第一次大戦前アメリカの映画市場を席巻していたのは，リュミエール兄弟から特許を買収したパテー・シネマ社のフランス映画だった．

　これに対してエジソンは映画特許をめぐって訴訟闘争を仕掛け，1908年パテー社を含む9社によりエジソン特許を管理する「映画特許会社」MPPCが設立された．イーストマン製フィルムの独占使用権も獲得し，映写機1台につき週2ドルの使用料を徴収するこの特許会社は「ザ・トラスト」と呼ばれた．1910年には独自の配給会社「ゼネラル・フィルム」も設立し，貸出市場をも事実上独占した．フィルムや機材の規格統一をもたらしたこの市場独占によって，アメリカ映画産業は世界に先駆けて離陸を始めた．

　もちろん，ヨーロッパ映画を輸入するニッケルオデオンの興行者からは，トラストの独占に反旗を翻す者も現れた．独立アメリカ映画会社(IMP)を設立したドイツ系ユダヤ人カール・レムリもその一人である．レムリは1909年人気女優フロレンス・ロレンスをバイオグラフ社から40倍の給与で引き抜いた．その際，映画史に残る伝説的なPR活動が行なわれた．「ロレンス嬢，セント・ルイス市街電車事故で死亡」のデマが流され，各紙に「バイオグラフ・ガール」への弔文記事が掲載された．レムリは約1週間後に記者会見して，死亡記事はトラストの陰謀であり彼女は「IMPガール」として健在であると発表した．スターを会社のトレードマークとして売り出し，スターのブロマイドやゴシップ，撮影エピソードを業界誌，新聞，雑誌に流すことで，作品への期待感を煽りたてる宣伝システムがここに確立した．1912年にレムリは映画会社8

社と合併してユニバーサル社を設立し，社長に就任している．

ハリウッドの誕生

「映画の都」ハリウッドも，こうした独立製作者とトラストの対立から誕生した．1911 年，トラストの監視からのがれようとしたネスター社は，ニューヨークから遠く離れたカリフォルニアでの製作を始めた．西部劇や聖書劇にふさわしい砂漠から海賊劇の大海原まで多様な景観奇観に恵まれたカリフォルニアは，一年中を通じてロケ撮影が可能であり，映画産業にとっては絶好の場所であった．トラスト加盟各社も相次いで参入した．反トラスト派の中心だったレムリのユニバーサル社が，ユニバーサル・シティと呼ばれる「映画都市」を建設した 1915 年，ハリウッドの礎はほぼ完了した．それは，シャーマン反トラスト法違反で 1912 年に告発されたトラストが，連邦裁判所の判決により解散を命じられた年でもあった．

ハリウッドを牛耳った映画製作者の多くは，立身出世と一獲千金を夢みて新世界に渡ったユダヤ系移民であった．パラマウント社のアドルフ・ズーカーは毛皮商，ジェシー・ラスキーは旅芸人，MGM 社のルイス・B・メーヤーは屑屋，マーカス・ロウは新聞売り，サミュエル・ゴールドウィンは手袋屋，20 世紀フォックス社のウィリアム・フォックスは織物屋，ユニバーサル社のカール・レムリは洋服屋，ワーナー・ブラザース社のジャック・ワーナーは寄席芸人，コロムビア社のハリー・コーンは大道芸人から，それぞれ身を起こした．ハリウッド映画の大衆的な魅力は，アメリカン・ドリームを地で行った「映画の大立者」たちの存在に裏打ちされていたのだ．「ひいらぎの森」holly wood の地名は，日本では「聖林」holy wood と上手に誤訳されて広まった．

ヨーロッパ映画の駆逐と《国民の創生》

ハリウッドの成立期は，ちょうど第一次大戦に重なる．映画製作先進国フランスとイタリアでは，フィルム原料のニトロセルロースが火薬製造に回され映画製作は中断された．開戦(1914)時に世界で上映された映画の 90% がフランス映画であったのが，終戦(1919)時にはアメリカ映画が 85% を占めていた．イタリアが大きなシェアを占めていた歴史スペクタクルなどの長編映画でもア

メリカ映画の台頭は著しく，1913年にはわずか12本だった長編映画が1916年には677本も作られた．その中にグリフィスの記念碑的超大作《国民の創生》(1915)が存在した．

南北戦争による国民統合を謳い上げた《国民の創生》は，ホワイトハウスで初めて上映された映画だが，内容も大戦下にふさわしかった．通常，映画史ではクローズアップ，モンタージュ，カット・バックという映画的技巧を集大成した作品とされ，またパラレル・アクション，ラスト・ミニット・レスキュー，ハッピー・エンディングを盛り込んだチェイス・ドラマ形式の傑作といわれる．つまり《国民の創生》は，映画が物語る独自のシンタックスとレトリックのほとんどを確立した作品である．もっとも，KKKを英雄視するこの芸術映画は今日では人種的偏見を助長した作品として批判されている（全米監督協会は1999年にグリフィス賞を廃止した）．しかし，この「芸術」というレッテルが映画に貼られたことで，教養ある市民も「いかがわしい」映画館に繰り出すことができた．やがてアメリカ参戦によって戦時ニュース映画が封切られると，中産階級の映画館通いはごく普通のこととなっていった．

ニュース映画と検閲

すでにマッキンレー大統領就任式(1897)や米西戦争(1898)など，ニュース映画はニッケルオデオンでも上映されていた．ただし，新聞など活字ニュースが修正第1条で言論の自由を保障されていたのに対して，大衆娯楽として成立した映画にはそうした表現の自由は1966年まで認められなかった(本書 pp. 177 f.)．もっとも，保護されるべき表現内容だったかどうかは別である．米西戦争のニュース映画は，熱帯植物を並べた「キューバ」セットでプールに軍艦模型を浮かべて撮影した海戦の再現記録映画であった．いずれにせよ，世論に絶大な影響を与えながら報道メディアとは認知されなかった映画が，後に宣伝メディアとして異常なまでの発展を遂げたことは皮肉である．

エジソン社の《ファティーマ嬢の腰振りダンス》(1886)が猥褻的として臍部に線が入れられたように，映画検閲は映画興行とともに始まった．トラストはその存立理由を「公序良俗の保持」と主張し，1909年猥褻シーンを自主検閲すべく映画検閲全国委員会NBCMP設立に協力した．実際，移民労働者が蝟集

したニッケルオデオンは，風紀紊乱(びんらん)を引き起こす悪所と目されていた．また，その内容にかかわらず，休日の娯楽として人々の教会離れをもたらす映画に対して，長老派からモルモン教徒まで，キリスト者は一様に非難を浴びせた．これに対しアメリカ映画製作配給業者協会 MPPDA (1945 年にアメリカ映画協会 HPAA に改称) は，元共和党全国大会議長の前郵政長官ウィル・H・ヘイズを会長(1922-45)に迎え，映画界の自主規制につとめた．

「ヘイズ・オフィス」の厳しい自己規制は，結果的に観客層を中産階級に広げ，また世界市場向けの輸出対策としても奏功した．「家族連れ」で鑑賞できる映画は酒場から男性を引き離し，アメリカ的生活様式の模範を示す教育効果もあると主張された．また，後にチャーリー・チャップリンが《モダン・タイムス》(1936)で風刺したように，フォード・システム導入による労働疎外は昂進(こうしん)しており，科学的管理の観点からも健全かつ安価な余暇が要請されていた．

ムービーパレス

第一次大戦後の好景気の中，ハリウッドの主要撮影所は，なお混乱状態にあったヨーロッパから才能ある監督，俳優，技術者を次々と引き抜いた．スター・システムに基づく配給計画によって，ハリウッドは毎年 2 億ドルを投じて 800 本近い映画を製作し，石油，鉄鋼，自動車，金融とならぶビッグ・ビジネスに成長した．輸出される映画は，それ自体が商品であるばかりでなく「アメリカ商品のショーウィンドー」として通商上の戦略的資源と見なされた．1926 年には輸出奨励のため商務省内外通商局に映画課が設けられ，日本を含む 59 カ所に事務所が置かれた．

1920 年代には各都市の中心部に長編映画を鑑賞する専用映画館として，オペラ劇場を模した「ムービーパレス」が出現した．普通の市民を貴族のような気分にさせるため，当時流行のアール・デコ調を基調として，さまざまな古典様式の意匠も投入され，幻想的な雰囲気を演出した．アカデミー賞を選定する「映画芸術科学アカデミー」が創設された 1927 年(選考対象が前年作品のため，第 1 回アカデミー賞は 1929 年)までには，映画鑑賞は品位ある娯楽という社会的評価が定着した．1920 年代は全アメリカ国民が毎週 1 回は映画を見る時代だった．

第4節　イギリス——帝国の黄昏

パノラマの栄光

　工業化の先進国イギリスには，映画前史を彩る視覚装置の発明家がいた．

　バーカーのパノラマは，ジオラマ，コズモラマなど，多様な視覚的イリュージョン装置を生みだし，大衆に映画への視線を準備させた．また，「ファラデーの輪」(1831)を発見したマイケル・ファラデー，「ゾートロープ」(1834)を考案したホーナーなど，活動写真に応用された視覚原理への貢献でイギリス人は際だっていた．エジソンにキネトスコープの発想を与えたのも，1877年イギリス人写真家エドワード・マイブリッジが撮影に成功した奔馬（ほんば）の連続写真だった．リュミエール兄弟にシネマトグラフの権利譲渡を申し込んで断られた奇術師ジョルジュ・メリエスは，ロバート・ポールの映写装置「アニマトグラフ」(1896)の権利をイギリスで買い取り，世界で初めて撮影スタジオを備えたスター・フィルム社(1896)を設立している．映画前夜，視覚の機械化でイギリスは世界の最先端に立っていた．

「イギリス映画」は存在しない

　にもかかわらず，世界映画史で「イギリス映画」に割かれる頁は極端に少ない．監督のチャーリー・チャップリン，アルフレッド・ヒッチコック，俳優のローレンス・オリビエ，ピーター・セラーズなど，世界的に著名なイギリス映画人は，すべてハリウッドでの成功者である．

　アメリカ映画史はフロンティア消滅(1890)とともに始まったが，イギリス映画史はヴィクトリア時代(1837-1901)の末期，つまり大英帝国の黄昏どきに始まった．出版や新聞は大英帝国の市民文化として成長を遂げたが，映画以後はラジオやテレビを含め，最初から市場原理を排除して国家の統制下に置かれていた(本書 p. 154)．その意味で映画は，イギリス中心の19世紀的市民社会システムからアメリカ中心の20世紀大衆社会システムへの転換を象徴している．

　1910年にイギリスで公開された映画は，フランス映画36％，アメリカ映画28％，イタリア映画17％であり，自国製は16％にすぎなかった．ハリウッド

映画が台頭した第一次大戦後の1926年にはそれは5%にまで落ち込んでいた．

不振の原因

イギリスは最も早く映画の国家管理に踏み切った国である．映画上映は見世物小屋からミュージック・ホールなどを改装した常設館にかわっていき，1907年映画製作者協会を皮切りに配給者，興行者の組織化が進められ，1909年には世界に先駆けて映画館のライセンス制や日曜営業を禁止する映画法が成立した．1913年には自主規制組織「英国映画検査委員会」が組織され，作品を一般向け「U」，未成年のみの鑑賞禁止「A」に分類した．原則的にヌードとキリストの描写は禁止された．1923年には16歳以下の鑑賞を禁止した恐怖映画「H」が加わった（1951年にH廃止）．

こうした国家管理と輸入された外国映画の圧倒的シェアは，自国映画の製作不振を正当化した．しかし，不人気の原因は当然イギリス映画の内容にもあった．シェイクスピア劇を量産した初期映画は，国内でまがい物，せいぜい二流品の評価しか得られなかった．映画をとりまくイギリス社会独特の状況を生みだした背景には，古典主義のフランス・イタリア嗜好や，原作へ忠実さを求める保守主義もあった．さらに，伝統的な民衆文化の厚みもイギリス映画の大衆化の障碍になったと言えよう．「ザ・トラスト」がイギリス映画をアメリカの配給システムから閉め出していたことも大きい．そもそも活字メディアの海外市場にあった英語のアドバンテージはサイレント映画には存在しなかった．

この不振に追い打ちをかけたのが，第一次大戦である．《大いなるヨーロッパの悲劇》（ジョージ・ピアスン監督，1914）など戦争物こそヒットしたが，1915年からは輸入税，1916年には娯楽税が増額され，入場料が引き上げられた．大金を投入した国策劇映画の失敗と宣伝ドキュメンタリーの成功（本書 p.131）は，大戦後のイギリス映画の進路を決めてしまった．

第5節　ドイツ──カリガリからヒトラーへ

スクラダノフスキー兄弟とメスター

「ドイツのリュミエール兄弟」と呼ばれる興行師スクラダノフスキー兄弟は，

シネマトグラフ一般公開より2カ月早い1895年11月1日，ベルリンの劇場ヴィンターガルテンで映写機「ビオスコープ」によって「イタリア農民の踊り」他を上演した．光学機械工業経営者オスカー・メスターも1897年から映画製作を始め，1902年に正式にメスター映画社を設立し，映写機と蓄音器を結びつけた「ビオフォーン」でトーキー映画への第一歩を踏み出した．また，第一次大戦前のドイツではツァイス社のレンズ，エルネマン社のカメラ，アグファ社のフィルムなど関連する科学産業が高度な発展を遂げていた．

だが第一次大戦前，ドイツ固有の映画文化も映画産業も存在しない．イギリスと同じく伝統文化の厚みと観客層の薄さが原因である．1890年代すでに社会民主党の躍進著しい都市部では，娯楽も含む強固な労働者文化が成立しており，映画はまず劇場で中産階級の見せ物として迎えられた．市場規模も小さく，フランス，イタリアから輸入された文芸映画が興行の主流をしめた．

そのため既に第一次大戦前から新聞紙上に映画批評が掲載され，「映画芸術(フィルムクンスト)」の可能性が語られるようになった．映画芸術の理論的発展と，大衆娯楽映画の産業的未発達はコインの表裏である．「最初のドイツ映画」と評される《プラハの大学生》(ライ・ヴェゲナー監督，1913)も，ドイツ映画の観客層の質を象徴している．当時，教養市民の卵である大学生はごく限られたエリートだった．

1908年プロイセン内務省は演劇に準じた検閲を映画に導入し，1912年にはベルリンとミュンヘンに映画検閲所が設置された．

第一次大戦と国策会社ウーファ

第一次大戦は，ドイツ映画産業の転機となった．外国映画の流入が途絶えたドイツでは，他のヨーロッパ諸国とは反対に映画産業が活性化し，製作会社は1918年131社に急増した．さらに軍部主導で行われた映画企業の集中化＝合理化は，ドイツ映画の近代化に弾みをつけた．メスター映画社は1914年からドイツ初の週刊ニュース映画の製作を開始した．映画による軍事ニュースの重要性に気づいたドイツ軍最高司令部も，1916年11月中立国向けのニュース映画を作るためクルップ社の出資により映画会社を統合して「ドイツ映画会社」Deuligを組織した．また，戦争報道を目的として1917年には陸軍省に「写真映画局」Bufaが置かれた．1917年12月，政府出資金に加えてドイツ銀行，

軍需工業トラストの積極的な支援を受けて，このBufaにメスター映画社など有力製作会社を統合して，「総合映画株式会社」Universum-Film AG, 通称ウーファUFAが設立された．上映劇場チェーンも併合してハリウッド映画に対抗できる国策会社がここに誕生した．ハリウッドにウォール街の金融資本が進出するのは1920年代のトーキー化を契機とするが，ドイツではそれより10年も前に金融資本が映画経営に乗り出していた．配給や興行まで傘下においたウーファは，ベルリン郊外のバベルスベルクに大撮影所を建設し，ハリウッド・メジャーに対抗できる布陣を整えた．

敗戦後，ウーファの政府保有株式は銀行に売却され，ドイツ銀行頭取エミール・フォン・シュタウスを社長とする民間会社になった．ワイマール憲法公布の1カ月後，1919年9月ベルリンに大劇場ウーファ・パラストがオープンする．その初演映画は，フランス革命の混乱を描いた歴史スペクタクル《パッション》(マダム・デュバリー)(エルンスト・ルビッチ監督，1919)であった．この大ヒットを皮切りに歴史を題材にした「コスチューム・フィルム」が量産されたが，そこには現実の政治状況へのニヒリズムが反映されていた．国家の検閲は1918年ドイツ革命によって廃止されており，「セックス映画」(ジッテンフィルム)も氾濫した．それに対応すべく，中部ドイツでの共産党反乱を鎮圧した社会民主党ヘルマン＝ミュラー内閣は1920年6月に共和国映画法(ライヒスリヒトシュピールゲゼッツ)を制定した．

カリガリズム

ドイツ映画に最初の国際的名声をもたらしたのは，前衛芸術を駆使して現代社会の不安と狂気を描いた《カリガリ博士》(ロベルト・ヴィーネ監督，1919)であった．この映画は表現主義映画というドイツ特有のスタイルを確立するとともに，娯楽映画を「芸術映画」に高めた傑作とされている．表現主義は形式が内容を規定すると主張した，表現主義映画の形式はワイマール社会の心性を具現していた．《カリガリ博士》における精神病者の妄想的世界は，歪んだ建築と誇張された明暗で表現されており，それは敗戦とドイツ革命で混迷した大衆の内面世界を見事に映し出していた．

ジークフリート・クラカウアーの名著『カリガリからヒトラーへ』(1947)もこの映画の解読から始まっている．クラカウアーは権威に内在する狂暴性を暴

露していた原作と，監督ヴィーネが変更した映画のシナリオを比較分析した上で，《カリガリ博士》が権威を讃美する体制順応的な映画であると結論づけた．

ドイツ大衆の映画

ワイマール期ドイツ映画の国際的名声は，この《カリガリ博士》のプロデューサー，エーリヒ・ポマーの仕事に象徴される．ユダヤ系ドイツ人として後に第三帝国から亡命するポマーは，戦時中は陸軍省の写真映画局で宣伝映画を製作していた．戦後デクラ社総支配人となり，犯罪映画《ドクトル・マブゼ》（フリッツ・ラング監督，1922）をヒットさせ，1923年にデクラ社がウーファに合併された後，超大作《ニーベルンゲン》（フリッツ・ラング監督，1924），《最後の人》（フレデリック・ムルナウ監督，1924），《メトロポリス》（フリッツ・ラング監督，1927）など表現主義映画の傑作を続々と世に送り出した．またポマーは，マレーネ・ディートリッヒを一躍スターにしたトーキー初期の大ヒット作《嘆きの天使》（ヨーゼフ・フォン・スタンバーク監督，1930），オペレッタ映画《会議は踊る》（エリック・シャレル監督，1931）などを製作し，ウーファ黄金時代の輝きを演出した．

しかしドイツ国内では，こうした国際的ヒット作とは別に，大衆に熱烈に歓迎された映画が存在した．神々しいアルプスの雪山を舞台に展開される「山岳映画」（ベルクフィルム）と，フリードリヒ大王を主人公とした一連の「フリデリクス映画」である．映像の壮大さに観客を陶酔させる山岳映画は国民に共通の「聖なる風景」ドイツを意識させ，混迷した革命よりも秩序ある専制を選ぶプロイセン趣味もドイツ国民の「歴史」の正統性を認識させた．

美しい国土という空間，輝ける正史という時間，わかりやすく居心地のよい時空を国民に提供した人気映画の2ジャンルからは，やがてナチズム支持に向かう大衆心性の温床が見て取れる．

プロレタリア映画運動

一方，共和国を擁護する議会多数派の社会民主党や，ヨーロッパ最大の勢力を誇った共産党は，映画を労働者文化運動の最有力メディアと位置づけていた．

特に，ドイツ共産党の国会議員ヴィリー・ミュンツェンベルクは，コミンテルンの資金を背景に「ミュンツェンベルク・コンツェルン」と呼ばれた宣伝組

織を作り上げた．《戦艦ポチョムキン》（セルゲイ・エイゼンシュテイン監督，1925）などのソビエト映画の配給や，ジョン・ハートフィールドのモンタージュで有名な『労働者イラスト新聞』(アルバイター・イルストリールテ・ツァイトゥング)(1925-33) の成功によって，ミュンツェンベルクは後に「赤いゲッベルス」とも呼ばれた．

こうした左翼文化運動の盛り上がりを受け，ゲオルグ・パプスト監督《喜びなき街》(1925)，ゲルハルト・ランプレヒト監督《第五階級》(1925) など独立プロダクションによる社会批判的な「傾向映画」(テンデンツフィルム)も流行していた．

アメリカ映画の進出

ワイマール共和国の相対的安定期はドーズ案(1924)によるアメリカ資本流入によって始まる．ドイツ映画産業にとって，それはハリウッド映画が流入する危機の時代であった．

経営危機にあったウーファは1925年パラマウント社，MGM社から資本を受け入れるパルファメント協定を結んだ．この協定により，ウーファ系列の劇場はドイツ映画20本に対してアメリカ映画40本を1年間に上映しなければならなくなった．またハリウッドは危険な競争相手となるドイツ映画を弱体化すべく，有名な監督や俳優を次々にドイツから引き抜いた．

ウーファに1927年新たな資本援助の手を差し伸べたのが，右翼政治家フーゲンベルクである．「フーゲンベルク・コンツェルン」(本書 p.73)に加わることで，ウーファはトーキー化に必要な資本の調達に成功した．出版，新聞，通信社に加え映画を手に入れたフーゲンベルクは，1928年国家人民党の党首になり，共和国打倒に向けてヒトラーとの共闘を模索し始めていた．

第6節　日本──「殖産興行」

活動写真と電気館

1896年11月「写真活動目鏡」と呼ばれたエジソンのキネトスコープが輸入され神戸の神港倶楽部で公開された．最初の公開フィルムは「西洋人スペンセール銃ヲ以テ射撃ノ図」などである．翌97年にはスクリーンに映写するシネマトグラフが京都モスリン社の稲畑勝太郎によって輸入され，ヴァイタスコー

プも大阪新町演舞場で公開された．1898 年，リュミエール社のカメラマンが来日し各地の風景を撮影した記録映画《明治の日本》が現存するが，その前年には日本橋で小西六兵衛が経営する小西写真店がフランス製ゴーモン撮影機を輸入し東京の風景をスケッチしていた．

　すでに西欧で発展を遂げていた新聞，電信と異なり，映画は日本の開国後に初めて誕生したメディアであり，ほとんどタイムラグなく導入された．文明開化の日本で「発明王」エジソンの名声は高く，映画は科学文明の勝利を謳歌するメディアとされた．ロサンゼルスに作られた世界最初の常設館は「エレクトリック・シアター」を名乗ったが，1903 年吉沢商店によって日本初の常設館「電気館」が浅草六区にオープンした．寄席や芝居と同じ伝統的演芸の「興行」の中に，「工業」技術の精華として活動写真は迎えられた．

日露戦争映画と製作会社の成立

　そもそも「動く写真」が珍しい時代には，人気芸者の舞踊や大相撲の取組を写した映画は好評で，国内外の風景を実写するだけの映画も「観光」興行として成功していた．日本最古の劇映画は，三越写真部の柴田常吉が実際の事件を再現した《稲妻強盗》(1899) とされるが，現存するものでは九世市川団十郎と五世尾上菊五郎の歌舞伎を同じ柴田が撮った《紅葉狩》(1899) である．

　しかし，映画が国民的な関心を集めたきっかけは，戦争映画であった．1900 年義和団の乱が勃発すると，吉沢商店はカメラマンを派遣軍に同行させ「北清事変活動大写真」を公開した．吉沢商店は日露戦争で実況撮影隊を次々に送り込み戦死者まで出したが，「大本営陸軍部御許可」と称して全国各地で開催された上映会は，出征中の近親縁者の関心も集めて大盛況となった．こうした映画はアメリカをはじめ海外にも輸出された．稲畑からシネマトグラフを買い取って巡業興行を展開した横田商会も，ロシア側から戦場を撮したパテー社のニュース映画で成功した．この日露戦争映画のヒットを契機に日本映画産業は基礎を固め，本格的な映画製作が開始された．

　1908 年吉沢商店の目黒撮影所を皮切りに，翌年 M・パテー商会，翌々年横田商会ならびに福宝堂も撮影所を作り，以後 4 社による製作競争が始まった．日本最初の映画雑誌『活動写真界』が発行された 1909 年，横田商会の牧野省

三監督は忍術映画《碁盤忠信》に尾上松之助を起用し，最初の映画スター「目玉の松ちゃん」が生まれた．横田商会の京都撮影所はこうして「時代劇」の流れを生みだしたが，吉沢商店は人気新聞連載小説を映画化した《己が罪》(1908)の成功以後，《金色夜叉》(1912)など新派劇映画の基礎を築いた．1911年，福宝堂が購入した探偵活劇《怪盗ジゴマ》が大ブームになり，ピストル玩具を使った少年模倣犯が登場すると，『東京朝日新聞』を中心に反活動写真キャンペーンが展開され，警視庁はその上映を禁止した．映画の大衆化は活動小屋を「悪所」とする教育的視線も生みだしていった．

トラスト日活の時代

1912年，明治天皇崩御に際し映画興行界は1週間一斉休業を行なっている．明治の終わりとともに，輸入映画に対抗できる本格的な映画製作の必要から製作4社が合同して日本活動写真株式会社（日活）が誕生した．社長は伯爵・後藤猛太郎，首相の実弟桂二郎も役員に名を連ね，映画産業の資本集中が行われた．日活の映画製作は，京都で旧劇，東京で新派を中心として開始された．

京都撮影所では「日本映画の父」牧野省三が，松之助映画を作り続け，横田商会時代を含め牧野が撮った松之助映画は約500本に達した．ほぼ1週1本の割合でつくられた松之助映画は「立川文庫」流の英雄，豪傑，忍者の活劇で，日活のドル箱となった．新派の現代劇を得意とした東京の日活向島撮影所は，流行曲の嚆矢とされる松井須磨子の大ヒット曲「カチューシャの唄」に当てこんで《カチューシャ》(1914)を映画化し，大成功を収めた．

京都の贋物の時代活劇，東京の現代悲劇は，急速な近代化にさらされた観衆の欲望に伝統とモダンの両面から応えていたと言えよう．当時，昼間洋装で出勤する都市の会社員も，帰宅すれば和服に着替えるのが一般的習慣であった．

第一次大戦と検閲

初期映画は風俗取締の対象であっても言論統制の対象と見なされてはいなかった．文部省は1913年にようやく「幻燈映画及び活動写真認定規程」を定めた．1917年には警視庁が青少年への悪影響の排除も掲げて「活動写真興行取締規則」を出し，さらに1925年には内務省警保局警務課も新たに「皇統護持」

「民族確認」も加えた全国統一規準「活動写真フィルム検閲規則」を公布した．

　もっとも，警官による臨検はそれ以前から行なわれており，1908年神田錦輝館で封切られた「仏国大革命・ルイ16世の末路」が社会運動台頭のあおりを受けて上映中止になった先例などは存在する．

　ただし，映画検閲を一面的に政府の弾圧として捉えるべきではない．内務省の検閲は，著作権や国産映画の保護など業界の秩序立った発展にも寄与していた．民間利益団体「大日本活動写真協会」も検閲規則公布の1カ月後に結成されている．また，1921年2月より文部省も学校用推薦映画制度を実施して，映画への積極的な行政指導を強めていった．

純映画劇運動と松竹の台頭

　第一次大戦はアメリカ映画の世界制覇をもたらしたが，ヨーロッパ映画の流入が止まった日本国内でも業界再編の動きが始まった．

　1914年英国特許のキネマカラーを導入して天然色活動写真株式会社（天活）が創設され，初の色彩映画《義経千本桜》が製作された．その映写技師・帰山教正は，弁士の廃止＝字幕の採用，女形の廃止＝女優の採用，内容の現代化，編集による映画独自の表現形式を提唱する「純粋映画運動」を起こし「映画芸術協会」を組織した．天活自体は興行成績の低迷から1920年国際活映株式会社（国活）に吸収されたが，伝統的な旧劇，新派の量産で満足していた日活も1920年には女形から女優の採用へと方針を変えた．

　大正年間（1912-26）には，第一次大戦の好況に乗じて乱立した映画会社が離合集散を繰り返した．1920年，天活内の合併反対派が帝国キネマ演芸株式会社（帝キネ）を設立したほか，松竹が興行から映画製作に進出した松竹キネマ合名社（翌年株式会社化），谷崎潤一郎を文芸顧問に迎えた大正活動写真株式会社（大活）などが誕生した．翌21年には牧野が日活から独立して牧野教育映画製作所（1923年マキノ映画株式会社と改称）を起し，「時代劇」革新の担い手となった．

　この会社再編でも確認できる「活動写真」から「キネマ」を経て「映画」へという社名の変遷は，映画産業の近代化を裏付けている．やがて，ハリウッド様式を取り入れ多数のスター女優を抱えた松竹蒲田製作所が頭角を現し，1923年国活を吸収した日活とならび，日活・松竹の二大企業体制が成立する．

時代劇と傾向映画

　日活・松竹体制の成立過程と並行して，1916年ユニバーサル日本支社の設立以後，著作権保護を目的にアメリカ各社が直接日本市場に進出してきた．イギリス，ドイツが次々とハリウッド映画の進出に屈していった中で，日本映画の産業的自立を可能にしたのは時代劇映画の圧倒的人気であった．

　関東大震災後の1924年には国産映画は公開巻数でアメリカ映画を凌駕した．劇映画の製作本数が500本を超えた1926年，同時上映作品を求めたユニバーサル社の援助で「剣戟王」阪東妻三郎が自らの独立プロダクションの撮影所を太秦に建設し，太秦は時代劇のメッカとなった．時代劇は，純映画劇運動以前に「旧劇」と呼ばれていたジャンルから出発したが，その近代的性格も改めて強調しておく必要がある．同じく歴史を舞台としたアメリカの西部劇映画やドイツのフリデリクス映画（本書p. 111）も，階級的な伝統芸術とは異なり，大衆を国民化するための新しい映像表現であった．日本の時代劇映画もその代表的ヒーローが新撰組や鞍馬天狗であるように，それは幕末維新期すなわち「国民の創生」期にスポットを当て人気を博した．

　1920年代後半には，日本映画はスター・システムによる量産時代に入り，年間650本ほどの作品がつくられた．1929年の世界恐慌を境に都市インテリ層を狙った傾向映画や小市民映画も登場し，1930年代になると映画は大衆娯楽，大衆文化の主役に躍り出た．

　一方，トーキー化直前の映画界で社会主義文化運動が一定の影響力をもったことは，世界恐慌への対応とともにドイツの状況に似ていた．とはいえ，1929年結成された日本プロレタリア映画同盟（プロキノ）の製作作品に見るべきものがあるわけではない．むしろ，映画資本の商業主義が恐慌期の社会思潮を取り込むことで傾向映画は成功した．日活の《生ける人形》（内田吐夢監督，1929），帝キネの《何が彼女をさうさせたか》（鈴木重吉監督，1930）など社会問題を取り上げたヒット作は，その意味で確かに世相を反映していた．この傾向は「ちょん髷をつけた現代劇」と呼ばれた一部の時代劇にも及び，農民一揆を描いた松竹の《斬人斬馬剣》（伊藤大輔監督，1929）などもつくられた．しかし，トーキー化を推進した満州事変勃発後の好景気とともに，こうした傾向映画は消滅している．

第6章
宣伝のシステム化と動員のメディア

> 「戦争は社会秩序の或る特殊な象面や位相であって，社会秩序以外のものではない．と共に，いつからそして又どこからが戦争で，いつからが常軌の社会秩序であるかの区別も，近代戦に於いては次第にその絶対性を失って来る」
>
> （戸坂潤「戦争ジャーナリスト論」1937）

第1節 「宣伝」とは何か

聖なるプロパガンダ

現在，宣伝 propaganda という言葉は，否定的な意味で使われることが多い．虚偽，欺瞞，操作，洗脳……不実で不正なニュアンスがある．しかしこの語は本来，三十年戦争(1618-48)に際してローマ法王グレゴリウス 15 世が 1622 年に反宗教改革運動を推進すべく設立した「布教聖省」Sacra Congregatio de Propaganda Fide に由来する神聖な宗教用語，さらにフランス革命以後は政治エリートの啓蒙的使命感を帯びた輝かしい政治用語だった．その言葉が，なぜ今日かくも汚らわしい響きをもつようになったのであろうか．

宣伝とは，特定の目的をもって個人あるいは集団の態度と思考に影響を与え，意図した方向に行動を誘う説得コミュニケーション活動の総称である．その目的や機能において「広告」や「広報」と区別する立場もあるが(本書 p. 22)，大衆社会においてその境界は実際には曖昧である．一見普遍的に見える算数の教材が売買や金利の計算を通じて資本主義システムを支えているとか，子供向けディズニー漫画が文化帝国主義の尖兵である……など，「教育」や「大衆文化」の操作性を指摘する議論は繰り返し行なわれている．また，メディアで公表される統計数値や世論調査がいずれも特定の政策や意図をもって算出された以上，それを宣伝の材料と見なすべきであることはすでに現代の常識とも言えよう．

一般的には政治宣伝の「宣伝／煽動」，商業宣伝の「広告」，公共宣伝の「広報(PR)」に区分して議論されている．

宣伝／広告／PR

(1)「宣伝／煽動」propaganda／agitation：第一次大戦の銃口から生まれたソビエト国家の指導者ウラジーミル・イリイチ・レーニンの定義が有名である．

「宣伝家は一人あるいは数人の人間に多くの思想をあたえるが，煽動家は一つの，またはただ数個の思想をあたえるに過ぎない．そのかわりに，煽動家はそれらを多数の大衆にあたえる．……だから，宣伝者は，主として，印刷された言葉によって，煽動家は生きた言葉によって，活動する」

つまり，社会主義運動の宣伝は論理的内容をエリートに教育することであり，煽動は一般大衆向けに情緒的なスローガンを叩き込むことである．こうしたエリート主義的宣伝観の徹底した民主化にこそ，「国民社会主義宣伝(ナツィオナルゾツィアリスムス)」の創見はあった．第一次大戦に従軍したヒトラーは『わが闘争』(1925)で「戦時宣伝」をこう分析している．

「宣伝はすべて大衆的であるべきであり，その知的水準は，宣伝が目ざすべきものの中で最低級のものがわかる程度に調整すべきである．それゆえ，獲得すべき大衆の人数が多くなればなるほど，純粋の知的高度はますます低くしなければならない．しかも戦争貫徹のための宣伝のときのように，全民衆を効果圏に引き入れることが問題となるときには，知的に高い前提を避けるという注意は，いくらしても十分すぎるということはない」

レーニンが前衛的知識人向けの理論教育と考えた宣伝を，ヒトラーは煽動のレベルまで引き下げることで宣伝を民主化したのである．

(2)「広告」advertisement：共同体の原理に従う情報操作を「宣伝」と呼ぶのに対して，市場の原理に従うそれを「広告」と呼ぶ．しかし，政治と経済が不可分な現代社会において，フランクフルト学派の文化産業批判を引くまでもなく(本書 pp.13 f.)，共同体の宣伝と市場の広告を切り分けることはできない．

(3)「広報(PR)」publicity (public relations)：営利活動である公示行為を「広告」と呼ぶとき，集団が構成員の共通認識を形成するために行なう非営利行為を「広報(PR)」と呼ぶ．広報者は「黒い」宣伝に対して「白い」啓発活動であることを主張するが，情報の正確さや出所の明示性によっても，「宣伝」と明確に区別することは困難である．図4(本書 p.22)で示したように，メディア研究史でも「宣伝」「広告」「広報」の包含関係は変化してきた．

活字メディアの近代から電子メディアの現代へ

こうした定義そのものが，第1章でも見たように，第一次大戦期の歴史的産物である．「宣伝／煽動」は1917年11月のロシア革命，「広告／広報」は同年4月のアメリカ参戦がもたらした衝撃とともに人口に膾炙した．

アラン・J・P・テイラーは『第一次世界大戦』(1963)で，現代史の幕開けを次のように述べている．もしナポレオンが1917年の春に蘇っても，規模はさておき列強の交戦に驚かなかったかもしれない．しかし，その冬に蘇ったなら社会主義政権の誕生とアメリカの影響力に当惑したであろう，と．

市民社会の「長い19世紀(1789-1914)」は終わったのである．最終的に植民地を含め5大陸27カ国が参戦した世界規模の総力戦は，ヨーロッパの覇権システムを根柢から揺さぶっていた．

また，この総力戦は近代史と現代史の分水嶺であるとともに，活字メディア社会と電子メディア社会の画期となった．確かに，この戦争での中核的な宣伝メディアはなおビラや新聞であり，活字メディアの影響力は大戦中に絶頂を極めた．戦時宣伝のデマ報道や残虐ニュースは，19世紀後半すでに変質していた出版や新聞の大衆化を極端な形で顕在化させた．それにもかかわらず，大衆的影響力において活字メディアが新たに登場した映画やラジオなど電子メディアに及ばないことも明らかになった．大衆社会論において，映画は集合的かつ非理性的な娯楽メディアであり，ラジオは統制的かつ煽情的な国策メディアだった．それゆえ，戦前から存在した活字メディアは，古き良き市民社会への郷愁をともなって，個人主義的かつ理性的なメディアと見なされる一方，戦後に本格化した電子メディアには社会変動への不安と恐怖がつきまとった．

図6は「活字メディアと電子メディアの比較メディア論」を図式化したものである．両者の中心機能は「内容メッセージの伝達」と「関係メッセージの表現」であり，それは「抽象的情報(文字記号)による事実(ファクト)の説明」と「具体的情報(身体表現)による印象(インプレッション)の操作」といってもよい．レーニンの定義を使えば「文字による理解」と「発話による共感」のメディアである．

公式な場所で発表される言語情報は送り手の意識的な制御が可能だが，その論弁型シンボルを理解するためには段階的習熟が不可欠のため，知識格差を前提としている．一方，映像が伝える表情や肉声などには私的心情が洩れ出すた

活字メディア	⇔	電子メディア
内容メッセージの伝達 (communication)	中心機能	関係メッセージの表現 (expression)
抽象的情報(文字記号) 事実の説明	情報 目的	具象的情報(身体表現) 印象の操作
プロパガンダ 読書による理解	説得 形式	アジテーション 発話による共感
公的領域 意識的制御	空間バイアス 機能	私的領域 無意識的表出
論弁型(言語) 段階的習熟	シンボル 理解力	現示型(映像) 即時的把握

図6

め送り手側の統制はむずかしいが,現示型シンボルは物理的に対応しているため誰にでも即時的把握が可能である.活字メディアが市民社会の宣伝に,電子メディアが大衆社会の煽動や広告に向いていることは明らかだろう.

ただし,あらゆる情宣や広報の活動においてアジテーションとプロパガンダ,共感と理解が連続的であるように,活字メディアと電子メディアを対極的にとらえるだけでなく,その連続性にも目を向けなければならない.

第2節　コミュニケーション革命と総力戦

大衆宣伝の新兵器

1914年6月28日,サラエボの銃声は市民社会の微睡(まどろ)みを破り,「短い20世紀(1914-1991)」(エリック・ホブズボウム,1994)の主役として大衆を召喚することになった.敵対国の大衆の戦意を低下させるためにも中立国の協力を取りつけるためにも,各国の世論動向が決定的に重要となった.戦車,毒ガス,潜水艦,飛行機など新兵器の登場はよく知られている.飛行機は敵陣へのビラ投下にも使われたが,写真,映画,無線通信など大衆向けの「ニューメディア」が宣伝戦に投入された.空中と海底が加わった三次元空間の現代戦は,心理や思想を標的とした四次元空間にも戦線を拡大したのである.実際,銃後における宣伝の効果は,前線での目に見えない毒ガスの威力に擬せられた.

かくしてマスメディアを利用したシンボル外交が,貴族的な古典外交に代わ

って登場した.「民主国家」vs.「独裁国家」,「文明」vs.「文化」, さらに「自由主義」vs.「共産主義」などシンボル言語を対立軸とした大衆向けの外交理解は,「思想戦」と呼ばれるようになった. 思想戦下で各国は敵性語の駆逐を開始し, アメリカではフランクフルトが「ホット・ドッグ」あるいは「リバティ・ソーセージ」, ハンバーガーが「リバティ・サンドイッチ」と呼ばれた. イギリス王室は1917年にドイツ由来のサクス＝コバーク＝ゴータ朝から王宮名にちなんだ「ウィンザー朝」に自ら改称した. だが, 大衆をシンボル政治に巻き込んだ各国政府は, その結果として戦後処理に苦悩することになった. もはやヴェルサイユ講和会議は冷静な妥協点のさぐり合いの場ではなく, 大衆の復讐心を満足させる政治ショーの舞台と化した. しかも, およそ非現実的な賠償額を敗戦国ドイツに要求しながら, 戦争を支持した大衆にはなお不満のみが残った. その帰結は周知のごとく, ファシズムの台頭と第二次大戦であった.

戦争国家＝福祉国家

　戦後体制においては, 国際関係よりも国民国家の内部に生じた社会変動の方に注目すべきだろう. 物資の大量消費を伴った第一次大戦は「戦争の産業化」をもたらし, 逆にそれが「産業の計画化」を不可避なものとした. 実際, 緒戦のマルヌ会戦において双方が1週間で消費した弾薬量は, わずか10年前に日露両国が1年半をかけて使った量に匹敵していた. 女性を含む銃後の労働力を根こそぎ動員する最初の「総力戦（トータル・ウォー）」として, 第一次大戦は今日に至る新しい社会を誕生させた. アメリカで現在も市民に銃器所持の権利が保障されているように, 欧米で「市民」とは伝統的に戦士(武装市民)を意味した. 女性労働力の戦力化において第一次大戦は「女性の市民化」を達成したのである. 女性参政権はイギリスで1918年第4次選挙法改正, ドイツで1919年憲法制定国民議会選挙で, アメリカで1920年憲法修正第19条として認められた. ちなみに, この大戦を総力で戦わなかった日本でも, 次の総力戦後に1945年の改正衆議院議員選挙法で女性参政権が導入された.

　また, 労働者階級まで含めた国民が安心して「祖国の為に死ぬ（プロ・パトリア・モリ）」ことを可能にするため, 交戦国の行政機構は社会保障を通じて個人の家庭生活にまで直接介入し始めた. 皮肉にも戦争国家 warfare state こそが福祉国家 welfare state

を必要としたのである．「福祉国家」という言葉は第二次大戦中にイギリスで発表された「ベバリッジ報告」(1942)で有名になったが，「揺りかごから墓場まで」と謳われた社会保障制度も戦時遂行の基盤整備に位置づけられていた．

夜警国家を理想とした19世紀的自由主義は退潮し，行政組織は私企業の労使関係へも積極的に介入すべく肥大化した．1917年の戦争社会主義国家，すなわちソビエト体制の出現は極端ではあれ第一次大戦が生みだした行政国家化の典型である．

「宣伝戦」の日常化

行政国家は，その正統性を維持するために大衆世論を政治過程に組み込んでいった．国論の分裂を防ぎ民意を勝利に結集させるため，多様な情報組織が形成されていった．ここに「情報」は，カール・フォン・クラウゼヴィッツ『戦争論』(1832)の射程を超えて，新たな意味をもった．第一次大戦における総動員体制の責任者エーリヒ・ルーデンドルフは『総力戦論』(1935)で次のように述べている．

「新聞，ラジオ，映画，その他各種の発表物，及び凡ゆる手段を尽くして，国民の団結を維持することに努力すべきである．政治が之に関する処置の適切を期する為には，人間精神の法則を知り，それに周到なる考慮を払わねばならない」

今や報道とは「異なる手段をもって継続される戦争」にほかならない．ここに成立する宣伝戦には，もはや平時と戦時の区別も存在しなかった．社会運動の概念であった「宣伝」が国家政策の概念に変わったとき，社会と国家の分離を前提に成立した市民的公共圏はその成立基盤を失った．ハーバーマスのいう「公共性の構造転換」，すなわち市民の批判的公共性から大衆への操作的公共性への転換はここに達成された．

国民一人ひとりの主体性を動員して「自ら進んで」戦争に参加させるために，検閲は隠蔽されつつ日常化し，心理戦の前線は個人の記憶にまで拡大した．宣伝技術を中心とする新聞学，大衆心理学の本格的な研究も，この戦争を起点として発展した．ハロルド・ラスウェルの指摘どおり，世界大戦が一般人と学者の双方を「プロパガンダの発見」へ導いたと言っても誇張ではない．

一方で，大量破壊により大量需要が創出され，戦後は戦勝国はもちろん敗戦国でも本格的な消費社会の幕が上がった．この時代，政治宣伝の威力は商業広告の成果からも裏付けられた．「戦争の産業化」の結果として，科学的管理法のアメリカニズムと5カ年計画のコミュニズムは1920年代を通じて世界化したが，計画による科学的管理はメディアの社会的編成にも及んだ．1920年代に各国で開始されたラジオ放送システムもその典型である．

そのシステムから派生したものに科学的世論調査がある．それが戦間期のアメリカで始まった理由は，次章で見るように，ラジオ放送がヨーロッパや日本のような公共放送ではなく商業放送だったためである．ラジオという広告媒体の効果は新聞や雑誌のように販売部数で計測できないため，クライアントへの説明材料として聴取率が必要とされた．アーチボルド・クロスリーが1929年にラジオ聴取率を初めて測定し，ジョージ・ギャラップが1935年にアメリカ世論調査所を設立し，エルモ・ローパーは1940年にローズヴェルト大統領から「武器貸与法」に対する事前世論調査の依頼を受けた．こうした「科学的世論調査の父たち」はいずれも市場調査から世論調査に転進している．

こうしたマーケティング技術の政治的転用が戦争協力への世論動員の前提となった．世論調査は量が質を支配することを前提として，読者・有権者・視聴者の思考ではなく嗜好を計量し管理する「合意の工学」である．

以下，第一次大戦下における各国のメディアと宣伝の関係を概観し，日本の「宣伝」への対応を検討しておきたい．

第3節　ドイツ——宣伝計画なき戦争計画

組織的な戦争計画か

「遅れてきた国民国家」ドイツの膨張主義を第一次大戦の原因とする説は，開戦当時から今日に至るまで有力である．また，排外的な大衆新聞が大戦勃発の空気を醸成したという批判も，大戦中から存在する．フリッツ・フィッシャーは『世界強国への道』(1961)で，第3次艦隊法案(1912)，陸軍大増強法案(1913)の可決以来，ドイツ政府はゲルマン対スラブの人種戦争を準備するキャンペーンを組織的に整えていたと主張している．

人種戦争説の是非はともかく，ドイツ帝国の政治システムが開戦に向けて作動しやすくできていたことは間違いない．ビスマルクが外国勢力と繋がる「国内の敵」を弾圧し，その敵意を核として「否定的統合（ネガティブ・インテグレーション）」を図って以来，国内の政治的緊張は，絶えず国際政治に投影されることになった．弾圧への反発から急進的な国際主義を掲げた社会民主党の台頭は，それを恐れる支配層にユンカー的農業勢力とブルジョア工業勢力を糾合する「結集政策（ザムルングスポリティーク）」を採用させた．すなわち，農業保護のために高い穀物関税が導入され，その収税が工業需要を創出する大艦隊の建設に投入された．この政策に農業輸出国ロシアと海洋帝国イギリスはともに反発したが，それを無視して強行された．

この結集政策に大衆の支持を取りつけるため，1897年海軍大臣アルフレート・フォン・ティルピッツは艦隊建設推進の宣伝のために情報局を設置し，ドイツ艦隊協会を中心に愛国主義的大衆運動を組織した．「陽の当たる場所」を要求する大衆世論の存在が，武力衝突への突入を容認する空気を生みだしたことはまちがいない．

高速化する政治

こうした愛国主義キャンペーンを単に「世論操作」という言葉で片づけることはできない．たしかに，ビスマルクは1865年ヴォルフ通信社に政府資金を導入し半官機関とし，外務省新聞局を通じて新聞工作を行なっていた．それゆえ，普仏戦争勃発の引き金となったエムス電報事件(1870)でも，ビスマルクは正確に国民世論の動向を予測して動くこともできた．しかし，ビスマルク失脚(1890)後は大衆新聞の普及と外電記事の増大により，政府の新聞操縦による世論誘導は困難になっていった．

1896年の「クリューガー電報事件」と1908年の「デイリー・テレグラフ事件」はその意味で象徴的な事件である．前者は皇帝ヴィルヘルム2世がイギリスに敵対するトランスヴァール共和国(ボーア戦争により1902年消滅)のクリューガー大統領に宛てた祝電が，ロイター通信社によりイギリス各紙に配信された事件である．これにより英独間の緊張は一気に高まった．後者は1908年10月28日付『デイリー・テレグラフ』に掲載された皇帝ヴィルヘルム2世の会見記事で対英関係が悪化した事件である．このとき，首相ベルンハルト・フ

ォン・ビューローは国内新聞の集中砲火を浴びて引責辞任に追い込まれた．マスメディアの発達はセンセーショナルな報道によって大衆世論を激化させ，当該国の首脳が妥協できる外交交渉の幅を著しく狭いものにしてしまった．

その外交危機のクライマックスが第一次大戦の勃発である．モードリス・エクスタインズ『春の祭典――第一次大戦とモダンエイジの誕生』(1989)はその状況を次のように伝えている．

> 1914年7月25日土曜日の夕方，ベルリンの街頭で，群衆は新聞配達の馬車を待ちかまえていた．23日にオーストリアがセルビアに突きつけた最後通牒に対する回答を知らせるニュースを待っていたのだ．やがて到着した馬車に殺到し，ひったくるように新聞を広げ，血眼で記事を読む彼らから叫び声が上がる．
>
> 「はじまるぞ！　セルビアがオーストリアの最後通牒を拒絶した！　戦争だ！」

ナポレオン時代であれば，最後通牒や動員令は威嚇であっても即開戦を意味しなかった．タレイランの名言を引くまでもなく，外交とは恋愛であり，拒絶と屈服の中間に落し所が模索されるべきものであった．だが，今や外交はフットボールのゲームのように新聞で実況され，興奮した観客大衆がそれを注視していた．オーストリア＝ハンガリー帝国は7月28日，史上はじめて電報による宣戦布告をセルビア王国に対して行なった．

ドイツ政府が8月1日宣戦布告に踏み切った口実は，総動員発令中止を求める12時間期限付の最後通牒をロシア政府が拒絶したためだった．そもそも電信がなければ，最後通牒の返答期限が12時間後ということはありえない．そして，ドイツ参謀本部が立案した動員計画では，開戦日時が鉄道時刻表に従って正確に計算されていた．

まさしく，交通と通信(コミュニケーション)が総力戦の引き金を引いたのである．

軍事的宣伝活動の限界

ドイツが第一次大戦で連合国に十分な対抗宣伝を準備できなかった理由は，軍部の戦争計画にも由来する．短期決戦主義の「シュリーフェン・プラン」に基づく限り，対外宣伝への積極的関心は生まれようもなかった．さらに，国内

最大の反体制勢力である社会民主党が国民的熱狂の中で「城内平和(ブルクフリーデ)」を宣言したことで，対内宣伝により国論統一を図る必要性もなくなっていた．また，私企業であるロイターやアヴァスと異なり，半官半民のヴォルフ通信社はすでに外務省の監督下にあったため，大胆な情報機構の改革も必要とされなかった．

1914年9月マルヌ会戦でシュリーフェン・プランが破綻し前線が膠着するに及び，ようやくドイツの宣伝活動は軍部主導でなし崩し的に行なわれた．1915年10月，参謀本部監督下に「戦時報道局」が設置され，言論の自由の一時停止が宣言された．このため，戦況悪化とともに報道規制をめぐって軍部と議会の対立が深まった．イギリスやアメリカが宣伝組織のトップに実務に長けた新聞人を指名したのに対して，ドイツでは参謀本部のヴァルター・ニコライ中佐が宣伝活動を指揮した．そのため，戦争目的の正当性を主張する際にも，連合国側が大衆感情に直接作用するベルギー中立侵犯やルシタニア号事件など具体的事件を「民主主義 vs. 軍国主義」というわかりやすい図式で説明したのに対して，ドイツ側の宣伝は「文明 vs. 文化」という哲学的な議論に終始した．

一方，謀略においては，スイス亡命中のレーニンを「封印列車」でペトログラードに送り込んだロシア革命，アイルランド独立の反英運動支援などドイツ側も一定の成果も挙げていた．しかし，自国に飛火する恐れのある社会主義や民族運動の支援にはおのずと限界はあった．

電波戦の開始

ドイツの対外宣伝は，中立国，特にアメリカに参戦を踏み止まらせること，さらに敵対国の内部対立を激化させ戦争継続を困難にすることを目的とした．

宣戦布告直後8月15日，イギリス海軍によって独米海底ケーブルを切断されたドイツは，情報戦において圧倒的に不利な立場に置かれた．そのため，1915年より実用化間もないラジオを使って中立国の大使館，通信社に無線配信が開始された．ナウエン無線局からは，「トランスオーツェアン通信社」によって毎日ドイツ語6000語，英語2万6000語，スペイン語3万7000語のニュースが海外に送信された．この通信社は，三社協定(本書 p. 70)で海外進出を阻まれていたヴォルフ通信社が1913年南北アメリカ進出のために設立した無線専用の別会社で，社長には元外務省情報局長オットー・ハイマンが就任して

いた．だが，実用化間もないラジオでは世界の海底電線を支配するロイターに太刀打ちできず，ナウエン無線局はむしろＵボートの無線基地としてイギリスに脅威を与えた．

「ウーファ」の成立とメディアの集中化

　大戦中にはルーデンドルフ将軍を中心に，総力戦推進のために産業分野でさまざまな合理化が推進された．1917年設立された規格統一委員会は釘やボルトから紙型サイズまでに及ぶDIN規格（ドイツ工業規格）を定め，産業の集中化は全領域に及んだ．1917年12月，政府出資金に加えてドイツ銀行，軍需工業トラストの積極的な支援を受け，映画会社を統合し国策映画会社ウーファが設立された（本書 pp. 109 f.）．

　クルップ社の総支配人アルフレート・フーゲンベルクは，こうした集中化の中で台頭し，やがてワイマール期にはシェール社系の新聞に加えて，1924年設立の通信社「電信連合（テレグラーフェン・ウニオン）」，「ドイツ映画会社（ドイリッヒヒ）」を含む総合メディア・コンツェルンを形成した．

　だが，大戦中の物資欠乏で広告量も減少した新聞は1916年印刷用紙統制令により２ページ立てとなり，紙面から購読の魅力は失われた．映画，やがてラジオの登場とも相まって，新聞の黄金時代は終焉した．

『わが闘争』の「戦時宣伝」

　ドイツの戦時宣伝は動機と組織をともに欠いており，有効であったとは言えない．しかし，イギリス宣伝の威力が敗因として強調されたことは，後に「ナチ宣伝の神話」を生みだす背景となった．それは前線で戦う兵士への「背後からの一突」としてドイツ革命を説明するルーデンドルフ将軍の主張とともに，ヒトラーの確信するところとなった．『わが闘争』(1925)の第６章「戦時宣伝」は，多くのドイツ国民が抱いていた敗戦イメージをよく伝えている．

　つまり，戦場では敵軍を一歩も国内に入れなかったにもかかわらずドイツ軍が敗北したのは，ノースクリフ卿による戦時宣伝が引き起こした銃後の道徳的崩壊と，ボルシェビキに煽られた革命運動の一撃による，という説明である．

　この宣伝神話が，軍部の敗戦責任の言い訳であることはもちろんだが，講和

条約で過酷な賠償を押しつけられたドイツ国民が連合国に「騙された」と信じる心理的な条件は整っていた．この結果，戦後のドイツでは宣伝技術や大衆心理の研究と称する書籍が一種のブームとなった．ヒトラー『わが闘争』も，その潮流の中で誕生した一冊と言える．

第4節　イギリス——情報省の誕生

斜陽化するパックス・ブリタニカ

「蒸気と製鉄の波」に乗って19世紀をパックス・ブリタニカとして謳歌した大英帝国だったが，続く20世紀の「電気と化学の波」には乗り遅れていた．鉄鋼生産でも1890年アメリカが，続いて1893年にドイツがイギリスの生産量を追い抜いた．「蒸気と製鉄の波」のシンボルともいえる鉄道と戦艦におけるドイツの躍進，すなわちバグダッド鉄道延長計画(1901)の3B政策，2度にわたる艦隊建設法(1898/1900)は，大英帝国の覇権への挑戦と理解された．

新興ドイツ帝国の存在は，国内の不満を転嫁する格好の対象であり，市民的コーヒーハウスに代わる大衆娯楽の殿堂ミュージック・ホールでは大衆的排外主義(ジンゴイズム)の叫びが連日こだましていた．

また，こうした大衆世論とは別に経済エリートたちを苛立たせたのは廉価な「メイド・イン・ジャーマニー」の氾濫であった．ドイツの「不公正競争」に対する反発は，ノースクリフ卿に買収された高級紙『タイムズ』でもむき出しになっていた．

宣伝マシンの形成

ロシアとフランスに国境＝前線を接したドイツ国内が「城内平和」で結束したのに比べて，イギリスは新たに対内宣伝を組織化する必要に迫られていた．

非国教会派や自由主義者の多くがなお参戦に反対であったし，大衆は直接ドイツ軍が攻め込んでくる危機感を抱いてはいなかった．しかも，徴兵制度がなかったイギリスでは迅速な派兵のために志願兵を募る必要があった．

すでにイギリスは，アイルランド紛争の経験から1911年スパイ対策として「公務機密法(オフィシャル・シークレット・アクト)」(1889)を改正強化した．1914年8月4日対独宣戦布告と

同時に新聞局が設置され,「国土防衛法」によって通信の検閲,特派員や報道を統制する権利が政府に付与された.ロイター,アヴァスは提携して軍事宣伝のための連合委員会を設置した.また,アスキス首相を名誉理事長とする「全国愛国協会中央委員会」が結成され,戦争協力の民間キャンペーンを開始した.その中立国対策小委員会は,著名人を動員して中立国の言論界に宣伝文書を送り続けた.

徴兵制が導入された1916年は,アイルランド反乱,ロンドン空襲,ガリポリ敗退など,イギリスにとって暗黒年となった.ノースクリフ卿は倒閣運動を展開し,1916年12月ロイド＝ジョージ戦時連合内閣を成立させた.戦意高揚のため首相直属の「情報局」が設立され,局長には小説家ジョン・ビューカン大佐が就任した.1917年春には,ノースクリフ卿を団長とする戦時使節団がアメリカに派遣され参戦への交渉が行なわれた.また,1917年8月議会に「戦争目的全国委員会」が設立され,翌18年1月組織改革によって宣伝活動を統括する「情報省」Ministry of Information が新設された.この大臣には『デイリー・エクスプレス』社主ビーヴァーブルック卿が就任した.

対敵宣伝の組織としては,1914年10月に外務省機密情報部が運営する戦争宣伝局 War Propaganda Bureau, 通称「ウェリントン・ハウス」が設立された.1918年2月ノースクリフ卿は戦争宣伝局長に就任すると,西部戦線のドイツ陣地に謀略ビラの雨を降らせた.

「勝者の宣伝は常に有効である」,その後講釈を差し引いたとしても,イギリス新聞人の宣伝はドイツ軍人の宣伝を圧倒していた.上記の民間キャンペーンに参加したフェビアン協会のH. G. ウェルズによる「すべての戦争を終わらせる戦争」「フランケンシュタイン・ドイツ」などの傑作コピーは,無骨なドイツのスローガンとは比較を絶していた.情報省の設立は終戦間近であり必ずしも当時十分な効果を発揮したとは言えないが,対内宣伝と対外宣伝を統合する必要性は,第二次大戦時に教訓として活かされた(本書 pp. 157 f.).

戦争報道と客観性

軍部が統制したドイツの情報宣伝に比べて,イギリスの戦争報道は議会の影響力の下に組織された.しかし,それは戦争報道が「客観的」であったことを

意味しない．ロシア軍が壊滅したタンネンベルク会戦(1914)の記事はイギリスの新聞に掲載されなかった．それでも，親戚知人の生死に関わる戦況情報への需要は高く，新聞はニュースを供給し続けねばならなかった．

　従軍記者としての功績により後に爵位を受けたフィリップ・ギブスは，戦後1923年，次のように回想している．「われわれは戦場の軍隊と完全に一体化していた．……記事の検閲など必要なかった．われわれ自身が検閲官であった」．

　1895年にグラッドストーンが6人のジャーナリストに爵位を与えたとき，上流階級は不快感を隠そうとしなかったが，第一次大戦後，ロイド＝ジョージが23人の報道関係者に高位の勲章を与えたときに世間はそれを当然のことと見なした．

　だが，国策と一体化した新聞の戦争報道が後世に及ぼした悪影響も忘れてはならない．開戦直後，ノースクリフ系『デイリー・メール』はドイツのベルギーに対する中立侵犯の非道を訴えるために「クールベック・ルー虐殺事件」を創作したが，「両手を切り落とされたベルギーの赤ん坊」という見てきたような残虐記事は高級紙『タイムズ』にまで掲載された．また1917年4月16日付『タイムズ』に掲載された「戦死者の脂肪でグリセリンを作るドイツ軍死体工場」という記事は，1925年元イギリス軍情報部チャータリス准将がその虚報工作を告白し，イギリス下院の調査でもデマ情報と確認された（アーサー・ポンソンビー『戦時の嘘』1928）．

　ドイツ軍の野蛮さを強調した「残虐宣伝」の多くが作り話であったため，第二次大戦中のユダヤ人に対するナチの蛮行が新聞で報じられても，話半分と受け取る読者は少なくなかった．ホロコーストの存在を疑問視する歴史修正主義者が，今日でもイギリスで跡を絶たない理由の一つである．

工業覇権の喪失とニューメディアへの出遅れ

　第一次大戦中も国際電信網による情報覇権を保持していたイギリスは，ドイツやアメリカほど無線通信を切実な問題とは考えていなかった．暗号化したモールス信号を使う軍事通信の場合も，傍受される恐れのない有線電信の方が実用的であった．この結果，ラジオ技術の普及化においてイギリスはアメリカ，ドイツに遅れをとることになった．

また，イギリスはこの総力戦で勝利したにもかかわらず，莫大な資源を費やし，交戦中に失った海外市場の回復も容易ではなかった．世界の工業製品輸出に占めるイギリスのシェアは，1913年の29.9%から37年には22.4%に低下し，アメリカは12.6%から19.6%に，日本は2.4%から7.2%に上昇していた．イギリス政府がラジオ事業に本腰を入れたとき，イギリスの工業覇権は失われようとしていた．

戦前から大衆的な影響力を持ちはじめていた映画については，情報局傘下の戦争時局委員会がカメラマンを前線に派遣し，《ソンムの戦闘》(ジェフリー・マリンズ撮影, 1916) 以下の宣伝ドキュメンタリー映画を製作した．こうしたニュース映画は人気を集め，後のドキュメンタリー映画の発展に繋がった．一方，宣伝用の劇映画を製作すべく，1916年10月イギリス軍需省にマックス・エイトケン (2カ月後にビーヴァーブルック卿となる) を委員長とする映画委員会が設置された．1918年6月情報省に吸収された同委員会は，アメリカから人気監督グリフィスを招き，西部戦線の被災地を舞台に撮影したプロパガンダ映画《世界の心》(1918) を製作した．この劇映画の興行的失敗とニュース映画の成功が，その後のイギリス映画産業の進路を決めることになった．

第5節　アメリカ──戦争民主主義

戦争民主主義国家の中立

アメリカ合衆国は独立戦争によって成立し，英米戦争 (1812-14)，米墨戦争 (1846-48)，フロンティア開拓の名のもとに行なわれたインディアン絶滅戦争 (-1890)，南北戦争 (1861-65)，米西戦争 (1898) と，戦争によって領土を拡大し続けた．共通の敵と闘うことで国民統合を維持するという，この戦争民主主義は，世界の憲兵を自任したアメリカの伝統と言えよう．

1914年8月4日ウィルソン大統領が中立を表明して以来，アメリカは形式的には3年近くも中立を保ち続けた．しかし，現実にはイギリスの制海権のもとで米独海底ケーブルも対独貿易も遮断され，連合国への一方的な輸出や融資が急増した．実際，連合国向けの戦争特需によってアメリカ経済は空前の好景気を謳歌していた．

1915年2月，ドイツはイギリス周辺海域での潜水艦戦を宣言したが，ウィルソン大統領はアメリカの市民・船舶に被害が生じた場合は中立権侵犯と見なすとドイツに警告した．同年5月7日，420万発の弾丸を含む軍需物資を満載したイギリス籍の豪華客船ルシタニア号が撃沈され，同乗していたアメリカ人乗客124人が死亡した．

このルシタニア号事件がアメリカ参戦の契機となったと語られるが，現実にはそうすんなり事が運んだわけではない．イギリス側はこれを好機としてアメリカに参戦を呼びかけ，5月10日付『デイリー・メール』は大見出しで「イギリス，アメリカの幼児，ドイツ皇帝により虐殺される！」と報じている．しかし，イギリス情報局アメリカ部長ギルバート・パーカーの必死の対米世論工作にもかかわらず，アメリカ参戦はそれから2年も後のことだった．

1917年2月，ドイツが無制限潜水艦戦を宣言すると，連合国向けの大量物資を港湾倉庫に抱えたアメリカは対独断交を宣言した．さらに，2月下旬，アメリカ参戦に備えてドイツ外相アルトゥア・ツィムマーマンが駐メキシコ公使に宛てた同盟工作の極秘電を，イギリス情報局がアメリカに伝えるに及んで，4月6日対独宣戦が布告された．このとき，米墨戦争で用いられた「アラモを忘れるな！」(リメンバー・デイ・アラモ)の報復スローガンの定式に，米西戦争の「メイン号」に続き「ルシタニア号」がはめこまれた．

クリール委員会とアメリカ化運動

「戦争をなくすための戦争」という正義のスローガンのもと，ウィルソン大統領は革新主義の新聞編集者ジョージ・クリールを委員長とする「公報委員会」CPI＝Committee on Public Information を設置した．国務長官，陸軍長官，海軍長官も参加した通称「クリール委員会」は，絶大な権限を持っていた．委員会は7万5000人のボランティアを組織し，全米で反ドイツ講演会を連日開催した．また，ドイツ系住民や戦争反対者の動静を隣人に監視させる密告システムも組織された．

ヨーロッパ派遣軍にも「プロパガンダ課」(G-2D)が作られ，ヒーバー・ブラックンホーン大尉が指揮した．そこで心理戦用宣伝ビラの製作に従事した情報将校ウォルター・リップマンは，『世論』(1922)でメディアによる「疑似環境」

を論じることになる(本書 p. 10).

　第一次大戦で開発された戦争宣伝の基本は，情報化時代のハイテク戦争においても基本的に変わらない(1991年湾岸戦争で，アメリカ第4心理作戦集団は2900万枚のビラをイラク軍の頭上から投下して逃亡を誘った．ラジオ番組「湾岸の声」は，コーランの祈りの言葉と翌日の爆撃目標を放送し続けた).

　国内でも，民主主義者ウィルソンは流言蜚語(りゅうげんひご)を禁じる「防諜法」Espionage Act (1917)，反軍発言を罰する「煽動防止法」Sedition Act (1918)を制定して反戦言論を徹底的に抑圧した．この法律で2000人以上が起訴され，独立戦争を描いた映画《76年の精神》の製作者は反英宣伝として禁錮10年の判決を受けた．学校図書館から「ドイツ的」な書籍が排除され，ネブラスカ州ではドイツ書籍の焚書が行なわれ，ピッツバーグではベートーベンの演奏も禁止された．1917年に憲法修正第18条，いわゆる禁酒法(1919-33)が議会を通過した背景には，ビール会社を中心にドイツ系の名前をもった醸造会社への憎悪が存在していた．

　1917年，禁酒法案と同時に識字能力を入国資格とする読み書きテスト法案が可決された．「100％アメリカニズム」がヒステリックに叫ばれ，移民の同化政策も強化された．クリール委員会は工場で労働者がアメリカ化の授業を受けることを奨励し，それでも英語習得が進まない移民は昇進の機会を奪われた．

　こうしたアメリカ中心主義の影響は，戦後さらに新たな標的を求め，対ソビエト干渉戦争(1918-20)と排日移民法(1924)にまで及んだ．クリール委員会は大戦中からボルシェビキ指導者をドイツ軍の手先と決めつけ，戦後はアメリカ全土で「レッド・スケア」と呼ばれる赤狩りが巻き起こった．政府による急進派の人権蹂躙も赤色革命を阻止するためには不可欠の犠牲と見なされていた．

　「自由の国」アメリカのこうした不寛容なナショナリズムと，ドイツや日本の「ウルトラ・ナショナリズム」に，私たちはどのような境界を引くべきだろうか．

消費社会と PR

　戦後，ジョージ・クリールは『アメリカの広告方法』(ハウ・ウィ・アドバタイズド・アメリカ)(1920)と題した回想録で，講演，活字に加えて電信，映画まで総動員した活動を「広告における世界最大の冒険」と評している．戦債募集のポスターなど，もっぱら商業的に利用

されていた広告技術が政治宣伝に応用され，クリールはアメリカ国民に戦争を見事に「売りつけた」．ちなみに，ニューヨークでアメリカ広告代理店協会が設立されたのは，アメリカ参戦の1917年である．

　戦後の1921年に「PRカウンシル」の職業名が登場し，このころからPRは一般的な用語となっていった．PRは大量消費社会の中で生まれた政治技術と言える．『ニューヨーク・タイムズ』の経済記者アイヴィ・リーは，民主党広報担当の経験を生かして1905年に政治広報を扱う広告代理店を開業した．リーは，労働争議に頭を痛めていたジョン・D・ロックフェラーのためにPR活動を開始し，その「慈善家」イメージを創り上げ，「PR業の父」と呼ばれた．

　PRという新語も，社会主義をイメージさせる「プロパガンダ」に代わってアメリカ消費者に受け入れられた．1929年の大恐慌以来，企業の社会的責任が問われるようになり，またニューディール政策の実施で自由企業制度の危機を感じたアメリカ産業界はPR会社に多額の資金を投入していった．

映画の世界支配

　世界のありさまを一変させた第一次大戦は，映画をアメリカが誇る基幹産業に発展させた契機ともなった．

　クリール委員会は《ザ・カイザー》《ベルリンの野獣》など反独映画の製作も指揮し，その集団鑑賞を奨励した．また，チャップリンの反ドイツ映画《担え銃》(1918)など，他の愛国映画の撮影にも協力し，軍関係の専門知識や小道具を提供した．このため，労働者階級の気晴らしと見なされていた映画は，中産階級の間でも有意義な文化と評価されるようになった．

　「リバティ債券」と呼ばれた戦債を募る広報活動で大活躍したメリー・ピックフォードやダグラス・フェアバンクスなどの映画スターも「国民的英雄」となり，ハリウッド黄金時代を支えるスター・システムも確立した．

　また公報委員会はプロパガンダ映画の連合国，中立国での上映を財政的に支援し，アメリカ映画の世界市場制覇を後押しした．実際，戦時中ヨーロッパ諸国の映画製作が中止されたため，アメリカはほとんど唯一の映画輸出国となっていた．戦争が終わったとき，アメリカ映画は世界で上映される映画の85％，アメリカで上映される映画の98％を占めていた．

ラジオ時代の幕開け

対独参戦の翌日，ウィルソン大統領は1912年無線法に基づいて全米の無線局を統制下においた．1917年4月，海軍次官補フランクリン・D・ローズヴェルトは産業界の利害を調整して複雑に入り組んだ技術特許を統括し，ラジオ無線機の量産を可能にした．さらに，連邦政府や軍部は国防上重要な無線通信をイギリス系企業アメリカン・マルコーニ社が独占することを恐れ国家管理を目指した．結局，海軍の仲介でゼネラル・エレクトリック社がマルコーニ社の株式を購入し，1919年10月に「アメリカ・ラジオ会社」RCA＝Radio Corporation of Americaが設立された．

ラジオ無線が自由化されたのは，受信機の独占販売権をもつRCAの成立後であった．アメリカの放送事業の基礎も第一次大戦の国家統制下で準備された（本書 p.147）．

第6節　日本——総力戦なき思想戦研究

「一等国」への道

「終戦」で日本人は1945年を想起するが，ヨーロッパでは1918年が想起される．日本史と世界史の間にある最大の認識ギャップが第一次大戦である．第一次大戦で戦死したイギリス人兵士は，第二次大戦の3倍であり，第二次大戦最大の激戦地スターリングラードで包囲されたドイツ軍は30万人だが，第一次大戦ではベルダン要塞戦だけでドイツ軍は43万以上の死傷者を出している．

世界が「欧州の火薬庫」バルカン半島の情勢に目を釘付けにしていた第一次大戦前夜，日本をとりまく極東情勢も大転換期を迎えようとしていた．1910年の日韓条約により日本は朝鮮半島を併合し，翌1911年日米新通商条約により明治開国以来の外交課題であった関税自主権を確立した．同年，辛亥革命の勃発によって清朝が崩壊し，翌12年中華民国成立が宣言された．

この第一次大戦直前(1911-13)の日本経済は輸入超過が増大しており，これを外債で補塡する悪循環が続いていた．日露戦争以来累積した外債利払いにより，大戦前夜には深刻な正貨危機に直面していた．この経済的政治的危機を救った僥倖こそ，第一次大戦の勃発であった．

1914年8月15日，日本は膠州湾租借地の中国への無条件返還をドイツに最後通牒として突きつけ，回答期限切れの23日ドイツに宣戦を布告した．10月には南洋群島，11月には青島要塞を占領し，1915年1月には中華民国大総統袁世凱に悪名高い「二十一カ条要求」を提出した．

こうした強硬外交を可能にしたのは，軍需物資を含む海外輸出の急増であり，正貨危機はまたたくまに解消した．海運の活況と西欧からの輸入途絶により造船・鉄鋼など重工業が急速に業績を伸ばし，電気機械・肥料など「電気と化学の波」が日本に押し寄せた．大戦終了までに日本は英仏露三国に合計7億7063万円もの借款を供与し，パリ講和会議には五大国の一つとして出席した．

総力戦研究としての「思想戦」

1915年12月には陸軍省内に臨時軍事調査委員会が設置され，総力戦研究が開始された．だが，実際に国民総動員を経験しなかった日本における総力戦研究は，一つには陸軍のドイツ志向から，また一つは対ソビエト干渉戦争であるシベリア出兵(1918-22)の経験から，「思想戦」に力点を置いて進められた．

明治期以来，ドイツ参謀本部をモデルに作戦・動員を行なってきた陸軍エリートは，「戦場で勝ちながらも宣伝で破れた」ドイツの敗戦に教訓を求めた．1920年代には参謀本部によって，ヴァルター・ニコライ『世界戦争ニ於ケル情報勤務ト新聞ト輿論』(1920)など，ドイツで出版された宣伝研究書が翻訳された．ロイター，アヴァスなど「ユダヤ系」通信社による情報攻勢という陰謀論も，敗戦国ドイツ経由で紹介された．

シベリア出兵もまた「思想戦」への関心を高めた．1917年11月，ソビエト革命勃発によりロシア帝国が連合国から脱落すると，日本政府は1918年8月2日シベリア出兵を宣言し，北満州，シベリアに7万を超える兵力を展開した．ソビエト赤軍との戦闘において，日本は総力戦より先にボルシェビズムとのイデオロギー戦争を体験した．このとき，『シオン賢者の議定書』など反ユダヤ主義文献やフリーメーソンの国際陰謀論も国内に持ち込まれた．

このような陰謀的思想戦論（コンスピラシー・セオリー）は，1921年ワシントン条約での日英同盟解消，1924年アメリカでの排日移民法制定という国際的な孤立感，あるいは戦後不況と社会主義運動台頭という国内状況を解釈する枠組みとして利用された．

言論統制と宣伝機構の整備

シベリア出兵宣言の翌日，富山で起こった米騒動はその後の民衆意識や社会運動に多大な影響を及ぼした．「白虹事件」(本書 pp. 90 f.)もその報道で発生した筆禍事件である．すでに7月17日，内務省はシベリア出兵にともなう報道管制のため「戦時検閲局(臨時新聞局)官制案」を作成していた．内務省は出兵関係の記事を掲載した新聞の発行を禁止していたが，9月21日寺内正毅内閣退陣により法案そのものは流産した．この事実は，まだ日本では総力戦体制が必要とされていなかったことを示している．

明治憲法は第29条で「法律ノ範囲内ニ於テ言論著作印行集会及結社ノ自由」を認めていたが，その「法律」とは新聞紙法(1909)，出版法(1893)，治安警察法(1900)，軍機保護法(1899)などであった．大戦後はここに，普通選挙法とともに公布された治安維持法(1925)が加わった．

こうした対処的な言論統制の立法化に対し，より積極的な宣伝組織の整備は，「非常時」が叫ばれた満州事変以後に進展した．とはいえ，その萌芽は第一次大戦中にあり，1917年に外務省は臨時調査部官制を公布し，1921年には情報部を設置している．陸軍省も1919年大臣官房に情報係を新設し，1920年には新聞班と改称した．新聞班が頒布した陸軍パンフレット『国防の本義と其強化の提唱』(1934)は，その総力戦研究の到達点である．「たたかひは創造の父，文化の母である」から始まるこの文書によって，「思想戦」という概念も広く世に知られるようになった．そこに情報宣伝を軍事「技術」として効率性から論じ，国民の主体性と自主性をシステム資源として動員する総力戦システム論を読み取ることができる．第二次大戦後，陸軍軍人は狂信的な精神主義者のイメージで論じられることが多かったが，国民の自主的な戦争支持を必要とした彼らは単なる精神主義者ではありえなかった．情報宣伝も兵器開発や部隊編成のアナロジーとして発想され，たとえ「撃ちてし止まむ」など『古事記』由来の神話的標語が叫ばれたとしても，情報宣伝には技術志向的な思考が必要だった．

満州事変以後，陸軍と外務省の情報部局間で連絡調整するべく組織された時局同志会(1932)は，情報委員会(1932)，官制化された内閣情報委員会(1936)となり，日中戦争勃発後，内閣情報部(1937)，情報局(1940)へと発展した．

情報局は，内閣情報部に外務省情報部，陸軍省情報部，海軍省海軍軍事普及

部，内務省図書課の事務を統合した中央情報宣伝機構で，第一部(企画調査)，第二部(新聞・出版・放送の指導，取締)，第三部(対外宣伝)，第四部(検閲)，第五部(文化宣伝)の5部17課で550名を擁した．情報局は第三帝国の宣伝省と比較されがちだが，成立の経緯を見る限り，「大衆運動の宣伝省」というより「思想戦の参謀本部」と呼ぶ方がふさわしい．

特に重要なことは，情報局に至る情報宣伝の組織化が「国策通信社」設立交渉を手始めに開始されたこと，つまり情報委員会の主要な設置理由が1936年に設立された同盟通信社の監督指導にあったことである．すなわち，宣伝戦の弾丸はニュースであり，国家の消長は国策通信社の働きにかかっていると考えられていた．

国策通信社への要請

対外情報システムにおいて，江戸時代は「鎖国」ではなかった．そこには自ら発信することなく，必要な情報だけを一方的に受信するシステムが存在した．1854年2度目のペリー艦隊の来日の際，将軍への献上品には蒸気機関車の模型とともにモールス電信機が含まれていた．それは近代日本に投げ込まれた情報帝国主義のシンボルだった．

19世紀後半，イギリスは海底ケーブル網と「ニュースの商人」ロイター通信社によって情報覇権を確立していた．開国した日本は大北(グレート・ノーザン)電信会社の海底電線で1871年に世界と結ばれたが，情報の出入りはイギリスに握られていた．例えば，1905年の日露戦争の講和会議はアメリカ東海岸のポーツマスで開催されたが，講和成立の第一報が東京に届くまでの径路である．その電信は太平洋を越えたのではない．大西洋横断ケーブルでイギリスへ，さらに南回りで上海から長崎に中継され，ようやく東京に到達した．

極東地域のニュース配信も三大通信社の世界分割協定によりロイターが独占しており(本書 p.70)，日本の外電はすべてイギリスの影響下にあった．

イギリスの情報覇権を打破し，「通信自主権」を回復することが近代日本の目標となった．アメリカの台頭と無線通信の実用化が決定的になった第一次大戦は，日本の通信主権回復闘争にとっても画期だった．日本最初の対外発信通信社「国際通信社」は，第一次大戦直前1914年3月，カリフォルニア州にお

ける排日運動を契機として生まれた．渋沢栄一を中心に銀行，商社が出資し外務省からも補助金を受けた国際通信社には，AP 通信社東京支局長ジョン・R・ケネディが総支配人として迎えられた．しかし，第一次大戦中の宣伝活動も不十分で，1926 年これも対中国対策として外務省が資金援助した上海の東方通信社(1914-26)と合併して岩永祐吉を専務理事とする日本新聞聯合社，通称「聯合」へと発展解消した．

それ以前の通信社はもっぱら国内新聞社に配信するものであった．日本最初の国内通信社としては時事通信社(1888-90)，新聞用達会社(1890-92)があり，両者が合流した帝国通信社(1892)は，日清・日露戦争を通じて発展したが，昭和恐慌以後は衰退した．一方，光永星郎が1901年設立した日本広告社と電報通信社の合併で生まれた日本電報通信社(1907)，通称「電通」は，広告事業と政友会系地方紙の組織化で成功し，満州事変前には「聯合」と「電通」の二大通信社時代となった．

ロイター，AP と契約していた「聯合」に対し，「電通」は国際協定に拘束されない UP 通信社(本書 pp. 69 f., 85)からニュースを受信していたため，「聯合＝ロイター・AP」vs「電通＝UP」の対立図式が成立した．それぞれの背後に「聯合」と関係の深い外務省，「電通」に影響力をもつ陸軍がついたため，満州事変報道では情報が混乱した．このため，一元的な国策通信社設立が外務省と陸軍で協議され，1932年各省と「聯合」，「電通」の協力で設立された満州国通信社を踏み台として，1936年この二大通信社の合併により社団法人・同盟通信社が業務を開始する．

「同盟」はロイター，UP，AP との協定を継承したが，1941年第二次大戦への参戦により連合国通信社との契約を破棄した．「同盟」は第二次大戦を通じて「大東亜共栄圏」を代表する大通信社となった．しかし，戦時期日本が採用した情報戦略は自らの情報覇権を中国や東南アジアに押しつける「大東亜情報覇権」の追求だった．その挑戦は中国のナショナリズムとアメリカの情報帝国主義によって手痛い敗北を喫した．

敗戦後，1945年10月「同盟」は解体され，その通信部門は社団法人・共同通信社に，その経済情報・出版部門は株式会社・時事通信社になった．それから70年以上が過ぎたが，果たして情報戦争は終焉したのか．

ナンシー・スノー『情報戦争』(2003)は，アメリカにおける情報政策とプロパガンダと世論操作は三位一体であり，第一次大戦のクリール委員会から現在まで一貫していることを描きだしている．この情報戦争を「文明の衝突」と呼ぼうが「文化外交」と呼ぼうが，それが今なお継続していることは否定できない．情報の戦場において，私たちはいまだ明確な「終戦」を目にしてはいないのである．

「放送」の誕生

今日の大衆文化の源流は，第一次大戦後から関東大震災(1923)を経て金融恐慌(1927)に至る時期に求めることができる．最初の流行歌といわれる芸術座・松井須磨子のレコード「カチューシャの唄」(1914)の大ヒットにより，聴覚文化の商品化が本格化した．

やがてそうした文化商品＝流行曲を家庭へ送ることになる「放送」の起源も第一次大戦にある．無線通信は 1895 年マルコーニの発明以後，日本ではもっぱら船舶通信として活用されていた．「放送」という訳語の公文書初出は，第一次大戦中の 1917 年 1 月インド洋航行中の三島丸が「ドイツの仮装巡洋艦に警戒せよ」と発信所不明の「送りっ放し」の電波を傍受し「放送を受信」と記載した通信記録の報告書であった．戦後，1922 年に逓信省は broadcast の訳語として「放送」を採用することを決定した．

第一次大戦は，メディアが情報宣伝の「兵器」になること，また報道や表現の自由が「国益」と衝突する可能性を広く人々に印象づけた．第一次大戦以後，あらゆる報道機関はプライベートな企業ではありえず，国家から「国民的公共性」を強く要求されるようになっていった．それは「市民的公共性」の変質を意味したが，組織資本主義において古典的(＝市民的)自由主義が存立しえない状況に対応していた．それゆえ各国とも新たに登場しようとしていたマスメディア「ラジオ」に対して，最初から「国益」中心の組織化を試みた．

ラジオ放送の利用は，軍部のみならず逓信省も注目しており，1915 年には無線電信法が公布された．その第 1 条は「無線電信及無線電話ハ政府之ヲ管掌ス」と定められた．東京放送局がラジオ放送を開始したのは，普通選挙法成立の直前 1925 年 3 月 22 日のことであった(本書 p. 166)．

第7章
ラジオとファシスト的公共性

「汝 閃電(いなびかり)を遣はして往かしめ，汝に答へて我らは此にありと
言はしめ得るや」　　　　　　　　　　（ヨブ記 38・35）

第1節　テレ・コミュニケーションの大衆化

「ラジオ」とは何か

　ラジオとは，放送局から電波を使って発信し，多数の聴取者に番組を聴かせる遠隔通信 telecommunication である．tele は「遠距離」を示すギリシャ語であり，必ずしも電気通信を意味しない．歴史的には狼煙，伝書鳩，腕木通信(セマフォア)など多くの情報伝達手段が考案されてきた．1793 年にフランスでクロード・シャップによって発明された腕木通信は，腕木であらわす文字コードを望遠鏡で読み取りリレー式に情報伝達するシステムである．海上船舶での手旗信号もこの応用である．telegraph（遠くの図形）という言葉が最初に意味したのは腕木通信である．テレグラフが電信システム（その内容は telegram）の総称となったのは，モールス信号(1837)の登場以後のことである．電信 telegraph（有線符号通信）─電話 telephone（非符号電信）─ラジオ radiotelephone（無線電話）─テレビ television（映像ラジオ）─インターネット（デジタル通信）と続く電気通信の系譜こそ，今日の情報化のメインストリームといえる．

　この電気通信メディアは，登場時の期待の大きさにおいて他のマスメディアと大きく異なる．活字メディアが大衆的な影響力をもつには 400 年の歳月を要した．映画はいかがわしい場末の見せ物として出発した．それに比べてこの電気系メディアは，そのユートピア的効果が最初から期待された優等生的な「普遍的コミュニケーション」のメディアである．

　1838 年サムエル・モールスは，電信普及への補助金を要請する議員向け文書で，このメディアを「世界を繋ぐ神経系」に喩えている．このユートピアはグリエルモ・マルコーニが無線通信に思い描き，世界革命を願うレーニンが

ラジオ放送に寄せた思いであり，1960年代の衛星放送，1990年代のインターネットで繰り返される「世界村」のヴィジョンである．もちろん，「国境なきラジオ」の本質は「国語」放送であり，資本も経営も市場も一国的だった．「通関のある映画」が非言語的メディアとして持つ国際性とは対照的である．

市民的新聞と大衆的ラジオ

19世紀末の市民が無線通信やラジオ放送に抱いた未来は，100年後の国民大衆がインターネットに夢見た未来とも似ているようで大きく異なっていた．

19世紀のメディア発明家が自由で普遍的な世界になると素朴に信じた20世紀は明るいものではなかったからである．それは，例えば次のような嘆きとして多くのメディア論に散見される．曰く，新聞は言論の自由を獲得してきた長い歴史があるが，放送はその成立から国家の管理下に置かれていた．そこには，新聞時代の「自由への闘争」とラジオ時代の「自由からの逃走」(エーリヒ・フロム，1941)を対比させた読書人の文化ペシミズムが潜んでいる．

だが，これは一面の真実にすぎない．19世紀後半に成立した現代的な大衆新聞に「長い歴史」などはない．一方でラジオは言論の自由の保障を謳った憲法の下に成立した最初のマスメディアである．マクルーハンの言葉を借りれば，ホットな(参与性の低い)グーテンベルクの銀河系は"閉鎖的な市民社会"であり，クールな(参与性の高い)マルコーニの銀河系は"動員する大衆社会"である．

電話と無線電話(ラジオ)

大量生産される大衆文化は，活字媒体を含む視覚メディアによって発展してきた．だが，19世紀前半の電信に始まる聴覚メディア(電話/ラジオ，蓄音器/テープレコーダー)は，音響を移送し保存することで，時間と空間の限界を超えた新しいコミュニケーションを可能にした．それは非文字的な民衆文化を商品化するテクノロジーの開発でもあり，「財産と教養」を持たない民衆において圧倒的な意味をもった歌謡など「声の文化」までもが資本の投下領域となったことを意味した．

1876年，電話のパテントを取得したグラハム・ベルは，翌77年ニューヨー

ク―ニューイングランド間で電話の実演を行なった．1880年代にはアメリカにおける電話の商業化が始まり，1890年代には全米で遠距離電話が可能になった(本書 pp. 146 f.)．こうした初期の電話システムは，通信のみならず放送にも利用されていた．電信のように情報が符号化されていないため，電話では解読のための専門知識は必要とされなかったからである．その意味で，ラジオ放送の発想は電信的ではなく電話的であった．1893年ブダペストのテレフォン・ヒルモンド社は電話による定時放送を開始し，その加入者は受話器によって演劇，コンサートの中継から株式市況，ニュースまで聴くことができた．視覚において新聞が実現した「経験の同時化」を，電話は聴覚において実現した．

　一方，ラジオ放送の技術は無線電信の歴史につながる．イギリス人ジェイムズ・C・マクスウェルによる電磁波の予言(1864)から，ドイツ人ハインリヒ・R・ヘルツによるその存在の実証(1888)を経て，イタリア人グリエルモ・マルコーニが1895年，無線通信の基本技術を発明した．その後はイギリスのジョン・A・フレミングが二極真空管を発明(1904)，さらにアメリカの「ラジオの父」リー・デ・フォレストの三極真空管の発明(1906)をばねに無線技術は，第一次大戦中に急速に進歩した．もっとも，ラジオ放送としてマスメディア化するためには，専門的な知識が必要なヘッドホン型通信機でなく，スイッチ操作だけのスピーカー型受信機が「家電」として量販されることが必要だった．

第2節　場所感の喪失

切り離された声

　電話は肉声を身体から切り離して移送する最初の装置であり，「対面しない直接コミュニケーション」を可能にした．それは放送によって本格化する「場所感の喪失」(ジョシュア・メイロウィッツ，1985)への始まりだった．ヴァルター・ベンヤミンは「1900年前後のベルリンにおける幼年時代」(1933)を回想して，次のように述べている．この文章の「電話」を「放送」に置き換えても，十分通用するはずだ．

　「電話は孤独の慰めとなった．世をはかなんで死のうと思う絶望の人々に，電話は最後の希望の光りをまたたかせた．捨てられた女たちと，それはベッド

をともにした．……今日，電話を利用している人々のなかで，かつて電話の出現が家族のまっただなかにどういう破壊を惹き起こしたかを，まだ覚えている人は多くない」

重要なことは，電話が双方向のコミュニケーションを成立させるために，話者の完全な参加を要求するエロス的なメディアであることだ．記号伝達を目的とするロゴス的な活字メディアと異なり，それは感情の共有を求めて利用された．電話は情報を伝達する道具的メディア（インストルメンタル）というより，会話により共感を生み出す自足的メディア（コンサマトリ）へと発展した．

こうした電話の導入が家族の親密圏への暴力的な侵入になるとベンヤミンは直観していた．「家庭内での孤独」さえ耐えうる状況を創りだした電話は，暖炉に置かれたラジオより深い部分で家族の親密圏を掘り崩した．電話は恥じらいや親密さの境界を移動させ，想像力を刺激する．しかも対面コミュニケーションと違って視覚的統制がないので，手紙と同じく自己演出の可能性も大きいメディアである．自己表現のメディアとして電話は手紙を駆逐したのではなく，その機能の特殊化を促した．手紙は過去の記録化に比重を移し，電話は現在に集中するメディアとなった．同じように，やがて公開性＝公共性を前提とするラジオ放送が登場すると，電話は閉鎖性＝秘密性を前提とする方向へ発展した．

距離の消滅と権威の平準化

かくして，有線放送への発展を一たび放棄した電話は，集中制御を志向しないネットワーク的メディアとなった．それゆえ電話コミュニケーションは，情報アクセスのヒエラルキーが社会的地位と対応する身分社会の原理とは相容れないものとなる．すべての情報空間を権力中枢から等距離にしてしまい神聖な場所を世俗化する電話は，玉座からの距離で階層化された貴族原理を破壊した．光源からの距離が明暗を直接反映する蠟燭に固執して全室内を等しく照らす電灯を拒絶したハプスブルク皇帝フランツ・ヨーゼフ１世(1830-1916)は，ホーフブルク宮殿に電話を入れることも終生なかった．教会が礼拝堂への電話の導入に反対し続けるのも同じ理由からであろう．それゆえ，電話が富裕層の特権的利用にとどまっていたとしても，その普及はコミュニケーション全体の民主化につながった．すなわち，電話は時間や空間を均質化しただけでなく，階層の

障壁をも取り払ったのである．

　ユダヤ系大富豪の家に生まれたベンヤミンの電話体験が大衆一般のものになるのは，第二次大戦後のことである．その間に二つの世界大戦があり，一方通行的なラジオ放送は全体主義的メディアとして「ラジオ人」(マックス・ピカート，1946)による「権威の平準化」を推進することになった．

　プロレタリア文化運動への関わりと放送劇シナリオの執筆から「権威の平準化」に自覚的であったベルトルト・ブレヒトは論説「コミュニケーション装置としてのラジオ」(1932)で，ラジオの機能が情報の分配装置に特化されたことを批判して，双方向メディアへの復帰を主張した．翌1933年には第三帝国から亡命するブレヒトのラジオ論も，今日の電子民主主義論の源流である．

「ラジオ人」のファシスト的公共性

　音声のみを伝達するラジオは，視覚を要求しないため，ラジオは別の活動と両立できた．つまり，運転手や職人が仕事をしながら，主婦が家事をしながら，聴くことができるメディアである．そのためラジオは，集中力を要求する演劇やオペラなどの総合芸術よりも特に音楽と結びついた．ラジオは災害時などを除き通常は自足的な環境メディアとして機能する．しかし，1930年代のラジオは道具的な政治メディアとしての特性が注目された．

　「場所感の喪失」をもたらすラジオが物理的場所と社会的状況の伝統的結合を破壊し，帰属集団の境界を曖昧にしたためである．「財産と教養」という壁で隔てられていた市民的公共圏と労働者的公共圏は，ラジオによって一挙に流動化した．自宅に居ながらにして情報にアクセスできるラジオは，それまでの市民とコーヒーハウス，青少年と学校，労働者と職場組合といった，情報アクセス回路と物理的場所の関係を解体した．また，活字メディアが教育段階に応じて情報アクセスを序列化したのに対して，記号的抽象度が低く意味理解が容易なコードをもつラジオでは，社会化の段階は単純化された．ラジオの政治情報は知識も教養も欠く子供や婦人にまで届いた．こうして新たに政治化した女性や就労経験のない青年にとって，既存の利益集団間の調整で成り立つ議会政治は満足できるシステムとはとても思えなかった．

　初期のラジオが集団的に受容されえた状況は，書斎の読書より街頭のデモと

似ていた．国民意思が街頭デモの歓呼喝采によって民主主義的に表明されうるなら，その国民化された大衆の世論形成空間，「ファシスト的公共性」(佐藤卓己, 2018)は，秘密投票の議会政治はもとより市民階級のサロンやコーヒーハウスよりも開かれた民主的なものと感じられたはずである．

　いずれにせよ，ラジオが階級的な文筆的公共性(読み書き能力に基づく公共性)を掘り崩した先に現れる脱文筆的公共性(読み書き能力にとらわれない公共性)は，ファシスト的公共性とも国民的公共性とも呼ぶことができる．

　テープレコーダーなど記録再生装置がまだ普及していない1930年代は，ラジオの流動的な特性が突出していた．それは社会システムの編成替えを政治コミュニケーションにおいて促し，伝統的権威や合理性による支配に対してカリスマ的支配の突出を生みだした．ラジオと政治の関係でヒトラー，ローズヴェルトというカリスマ的指導者や「玉音」が想起されるゆえんである．

　というのも，ラジオは発話内容(記号)のみならずそれに付随する個性(印象)を伝達するため，活字メディアよりも情緒的に機能した．大衆社会では指導者が何を話したかでなく，どう話したかが重要なのだ．ローズヴェルトのプロパガンダ放送は「炉辺談話(ファイヤーサイド・チャット)」と呼ばれ，ヒトラーのそれは「獅子吼(ししく)」と形容された．そこでは内容の真偽より印象の強度が問題だった．だから，「玉音」放送は，たとえ内容が聞き取れなくても，十分にその効果を発揮した．ラジオは事実性より信憑性を伝達するメディアであり，その意味でテレビ時代を準備した．実際，生活のペースメーカーとなったニュース放送は，1950年代以降はテレビに引き継がれた．マックス・ピカートが『沈黙の世界』(1948)で批判したように，絶え間ない声と音の伴奏は，人間の孤独感，内省の機会を減少させた．だが，今日その批判はテレビやSNSについていっそう有効であろう．

第3節　アメリカ──大量消費社会の神経系

電信・電話が創ったアメリカ

　大陸国家アメリカを一つにしたメディアは，まず電信である．

　1857年に結ばれた電信会社6社の地域分割協定で西部地区が振り当てられたウェスタン・ユニオン電信社は，1861年鉄道に先駆けて大陸横断電線を完

成させた．ちょうどこの年勃発した南北戦争でウェスタン・ユニオン電信社は連邦軍の軍用電信線設置によって急速に勢力を拡大した．戦争終結の翌 1866 年，大西洋横断ケーブル敷設を完成させたアメリカン電信会社も吸収合併し，単一の情報システムでアメリカ全土を覆う独占企業体となった．同じ年，市民権法が制定され，連邦市民権の各州市民権への優越が確認された．電信による情報空間の統合こそ，国民統合の基盤であった．ウェスタン・ユニオン電信ネットワークによって，アメリカの新聞は共通の日付で規格化されたニュースを出せるようになったのである．ウェスタン・ユニオン社が最後となる電報を配達し，電報サービスに終止符を打ったのは 2006 年 1 月 27 日である．

　1877 年設立されたベル電話会社は，1885 年長距離回線サービス部門としてアメリカ電話電信会社 AT & T を独立させた．AT & T 社は 1899 年この親会社を吸収して，製造部門ウェスタン・エレクトロニック社，研究部門ベル電話研究所および市内電話運用会社を傘下におさめる独占企業へ発展した．

第一次大戦と民需転換

　空間の拡大と時間の加速化として体験された第一次大戦は，最新テクノロジーであったラジオ無線機の大量利用を促した．だが，世界で最初に定時放送を実現させ，ラジオを映画にもまして「アメリカ的メディア」としたのは，軍事的要因でも政治体制でもなく，ラジオを大衆家電に育てた産業資本家の発想だった．後に独占的通信機販売会社 RCA（本書 p. 135）の会長となるデイヴィド・サーノフは，1915 年，蓄音器のような娯楽家電として無線機を使う「ラジオ・ミュージック・ボックス」の開発メモを残している．この発想が現実化するには，第一次大戦後の本格的な大衆消費社会の到来を待たねばならない．

　1920 年以前にも，全米各地で複数のラジオ放送が開局している．教育機関，新聞社から自治体，宗教団体まで多様な事業者によって，1923 年までに 576 局が設立されていた．その放送を担当した者には，元通信兵が多かった．

　世界最初のラジオ局は，通常言われているように 1920 年 11 月 2 日開局のペンシルヴァニア州ピッツバーグの KDKA 局なのではない．しかし，ラジオ放送が歩んだ歴史を考えると，ウェスティングハウス社の KDKA 局を嚆矢とするこの通説の意義は大きい．KDKA 局は百貨店が購入者向けサービスとして

始めた放送局で，ウェスティングハウス社の広告費で運営された．同社は，大戦終結により激減した受信機の軍需に代わる新たな民需の掘り起こしを図っていた．ラジオの有用性＝速報性を印象づけるため，KDKA局は大統領選挙開票日に合わせて開局された．この選挙では「常態への復帰」を唱えたウォーレン・ハーディング大統領が当選している．

情報家電の誕生と放送の産業化

戦後の軍民転換は無線機の仕様にも反映した．当初はイヤーフォン付き鉱石受信機が一般であったが，1922年頃からラウド・スピーカー付き受信機が量産された．鉱石受信機の利用者は今日の「ギーク」(パソコンオタク)を彷彿とさせる男性技術者が多かったが，スピーカー付きの受信機はリビングに置かれることで女性も巻き込んだ娯楽装置に発展した．無線電話 radiotelephone から放送 broadcasting への分岐点は聴取者像にも確認できる．複雑な操作を必要としない受信機は，「ながら聴取」を可能にしダンス音楽の流行をもたらした．1922年に0.2%にすぎなかった世帯普及率は，1925年に10%を超え，大恐慌の1929年には35%，第二次大戦勃発の1939年には80%に達した．自動車の普及率が20%に達した1937年までにはカー・ラジオも標準装備になった．

開局ラッシュによる混信問題解決のために全米無線会議が開催された1922年，AT＆Tは電話料金制を応用して，放送時間を広告主に販売するWEAF局をニューヨークに開局した．スポンサーがCM入りの番組を持ち込むこの商業放送局を拠点として，1924年にはAT＆Tの長距離電話回線で全米各局を結ぶ大陸横断チェーン放送システムが形成された．

また，1926年RCAも新たにチェーン放送を行なうNBC(全米放送会社)を設立した．AT＆TはNBCに，WEAF局を含む放送関連資産を売却するかわりに，同社の電話回線をネットワーク利用することを確約させた．これによって，放送事業は電話事業から自立した独自な産業領域となり，RCAは音響産業全般の支配に乗りだした．1928年にはトーキー映画会社RKOを設立してハリウッドへ進出し，1929年には蓄音器製造のビクター・トーキングマシンを合併し，RCAビクターを設立した．さらに1932年，独占禁止法の適用を恐れたゼネラル・エレクトリック社，ウェスティングハウス社が，RCAおよび

NBC の経営から手を引いたことで，放送産業は家電産業からも自立した．

NBC 系列に対抗する独立ラジオ局がコロンビア・レコード社の援助で創設した新ネットワークは，1928 年タバコ業者ウィリアム・ペイリーに買収され CBS（コロンビア放送システム）となった．NBC 社長サーノフと同じロシア系移民のペイリーは，タレント養成によって娯楽性を強化するとともに，新しい番組領域として放送ジャーナリズムを発展させた．CBS は 1932 年加盟局数で NBC を凌駕して二大ネットワーク体制が成立した．全国紙のなかった国民国家アメリカにおいて，ラジオ放送ネットワークが果たした役割は特に大きかった．

1927 年ラジオ法の公共性

ラジオ放送を「パブリック・サービス」とすることが，1924 年第 3 回全米無線会議で表明された．1927 年この理念に基づき被免許者に周波数の独占的使用を認めるラジオ法が議会を通過した．この電波行政のため独立行政委員会「連邦ラジオ委員会」FRC＝Federal Radio Commission が設立された．ここに「公衆の利益，便宜，必要に応じる」放送システムは確立する．

それでも，ラジオ放送はまだ娯楽メディアと見なされており，表現の自由をもつ報道メディアと認められていなかった．商業放送体制が法的に整備され，1931 年には全放送時間の約 4 割がスポンサー提供番組になった．印刷メディアで広告主が記事内容に直接介入することはまれだったが，電話料金制を応用したスポンサー制度では番組内容にも広告主の発言権が組み込まれていた．

1934 年，通信と放送を統一的に規制するコミュニケーション法に基づき，FRC は拡大改組され「連邦通信委員会」FCC＝Federal Communications Commission が成立した．

こうして言論の自由を保障されないまま組織化された公共的メディアは，やがて世論製造の装置へと発展していった．これを最大限利用したのは，第一次大戦中，海軍次官補として RCA 創設に尽力したフランクリン・D・ローズヴェルトである．1921 年小児麻痺にかかって両足の自由を失い車椅子で生活をしていたローズヴェルトにとって，聴覚だけに訴えるラジオはそのハンディを克服するメディアであり，州知事時代からラジオの政治利用に習熟していた．

ニューディールのメディア

1929年10月24日「暗黒の木曜日」,ウォール街の株価は大暴落し世界恐慌が引き起こされた.1932年までにアメリカの国民総生産は1929年水準の56%に下落し,1300万人もの失業者が生まれた.1933年3月4日にローズヴェルトは第32代大統領に就任したが,それはドイツでヒトラー政権が誕生してから33日後のことである.

この日全国放送された大統領の就任演説は大反響を呼び,8日後の日曜日夕方ホワイトハウス外交官接見室から,いわゆる「炉辺談話」がスタートした.暖炉前に置かれたマイクに向かって隣人に話すような語り口は,恐慌下の大衆に安堵感を与えた.当時のラジオの意匠はスピーカーを下部に配した暖炉風デザインが流行しており,私的な親密圏にこの「電子暖炉」を据えることで,聴取者は政治への参加感覚を味わうことができた.

だが,政権獲得直後ラジオ演説を連日のように行なったヒトラーと違って,ローズヴェルトは第1期4年間で8回しか「炉辺談話」を行なわなかった.ラジオ効果の限界も熟知していた彼は,それに代わって毎週2回の記者会見を定例化し,第1期だけで337回も行なった.取り巻きの記者にリークして情報操作を行なった上で,タイミングを計って「炉辺談話」は投入されていた.

煽動と動員のメディア

「炉辺談話」が定期化されなかった理由は,競合する番組の存在にもあった.例えば,毎週日曜日放送されていたコグリン神父の説教放送である.カトリック神父チャールズ・コグリンは,1926年からカトリック教徒向けにラジオ説教を始めたが,神父の情熱的な雄弁はカトリック教徒を超えた大衆運動を生みだした.当初はニューディールの熱烈な支持者だった神父だが,「社会正義国民同盟」を組織すると,聴取者の社会的不満を反映して反ユダヤ主義,反共主義の煽動演説も行なった.さまざまな不満分子が集まり,その会員は1936年には925万人にも達した.しかし,第二次大戦の危機が迫り軍需生産によって景気が回復すると,その運動は急速に衰え1944年に組織も解散した.ローズヴェルトはコグリンと同じ土俵に乗る愚を犯さない賢明さをもっていた.

ズデーテン問題をめぐってヨーロッパ情勢が緊迫していた1938年10月30

日，数百万のアメリカ市民を巻き込んだ放送事故が発生した．この日，CBS系で放送された俳優オーソン・ウェルズのラジオ劇「宇宙戦争」の中の火星人襲来の臨時ニュースが引き金となった．それを実況と勘違いした聴取者の間に「大パニック」が起こった，とされてきた．しかし，今日ではそれは「弾丸効果」神話の一つと考えられている．新聞は競合するニューメディアの「ハロウィンのいたずら」番組に過剰反応したが，実際にパニック発生で生じたとされたショック死や軍隊出動の記録は確認されていない．ロックフェラー財団の資金援助で行なわれたキャントリルのラジオ研究（『火星からの侵入』1940）では，ラジオの効果を強調すべく聴取者の反応が過大に評価されていた．

戦争報道と戦時宣伝

「宇宙戦争」の7カ月前，1938年の4月1日，ヒトラーはオーストリアに進駐を開始した．CBSヨーロッパ支局長エドワード・マローは，この動きをウィーンから国際リレー放送で生中継し，第二次大戦勃発後の1940年7月にはロンドン空襲を屋根の上から実況放送した．こうした臨場感あふれる戦争報道によって放送ジャーナリズムは確立した．だが，「リアルさ」を衝撃的にリビングに伝える報道は，その誕生からドラマ仕立ての様式を備えていた．

1941年5月27日，ローズヴェルトは無制限国家非常事態宣言により国内放送施設の統制と徴用の方針を表明し，FCCの権限を強化すると同時に，大統領令により国防通信事務局を設置した．受信料制を採らないアメリカでは，国民の聴取実態は把握しがたく，ドイツの短波放送も自由に聴くことができた．ナチ宣伝放送の効果研究が行なわれた一因である．広告効果の指標となる全米規模の聴取率調査も，市場調査会社ニールセン社(1923，創立)によって1942年から開始された．

真珠湾攻撃の直後行なわれたローズヴェルトの対日参戦演説の聴取率は，CAB調査で空前の83％に達した．また，12月22日からは天気予報の放送が禁止された．1942年6月新設された戦時情報局の長官には，CBSのニュース解説者エルマー・デイヴィスが就任した．その下で対外部長を務めたのは，ピュリッツァー賞受賞劇作家ロバート・シャーウッドである．

1943年9月21日，CBSラジオは午前8時から18時間，人気歌手ケイト・

スミスを使った戦時公債募集キャンペーンを行なった．このマラソン放送は聴取者の連帯感を呼び起こし3900万ドルを集めた．これを分析したロバート・マートンは『大衆説得』(1946)において，大衆動員のメカニズムを「献身の三角形」で説明した．放送では戦場の兵士たちの献身，戦争協力する市民の献身，そしてマラソン放送を実演するスミスの献身が繰り返し強調された．この三方からの心理的圧力の中で，特に戦争協力をしていない多数の聴衆には強い自己嫌悪と負い目が生まれた．それを解消すべく，三者の献身に見合う代価を払うこと，つまり戦債の購入へとこの番組は聴衆を方向付けた．かくして自己犠牲を決意した聴衆は「献身の正方形」たる国民共同体への参画を実感できた．

戦時動員にむけた政府と各放送局の連絡機関として1942年2月放送事業者戦勝会議が結成され，南米，欧州，アジア向けの短波放送が開始された．対外宣伝放送VOA(アメリカの声)は，1942年戦時情報局が民間短波局を借り上げて組織され，戦後は国務省の管轄下となり，1953年に大統領直属のアメリカ情報庁USIAの所管となった．1961年ケネディ政権でその長官に就任したのは，かつてロンドン空爆を実況中継したエドワード・マローである．冷戦終結後の1999年USIAは国務省に統合され，広報文化外交部門となった．

戦後体制の成立

こうしたニューディールの戦争民主主義体制下に，今日的なプログラム編成システムも確立した．バラエティ・ショーやソープ・オペラ，1935年開始された「ユア・ヒット・パレード」に代表されるリクエスト葉書集計によるベストテン歌謡番組，ニュース解説番組などは，ほとんどそのままの形で「映像ラジオ」すなわちテレビへと受け継がれた．ラジオが「耳で噛むチューインガム」なら，テレビは「目でも噛むチューインガム」である．

新聞はラジオを競合する広告媒体(メディア)と見なし，1933年5月全米新聞発行者協会はラジオ番組欄の掲載料を放送局に要求した．同年12月のビルトモア協定でラジオ・ニュースは朝夜2回5分間のみ「新聞ラジオ局」の作成記事だけを使用することが決められたが，この協定に従う放送局はほとんどなかった．

1934年，二大ネットに不満を抱く非系列の約600局がMBS(相互放送システム)を設立した．当初MBSは加盟局の番組を相互中継するだけで直営制作

局を持たなかった．これに対し二大ネットが猛烈な切り崩しを行なったため，MBS は FCC に提訴した．この結果，1943 年独占排除勧告が出され，翌 44 年 NBC は旧 AT & T 系列（赤ネット）を残して，旧 RCA 系列（青ネット）を製菓業者エドワード・ノーブルに売却し，ABC（アメリカ放送会社）が成立した．

テレビに進出しなかった MBS を除き，大戦中にラジオで成立した三大ネットワーク体制（NBC, CBS, ABC）は，1986 年に第 4 のネットワーク FOX（本書 p. 209）が開局するまでテレビでも存続した．

第 4 節　イギリス――福祉国家の子守歌

大英帝国の衰退

1895 年無線電信を発明したイタリア人グリエルモ・マルコーニは，母の国イギリスで，1899 年マルコーニ無線電信社を設立した．イギリスは当時，世界最大の工業製品輸出国，対外投資国であり，海底電線網の覇権を握っていた．

皮肉にも，このパックス・ブリタニカの安定こそ，イギリスで無線通信の産業化が停滞した原因である．無線通信の技術にまず飛びついたのは，大英帝国の情報独占の打破を狙うドイツやアメリカであった．1903 年国策会社テレフンケン社を設立したドイツは，マルコーニ社の特許独占を打破すべく，国際無線会議を呼びかけた．1906 年ベルリンで開催された第 1 回会議で，使用周波数の割当と並んで，異なる装置方式間での通信義務が決議された．ここにマルコーニ方式の国際標準化は否定された．こうして激化する英独間の覇権競争の中で成立したのが，電波の国家管掌を明記した 1904 年無線電信法である．無線通信は何より軍事的＝政治的技術と考えられた．

イギリス放送会社

イギリスでも第一次大戦中はアマチュア無線活動は禁止された．1919 年 11 月禁止解除後も無線電信法に基づき放送事業は免許制だった．ちなみに，アメリカの場合，1912 年無線法は届出制であり，1927 年ラジオ法まで放送局の設置規制は存在しなかった．

1920 年 2 月 23 日，マルコーニ社がラジオ実験放送を開始する．音楽放送な

ど「軽薄な」事業の必要を認めていなかった郵政省がそれを許可したのは，自国と言語的国境を持たないアメリカ資本の進出に対抗するためであった．マルコーニ社のアメリカ現地法人は1919年買収され，国策ラジオ会社RCAが成立していた．映画産業の失敗が放送でも繰り返されることが懸念されていた．

イギリス政府は，当時アメリカで問題化していた混信状況に鑑み，単一民間事業者による免許放送方式を選択した．免許を申請した通信機製造会社を政府が調整し，外国製受信機の排除，特許使用料と受信料による運営財源が決定された．この結果，マルコーニ社ほか6社が中心になってイギリス放送会社British Broadcasting Companyが設立され，1922年11月14日ロンドン放送局より放送が開始された．

リスペクタブルな放送

アメリカ流の広告収入による運営が否定された理由は，新聞界の反発と政府部内の放送観にあった．新聞界は自らの利害を守るため，18時以前のニュース，BBCの独自取材番組，スポーツ実況を放送しないことを承認の条件とした．総力戦を経験したロイド＝ジョージ内閣では，放送は国民への教育手段と考えられており，アメリカ流の娯楽放送化は阻止すべきと考えられていた．

BBCが1923年創刊した番組紹介誌は高級紙『タイムズ』にあやかって『ラジオ・タイムズ』と名付けられた．その意味で，BBCの放送観はマシュー・アーノルド『教養と無秩序』(1869)以来の国民教化論に基づいていた．1922年末に3万5000人だった受信契約者は，学校向け放送を開始した1924年には100万人を超え，1926年に200万人を突破した．しかし，膨大な設備投資に比して受信料収入は少なく，加えて，自家組立機や外国製品の流入から1923年マルコーニ社が受信機製造から撤退したように，株主企業は経営継続への意欲を失っていた．

イギリス放送協会

こうした問題点を審議したクロフォード放送調査委員会は1925年，国益の受託者としての公共放送事業を勧告した．これを受けて翌26年，政府は「イギリス放送協会法人設立に関する国王特許状」を公布し，翌27年，免許期間

10年とするイギリス放送協会 British Broadcasting Corporation が旧会社の全資産を引き継いで発足した．公社化と同じ1927年に自国映画保護のため映画法が改正されているように(本書 p. 181)，アメリカ資本の脅威も放送独占体制を受け入れやすいものにしていた．BBCの最高意思決定機関は国王の任命する経営委員会だが，日常の放送業務は政府から独立して運営された．財源は受信料収入で，広告放送は禁止された．国王特許状(ロイヤル・チャーター)は10年ごとに更新され，全国向け第1放送に加えて地域ごとの第2放送も開始された．

1922年総支配人となり公社化後も1938年まで会長としてBBCに君臨したジョン・リースは，独占単一形態が維持された理由として，公共サービス，安定財源，道徳的義務感を挙げている．前二者はアメリカの商業放送でも謳われているため，道徳的義務感が独占維持の根拠として強く作用したことになる．スコットランドの牧師の家に生まれたリースは，大衆新聞の低俗化を批判し宗教意識の向上を主張し続けた．ミサ中継など宗教色の濃い日曜放送は，「リースの日曜日」と揶揄されることになった．

福祉国家の政治放送

1924年1月にラムジー・マクドナルドによって初の労働党内閣が組織され，その3カ月後には大英帝国博覧会開会式でジョージ5世が行なった演説が放送された．労働党政権において，国民は初めて国王の声を「直接」聴いた．同年10月選挙では各党首がラジオで政見放送を行なっている．この選挙で労働党は政権を失うが，むしろ議席を4分の1に減らした自由党の凋落が画期的だった．保守党・労働党の二大政党時代は政見放送とともに始まったのである．

1920年代の労働運動，社会主義言論の台頭を目のあたりにした保守党指導者は，国民統合の手段としてラジオに期待を寄せるようになった．1926年5月のゼネストで9日間鉄道・新聞が停止したとき，社会秩序を維持するメディアとして政府の手に残されたのはラジオだけであった．国王の詔勅や首相の宣言がラジオで流され，交通や電力の復旧活動へボランティアが呼びかけられた．

いずれにせよ，イギリスの1927年放送協会体制も，総力戦が生んだ福祉国家イデオロギーの産物であった．すでにその前年，各国の放送事業も中央集権化に踏み切っていた．統制機関・アメリカ連邦ラジオ委員会(FRC)の設立，ド

イツ放送会社(RRG)による地方局の統括，社団法人日本放送協会(NHK)への3放送局の統合がほぼ同時期に行なわれたことも，偶然の一致とは言えない．

国王のクリスマス放送

1932年12月25日午後3時5分，クリスマス特別番組でジョージ5世は「帝国詩人」キプリングが執筆したメッセージをマイクの前で朗読した．国内聴取率は91%に達し，植民地を含む海外からの反響も大きい国王のクリスマス放送はこれ以後恒例行事となった．

翌1933年，ヒトラーの獅子吼が電波に乗り，ローズヴェルトの「炉辺談話」が開始された．王室の伝統とニューメディアの結合が，この大変動期にあってイギリス国民に心理的安定感を与えたことはまちがいない．1935年5月6日，在位25周年を祝う『タイムズ』社説は，「国王は国民に対し，父親が子供に対するように話しかけ，ついにはその顔と同じくらいその声が知られるようになった」ことを称えた．「イギリス王室の国民化」は，ここに完成する．

ラジオがほぼ全世帯に普及した1935年，閣僚放送，政党放送，議会放送，選挙放送など政治放送の導入を決めたアルズウォーター放送調査委員会の報告書が提出された．第二次大戦による中断を挟むものの，議会政治に従属する放送システムがこの報告書に基づいて編成された．

帝国放送と対外宣伝放送

1926年の大英帝国会議で，イギリス本国と自治領は国王に対する忠誠によって結ばれており，対等な関係であることが宣言された．国王の声は本国への忠誠のためにますます必要とされ，帝国放送構想に向けて大電力局が同年ログビーに建設された．1930年1月ロンドン軍縮会議でジョージ5世が行なった開会挨拶は，世界各国へ中継放送された．帝国放送 Imperial Service が開始された1932年，オタワ会議で英連邦のスターリング・ブロックが形成された．そもそも最初の国王のクリスマス放送は，この帝国放送を記念するイベントであった．かくして，帝国放送はスターリング・ブロックの情報網となった．

国際情勢の緊迫化によって，帝国放送は1938年1月から中東向けにアラビア語，3月から中南米向けスペイン語・ポルトガル語の放送を開始した．1938

年9月ミュンヘン会談に際して国民に直接呼びかけたネヴィル・チェンバレン首相の演説は，独仏伊語に翻訳され全欧向けに臨時放送された．この反響によって，中波と短波で欧州各国向けの定期放送が開始された．こうしたBBCの対外放送には，特別に政府から交付金が支出された．

放送の戦時体制

1939年9月3日，ジョージ6世は対ドイツ宣戦布告を世界に向けてラジオ放送した．大戦勃発とともに放送事業の指導監督は情報省の所管となり，第2放送は中止され全国放送に一元化された．戦前1日4回だったニュースは開戦直後12回まで増加し，官公庁からの告示が頻繁に放送された．もちろん，天気予報の放送は中止された．午後9時15分から30分まで時局関係の談話・解説を連日放送するほか，貯蓄や防諜を呼びかける講演も増加した．疎開中の学童向け教育放送は強化され，週日の午前・午後に1時間ずつ放送された．

戦時下では紙不足から新聞発行が制限される一方で，空襲情報の速やかな伝達が求められていた．さらに厳重な灯火管制で演劇や演奏会が困難になったため，ラジオは情報・娯楽のメディアとしてますます国民に浸透した．また，軍需増産のため科学的労働管理法が導入され，1940年5月から午前と午後に工場労働者向けの音楽番組が開始された．この戦争を通じてBBC放送の英語が標準英語と理解されるようになっていった．

対外放送の栄光と独占体制の終焉

BBCの国際的評価を高めたのは，海外短波放送であった．第二次大戦中に質量ともに最強の対外宣伝放送を展開した．1940年5月に拡大された海外局の勤務職員は，小説家ジョージ・オーウェルなど著名人を含め500名を数えた．また各国に受信状況や反響を報告する1000名の協力員が配された．43ヵ国語で放送されたBBCニュースは，各自治領やアメリカや中国大陸でも再放送されたため，聴取者は膨大な数に達した．1941年7月情報相にブレンダン・ブラッケンが就任すると，対外宣伝と情報政策を一本化する政治戦争本部PWE＝Political Warfare Executiveが組織された．大戦中における「公正なニュース報道」がBBCの声価を高めたとよく言われるが，それは「攻勢的な公正」と

言うべきだろう．1943年7月には日本語放送も開始され，以後戦後，冷戦期を通じて国際放送は強化され，世界屈指の影響力をもつ短波放送となっている．

戦後も続いたBBCの独占体制に対して，1960年代には公海上から若者向けにポピュラー音楽を放送する無認可の海賊放送(パイレート・ラジオ)がブームとなった．こうした無認可放送局に対抗するため，BBCは1964年ポピュラー音楽専門局(第3放送)を開局した．ついに1972年6月には，商業ローカルラジオ局を認めるラジオ放送法がヒース保守党内閣の下で成立した．民間放送として正式に認可された海賊放送(パイレート・ラジオ)は若者の音楽シーンに多大な影響を与えたが，テレビ時代のラジオは，すでに国民統合のメディアではなくなっていた．

第5節　ドイツ——第三帝国の同調装置

ラジオはファシズムのメディアか

「ヒトラーの政権獲得は拡声器とラジオの利用によって容易にされた」という議論は，ファシズム論におけるメディア批判の定番である．たしかに，活字印刷と宗教改革，読書革命と市民革命を文明論として論じるメディア史では，ラジオ放送と国民社会主義(ナツィオナルゾツィアリスムス)，あるいはその「国民革命」(1933)は格好の取り合わせである．しかし，本当にナチズムはラジオから生まれたのであろうか．

敗戦と革命

ドイツにおけるラジオ放送も，軍事的=政治的な要請から出発した．

1903年，海軍省から無線電信機を受注したAEGとジーメンスが政府の援助を受け，共同出資会社テレフンケン社が設立された．国策会社テレフンケン社の躍進はめざましく，1907年当時世界の無線局1550局のうち，マルコーニ方式採用の20%に対して，テレフンケン方式は41%に達していた．

その通信技術は第一次大戦にも投入され，1917年「ドイツ放送の父」ハンス・ブレドゥが西部戦線で野戦無線通信を組織した．イギリス海軍によって海底ケーブルを切断されたドイツでは，1915年より無線通信によって海外にニュースが発信された(本書p.126)．国際電波戦はすでに始まっており，1918年11月4日キール軍港で蜂起した水兵は，休戦を呼びかけるソビエト政府の電

波を受信していた.

共和国宣言が発せられた11月9日,ベルリンの労働者兵士レーテの無線技師はヴォルフ通信社を占拠して,各地のレーテと無線連絡を行なった.急速な革命運動の拡大と,帝政ドイツの瓦解に通信技術は大きく寄与した.

そのため,ワイマール期の労働者文化運動は他国に類例を見ないほどラジオ放送にのめり込んでいた.社会民主党系「ドイツ労働者ラジオ同盟」は,1928年には246支部1万人を擁した共和国最大の聴取者組織となった.一方,こうした革命期の通信史は教養市民層に「カオスを生みだす革命的ラジオ」の印象を植えつけた.4年間で8つの内閣が入れ替わった共和国成立期において,放送事業を主導したのは,テレフンケン社社長から郵政次官に転じたハンス・ブレドゥである.第三帝国成立まで共和国放送体制に君臨した「ドイツ放送の父」のモットーは「政治の場は議会と新聞」であった.

放送番組の内容を音楽,学術講演,文芸朗読に限定した教養娯楽放送はイギリスと同じであっても,ブレドゥが目指したものは議会政治から隔離された非政治的な文化放送であった.

地方分権的放送

アメリカ型ネットワークとも,イギリス型中央独占とも異なるドイツ放送の特徴は,連邦主義を反映した「私的資本による公的な地方分権放送」だった.

そもそもビスマルクが建設したドイツ帝国でも,各邦が固有の君主制と文化主権を保持しており,帝国文部省は存在しなかった.こうした連邦主義は敗戦と革命の中で成立したワイマール共和国にそのまま引き継がれた.

これに対し,社会民主党首班のワイマール連合内閣は,国民統合の手段として全国放送事業を計画したが,各邦政府の反発により1922年までに挫折した.その結果,大インフレーションに揺れる1923年10月29日,ベルリンのラジオ・シュトゥンデ株式会社の開局を皮切りに,1924年10月ミュンスター放送株式会社まで,9社の分立体制が郵政省の主導で成立した.ベルリン放送局が最初に報じた定時ニュースは,11月8日ヒトラーのミュンヘン一揆であった.

ドイツ放送会社

ワイマール連合政府はラジオ放送を政治的啓蒙に役立てようと，1923年5月に共和国防衛基金で運営されるニュース番組制作会社「書籍・出版(ブーフ・ウント・プレッセ)」社を設立した．同年11月グスタフ・シュトレーゼマン大連合内閣は，同社をニュースと政治番組の制作を独占する無線通信株式会社(ドラートローザー・ディーンスト)に改組した．「放送の政治利用」を目指す共和国内務省と，「非政治性」を主張する各邦政府および郵政省の妥協が，1925年5月ドイツ放送会社 RRG＝Reichs-Rundfunk-Gesellschaft 体制を生みだした．共和国内務省は51％の株式をもつ無線通信社を通じてニュース番組を支配し，郵政省は各地方局の親会社として設立されたドイツ放送会社の株式51％を取得して放送業務全般を掌握した．イギリスと違って，この会社が私企業とされたのは，議会の監視や政治介入を避けるためであった．一方，各邦政府には各放送局の監督機関，文化評議会と政治監督委員会の委員任免権が与えられた．こうして，郵政次官からドイツ放送会社の代表取締役兼共和国放送委員に就任したブレドゥのヘゲモニー下に，議会の法的規制を受けないワイマール放送体制が確立した．ドイツ放送会社の「報道及び講演放送に関する規定」の第1条には次のように明記されていた．

「放送は一切の政党利害に偏せず，従って放送による全ての報道及び講演は厳格に超党派的に構成されることを要す」

放送の政治化

ワイマール放送体制の中立性原則の評価は，今日でも大きく分かれている．ラジオで積極的に民主主義を擁護しなかった「怠(おこた)りの罪」を指摘することは容易である．しかし実際には，政治監督委員会はナチ党員を政権獲得の直前までラジオ番組に出演させず，ヒトラーの声を一度たりとも電波に乗せることはなかった．むしろ，1931年にメーデー中継を行なった「マルクス主義に汚染された放送」に対して「中立性」を要求したのは，他ならぬ反体制野党のナチ党であった．一方で共産党は，大衆の政治意識を鈍化させる娯楽放送を敵視し，当初はラジオ店の打ち壊しさえも主張していた．

放送を議会主義のメディアに変えようとした社会民主党の内務大臣カール・ゼーヴェリングは，1928年12月に内務省令として放送に関する新規定を公布

し，現行法と良俗を尊重する限りあらゆる政治的見解の表明を認めた．この結果，保守派の反対を押し切って議会報告番組や事前検閲なしの討論会が放送された．さらにゼーヴェリングは放送事業国有化のための法案を用意していた．

大統領独裁と中央集権化

こうした民主化の試みを頓挫させたのは，1929年アメリカ発の世界恐慌である．失業保険問題から社会民主党が閣外に去った共和国政府は，1930年9月選挙でのナチ党と共産党の大躍進によって少数与党となり，議院内閣制は行き詰まった．そのため，パウル・フォン・ヒンデンブルク大統領に任命されたハインリヒ・ブリューニング内閣によって，今度は議会の頭越しに直接国民に訴える手段として「放送の政治化」が選択された．1931年夏以後，ラジオは政令・大統領令の公報メディアとなり，法律の発効は放送と同時とされた．

共産党とナチ党によって要求された国会中継放送は議院運営委員会で却下されたが，社会民主党党内では意見が割れていた．1932年6月成立したフランツ・フォン・パーペン内閣は，11日内務省通達によって毎晩7時から30分間全放送局に政府公報番組を強制した．さらに6月15日，ヒンデンブルク，ヒトラー会談の結果により共産党以外の政党，つまりナチ党にもラジオ演説の機会が認められることになった．

1932年7月20日，いわゆるパーペン・クーデターによって社会民主党の牙城プロイセン邦政府が解体され，これを機に放送の中央集権化が行なわれた．9月に布告された番組制作指導要領には「すべての放送局の課題は，ドイツ国民の生活共同体の共通性を育てることである」と謳われていた．ドイツ放送会社の民間保有株は共和国政府に，地方局各社の株式は各邦政府に移譲され，内務省が直接番組内容の監視を始めた．ここに内務省と郵政省を代表する2人の全国放送委員が放送事業を統括する中央集権体制が確立した．

その意味で，ヒトラーの首相就任を待つことなくラジオはすでに国民化していたと言えよう．

ラジオの「国民革命」

1933年1月30日，ヒトラーは右翼連立内閣の首相に就任したが，ナチ党が

獲得した閣僚ポストは無任所大臣ヘルマン・ゲーリングと内務大臣ヴィルヘルム・フリックのみであった．しかし，ラジオ番組の監督権をもつ内務相フリックの指令によって，「国民革命」の松明行列は全国に中継放送された．政権掌握の3日後，ヒトラーは初めてラジオ演説を行ない，翌日大統領令により議会を解散した．それ以後3月5日の選挙まで連日のようにラジオはナチ党の宣伝を流し続けた．この選挙でナチ党は43.9％の得票率を挙げ，過半数議席を有した連立内閣は議会で承認された．

2月15日全国ラジオ委員ハンス・ブレドゥの辞表が受理され，3月13日国民啓蒙宣伝省が新設された（本書 p.186）．ナチ党宣伝部のオイゲン・ハダモフスキーが帝国放送指導者となり，ドイツ放送会社社長を兼ねた．3月23日には議会で全権委任法が成立し，独裁体制は法的に確立した．

1933年6月30日，ラジオ放送の番組監督権が内務省から，受信料徴収権が郵政省から宣伝省に移管され，宣伝省は放送受信料という財源を手に入れた．

ゲッベルスは「19世紀とは新聞だが，20世紀とはラジオである」と高らかに宣言し，放送事業関係者は帝国ラジオ院に組織された．また各種あった聴取者組織もドイツ放送聴取者連盟 RDR に統合され，メンバーは約45万人に膨れあがった．しかし，聴取者連盟も帝国ラジオ院も放送のナチ化が完了すると機能上不要となり，それぞれ1935年，1939年に解散した．1934年4月1日ドイツ放送会社は各地方会社を法的に合併して中継支局とし，根強く残ったドイツの連邦主義はここに解体された．

「国民受信機」とグライヒシャルトゥング

1926年1月に受信契約者100万人を突破したラジオは，1928年200万，1930年300万，ナチ党が政権を取る直前には430万人に達していた．ラジオを国民生活の必需品とするために，宣伝省がメーカーと共同開発した廉価ラジオ「国民受信機301」（フォルクスエンプフェンガー）（301は政権獲得の1月30日を意味する）が，1933年8月に発売された．チューナーを地域放送に固定したこの規格商品は，まさに「同調装置」であったが，国民に消費生活の夢をかき立てる「国民車」（フォルクスワーゲン）（1938）の先駆けともなった．第二次大戦勃発の1939年には，受信契約者は1100万人，世帯普及率は70％を超えた．職場での共同聴取用には「ドイツ労

働戦線受信機1011」が開発された．やがて，広場，公園にスピーカー塔が建てられ，国家行事の国民皆聴が奨励された．

「一つの民族！　一つの国家！　一つの放送！」のスローガンは，ナチ放送の目標をよく示している．1933年4月1日より毎晩7時から1時間番組「国民の時間」が導入され，ナチ・イデオロギーの宣伝放送が行なわれた．特に，水曜日の「国民の時間」は青少年向けに放送され，ヒトラー青年団(ユーゲント)の夕べの集いで集団聴取された．しかし，番組構成が共和国時代から大きく変化したわけではなく，以前同様，音楽番組が7割近くを占め，ニュースや政治番組は1割に満たなかった．放送内容の連続性は国民に安堵感を与え，「国民革命」を恐慌以前への「正常化」と感じさせた．

「強制的同一化」と訳されるGleichschaltungとは，文字通りラジオ用語「同調する（周波数を合わせる）」gleichschaltenの名詞型であり，文化のチャンネルを「一元化」することで階級差を解消し，大衆を国民化する試みであった．ドイツが聴取者数でイギリスを上回った1937年，ゲッベルスはドイツ放送展覧会の挨拶でこう述べている．

「ラジオの機能をそれぞれ各民族，各階級，ないしは年齢別に分けて，各々の目的に適合させるというように考えることは，全くの誤りであり，ラジオの本質を完全にはき違えた見方である．……ラジオは常にただ一つ，ドイツ国民のためにのみ存在する」

戦時放送と宣伝放送

1939年9月1日のヒトラーの対ポーランド宣戦布告は，ラジオで放送された．宣伝中隊PK＝Propaganda Kompanieの戦線録音放送や「郷土からの挨拶」「戦線の声」など，ラジオは前線と銃後を結ぶメディアとして活用された．戦時下も音楽番組が圧倒的で，「リリー・マルレーン」などヒット曲を生みだした「国防軍のためのリクエスト音楽」は，ロシアから北アフリカまで全戦線に同時中継放送された．

空間に制約されない電波メディアによる「大衆の国民化」においては，国境外のドイツ人も意識されていた．1929年以来，在外ドイツ人向けの短波放送は行なわれていたが，1933年4月より「世界放送(ヴェルトルントフンク)」として拡充された．だが，

放送における「ナチ宣伝の神話」を強化したのは，国境外のドイツ系住民に向けた中波ラジオ放送の成功であった．1935年ザール地方回復，1938年オーストリア併合，ズデーテン割譲までの外交的勝利には，こうしたドイツ語放送が重要な役割を演じた．ドイツの政策を宣伝する短波外国語放送も，1934年から開始され，1938年には25カ国語で放送された．しかし，この宣伝放送を聴く非ドイツ人は限られていた．戦時中は，ドイツ自身が国民に外国放送の受信を禁止していたように，交戦国で外国放送が大きな影響を及ぼすことは少なかった．ただし，北アイルランド問題を抱えるイギリスは例外で，第三帝国で英語放送を担当した「ホーホー卿」こと，アイルランド系ファシストのウィリアム・ジョイスはイギリスで人気を博し，彼は国家反逆罪で戦後処刑されている．

連邦主義的放送の復活

中央集権的なラジオ放送制度も第三帝国と運命をともにした．1945年6月5日，連合国によりベルリン宣言が発せられ，ドイツ人による放送はすべて禁止された．放送施設は占領軍に接収され，放送事業は新たに組織された．1948年からアメリカ占領地域では各邦（バイエルン，ヘッセン，ブレーメン，バーデン＝ヴュルテンベルク）ごとに4放送局（BR, HR, RB, SDR）が組織されたが，フランスとイギリスの占領地域にはそれぞれ南西ドイツ放送協会 SWF，北西ドイツ放送協会 NWDR（のち SFB, NDR, WDR に分割）が1局ずつ設置された．1950年にドイツ公共放送連盟 ARD = Arbeitsgemeinschaft der öffentlich-rechtlichen Rundfunkanstalten der Bundesrepublik Deutschland（本書 p. 215）を結成し，1956年ザールラント放送局 SR を加えて9放送協会体制が成立した．9局体制は奇しくもワイマール共和国でドイツ放送会社が誕生した際と同じである．こうした連邦主義の連続性は，放送の社会科学的研究を目的としてハンブルク大学に1954年設立された「ハンス・ブレドゥ研究所」の名称からも明らかだ．連邦主義的な放送制度はナチズムの強制的同一化を乗り越えて甦った．

21世紀に入ってもドイツ国民はラジオをよく聴取しており，国内居住者の一日平均聴取時間は2時間58分（2016）となっている．ARD加盟の州放送局や商業ラジオ局が運営するチャンネルのほかに，公共全国放送「ドイチェラントラジオ」が報道，教養，情報番組を放送している．それは冷戦期にケルンに置

かれた東ドイツ向け放送局，西ベルリンのアメリカ軍放送局，東ベルリンの文化放送局の3つの宣伝放送が1994年に統合されたもので，ある意味では「ナチの近代化遺産」と言える．

第6節　日本——情報国防体制の構築

国家基盤としての通信

東京—横浜間に電信線が敷設された翌年，1871年には上海—長崎—ウラジオストクの海底ケーブルがデンマークの大北（グレート・ノーザン）電信会社によって敷設された．日本は情報網によって世界と結ばれたことになる．その翌年着工された国内電信網は，わずか4年で北海道から九州まで全土を覆った．この急速な近代化政策は各地で不平士族を中心にした「電信騒動」を引き起こしたが，1877年西南戦争で電信技術は政府軍に圧勝をもたらす一因となる．

1890年には日本にも電話が導入されるが，国家的情報網が優先させられたため私的な電話の発展は大きく遅れていた．満州事変後の1932年，電話の普及台数はアメリカ1969万，ドイツ296万，イギリス211万に対して，日本は97万台にすぎない．

軍事兵器から広報装置へ

一方，無線通信は当初もっぱら船舶通信として導入され，軍備として重視された．1905年バルチック艦隊殲滅を可能にしたのは海軍「36式無線電信機」による迎撃網であった．世界初の無線機の実戦利用は，日本海海戦で信濃丸が発信した「敵艦見ユ」である．第一次大戦以後は無線電話の技術に軍部のみならず逓信省も注目しており，1915年無線電信法が公布された．その第1条は「無線電信及無線電話ハ政府之ヲ管掌ス」と定められ，逓信省の強力な指導下に欧米技術水準へ肉迫すべく研究は急ピッチで進められた．1923年逓信省通信局がまとめた「放送用私設無線電話ニ関スル議案」が採択された2日後，関東大震災が起こり放送の事業化はいったん中断した．しかし，震災後の流言蜚語による社会的混乱は，放送が普及していれば回避しえたと考えられ，12月に「放送用私設無線電話規則」が公布された．放送内容の事前提出，受信機

の検定制度を定めたこの規則以後，現行の電波法(1950)までラジオは法律で「無線電話」と呼ばれている．こうして電信，電話に次いでラジオも国家管理の下に置かれたが，ラジオ技術に対するアマチュア無線家の関心は高く，『ラヂオ』(1922)をはじめ多くのラジオ雑誌が発行された．

文化の機会均等・家庭生活の革新・教育の社会化・経済機能の敏活

戦前のラジオといえば戦時中の「大本営発表」など国家統制の印象が強いが，当初ラジオ放送は民間営利事業として計画された．新聞社を中心に多くの出願が殺到したため，政府は申請を東京放送局(JOAK)，大阪放送局(JOBK)，名古屋放送局(JOCK)の公益社団法人3局にまとめた．

普通選挙法成立の4日前，1925年3月22日(現在は放送記念日)，東京放送局が東京芝浦の仮放送所でラジオ放送を開始した．関東大震災から2年たらず，当日の受信許可数は3500世帯であった．この時挨拶した東京放送局総裁・後藤新平は，放送の使命を「文化の機会均等」「家庭生活の革新」「教育の社会化」「経済機能の敏活」と表現した．そこに「報道」が欠落していることに注目したい．放送事業に資本参加した新聞社はラジオが競合する報道メディアとなることに難色を示した．

現在も日本では民間放送局は新聞社の系列下にあるが，こうしたシステムの萌芽はラジオ放送の成立時から存在した．放送へのニュース提供は資本参加した新聞各社の輪番とされていた．しかも新聞社は号外を優先して，スクープや第一報を放送局に回さず，速報メディアとしてラジオの効果が発揮されるのは満州事変以後のことになった．もちろん，内務省に事後納付すればよい新聞に対して，ラジオニュースには最初から逓信省の事前検閲が組み込まれていた．

情報国防とラジオ体操

1926年8月，3局が合併され社団法人・日本放送協会(NHK)が誕生した．戦前における唯一の放送事業者であることはもちろん，国策によるメディア統合としては1936年の同盟通信社設置(本書p. 138)や，1941年日本出版配給株式会社(本書p. 62)，1942年日本新聞会(本書p. 92)，1944年映画配給社(本書p. 194)など情報国防体制に向かう最初の一歩であった．

1928年には札幌，熊本，仙台，広島に新局が設立され，同年11月昭和天皇の即位の大礼の実況を契機に全国中継システムが確立した．この御大典記念事業として開始されたのが「ラジオ体操」である．アメリカの生命保険会社のラジオ宣伝をヒントに，通信省簡易保険局が陸軍省の協力を得て実施した．満州事変勃発の1931年に組織された「ラジオ体操の会」によって急速に普及した．これが身体と時間の国民化に果たした役割はきわめて大きい．ラジオ体操は厚生省が設置された1938年には国民精神総動員運動の実践として位置づけられ，1939年には約3万会場，のべ参加人員2億1000万人に達した．

日本放送協会は1930年に二大通信社「聯合」「電通」と通信契約を結んだ．これにより新聞社のニュース配給から解放され，放送局が独自に編集して1日4回全国放送する体制ができあがった．この結果，満州事変ではラジオは速報能力を全面的に発揮することになった．1931年9月19日午前6時30分，ラジオ体操の時間に飛び込んできた最初の臨時ニュースは，満州事変勃発を伝えた．事変関連の臨時ニュースはこの9月だけで17回に及び，「非常時メディア」ラジオの普及は加速化していった．

東京局では1931年4月から，大阪局，名古屋局は遅れて1933年6月から，第2放送を開始した．注目すべきことは，ドイツ放送会社の番組編成で音楽67.8%，講演朗読22.5%，報道1.2%であった1931年，日本放送協会は第1・第2放送合わせて，報道と教養講演が70%を超えており，音楽は10%に満たなかった．ドイツラジオの娯楽中心に対して，日本ラジオの教養中心は際だっていた．この違いはドイツが第三帝国期に入っても変わらなかった．

1934年5月に日本放送協会は組織改革を行ない，番組編成を一元化する中央放送局制を実現した．翌35年に第2放送で開始された学校放送は，文部省によって奨励され，ラジオは国民の末端にまで浸透した．1932年に100万を突破したラジオの受信契約数は，1935年には200万を超えた．だが，同年の全国普及率15.5%と東京の47.8%を比較すれば明らかなように，なお圧倒的に都会のメディアであった．

総力戦と現代化

満州事変報道では新聞も号外を繰り返しラジオに対抗したが，1936年の二・

二六事件以降，速報戦での優劣は明らかになった．首都クーデターの成り行きを追う国民は，ラジオでの当局発表に耳をそばだてていた．

さらに，翌37年7月，日中戦争の勃発により新設された「早朝ニュース」「今日のニュース」「ニュース解説」は，戦況に心躍らせる国民に支持され高い聴取率を記録した．1940年12月内閣情報部より拡大改組された情報局は，逓信省より放送内容の取締りと日本放送協会の監督に関する事務を一部引継ぎ，番組への介入は強化された．

「情報局ノ組織ト機能」(1940)は，国内放送の基本方針をこうまとめている．「国防国家体制ノ建設ヲ目標トシテ事変ノ完遂ヲ期シ国策ノ徹底ト国内外情勢ノ闡明ヲ図リ，国民ノ一致団結ト国民士気ノ高揚ヲ齎ラス様ニ努メル．放送内容ハ全国民ヲ対象トスルモ特ニ農村生活者，勤労者，青年ヲ重視スル」

当時の用語法で「青年」は学生を除く若者を意味する．都市の富裕層から普及したラジオだが，国民総動員では特に農村の勤労青年が重視されていた．

太平洋戦争段階に入ると定時ニュースは1日6回から11回に倍増された．この結果，ラジオ受信機の普及もあって，ラジオは国民生活の区切りを印象づけるチャイムともなり，また生活リズムを統制するメトロノームのごとき存在と化した．本土空襲が始まると，警報を伝えるラジオはついに命に関わる必需品となった．受信契約者は増加を続け1944年末には747万人，普及率は50%を突破した．

満州事変勃発の1931年，「ナショナル・ラジオ」を発売した松下電器産業は，この廉価ラジオの成功によって総合電機メーカーに発展した．その商標「ナショナル」(1927年の自転車用角型ランプから使用)は，ドイツの「フォルクスワーゲン」同様に世界的なブランド名になった(戦後は「ナショナル」を国内向け商品，「パナソニック」を海外向け商品に使い分けたが，2008年に社名も後者に統一した)．

1939年に「一戸一受信機」をめざす懸賞ラジオ標語が募集されたが，その第一等は「挙って国防，揃ってラジオ」だった．1940年「奢侈品等製造販売制限規則」により家庭電化製品の製造が縮小されるなか，ラジオは唯一例外となり，真空管メーカーの東京電気(現・東芝)，ラジオセットメーカーの早川電機(現・シャープ)，八欧電機(現・富士通ゼネラル)など戦後に飛躍する家電メ

ーカーの基盤がここに形成された．

　廉価受信機の普及により，情報の地域格差は急速に平準化された．それは「国語」の近代化とも並行した．「ラヂオ」表記の「ラジオ」への統一は，戦後の国語改革からではなく，1941年国民学校の新教科書からであり，NHK標準アクセントが選定されたのも1943年である．

外地放送と謀略放送

　1931年に台湾放送協会，翌32年に朝鮮放送協会，翌33年には満州電信電話株式会社が設立され，内外地間の電波連絡が整備された．1935年には北米，ハワイの日系人向けに日本語と英語で短波放送が開始された．さらに日中戦争勃発後は，戦線の拡大にしたがい北京，上海，南京に宣撫放送機関が設置され，こうした外地放送局との連絡機関として東亜放送協議会が1940年開設された．日本の国策や戦果を伝える海外短波放送は，1938年には欧州，南北アメリカ，中国，南洋など6方向8カ国語になり，1940年には12方向16カ国語に拡大された．日米開戦後は南方占領地に宣伝放送局が置かれ，海外短波放送も1944年には15方向24カ国まで拡大された．

　また，1943年3月から南太平洋戦線の敵軍兵士に厭戦と望郷の念を喚起させる目的で，音楽と語りを中心に放送された謀略番組に「ゼロ・アワー」，別名「日の丸アワー」がある．戦場に響く女性の声は話題になり，そのアナウンサーには「東京ローズ」のニックネームが付けられた．もっとも，それが十分な効果をあげたとは言えない．国民的同調装置であるラジオを戦闘中の敵兵にも向けた謀略放送は，過大なメディア効果を前提とした「弾丸効果パラダイム」（本書p.14）のあだ花と言えなくもない．

「玉音放送」と戦後動員体制

　戦時の国民的公共圏でラジオが発揮した威力は，戦後体制への移行でも証明された．それが，1945年8月15日の「玉音放送」である．

　「玉音放送」の印象があまりに強烈だったため，いまだに多くの日本人は敗戦日を8月15日と錯覚している．いうまでもなく戦争とは相手のある外交事項であるから，公式には9月2日ミズーリ号艦上での降伏文書調印をもって終

戦とされている．この調印式の模様はアメリカでラジオ中継されたが，日本では放送されなかった．日本人は「ラジオの終戦」の記憶を抱きしめ，「文書の降伏」の歴史を忘却している．「八月十五日の神話」(佐藤卓己，2005)は日本と世界の戦争認識ギャップの起点である．

　1945年8月21日の天気予報再開も，9月1日の放送電波管制解除も「戦後」の始まりとは言えない．GHQは9月22日「ラジオ・コードに関する覚書」を日本政府に手交した．占領体制で検閲体制は強化された．放送の目的が「勝利」から「民主化」に替わったとしても，ラジオの参加＝動員的性格に変化はなかった．

　1947年10月に民間放送局開設の方針が政府で決定され，申請が受け付けられた．1950年6月1日，放送法，電波法，電波監理委員会設置法の電波三法が施行され，NHKも社団法人から特殊法人に組織改編された．その目的は「公共の福祉のために，あまねく日本全国において受信できるように豊かで，かつ，良い放送番組による国内基幹放送を行う」(放送法第15条)である．翌1951年には広告収入を財源とする最初の民間ラジオ放送局，中部日本放送と新日本放送(現・毎日放送)が開局した．

ラジオのサブカルチャー化

　1955年ソニーが商品化したトランジスタ・ラジオの登場は，ラジオに新しいルネッサンスをもたらした．この携帯可能な受信機により，ラジオは「家庭」のメディアから「個人」のメディアとなった．特に，深夜放送，音楽放送を中心とした若者のサブカルチャーとして，ラジオ文化は発展した．ラジオがマスメディア化のために放棄した双方向性は，葉書，やがて電話，ファックスというパーソナル・メディアと組み合わされることで回復された．

　ラジオ放送は画一的広範放送(ブロードキャスティング)から多品種特定放送(ナローキャスティング)に変わることで，なおサブカルチャーに大きな影響力を保持している．デジタル時代の対応として，2010年にはインターネット同時配信サービス radiko.jp(ラジコ)の運用が電通と民放ラジオ局によって始まった．2014年からは地方局の配信エリアを越えて全国の番組を聴取できる有料サービスも始まっている．

第8章
トーキー映画と総力戦体制

> レイ「世間は，あなたの謝罪を期待しています」
> レニ「反ユダヤ的主張は一度もしてないわ．その証拠にナチ党員ではなかったわ．私の罪とは一体何なの？ 原爆にも迫害にも無関係なのに……」 （レイ・ミュラー監督《レニ》1993）

第1節 「大衆運動」のイメージ

「子供の消滅」と「少国民の誕生」

　サイレント映画において国民的視覚が成立したことは，すでに第5章で述べた．この国民的視覚はトーキー映画の出現で新たな段階に達した．トーキー映画は他の新旧メディアを巻き込んで，新しい大衆文化の中核となっていった．映画の原作が大衆読み物として人気を集め，ヒットした主題歌レコードはラジオで流され，映画スターの写真はグラビア雑誌の目玉となり，映画批評と劇場案内は生活情報紙たる新聞(ニューズペーパー)に掲載された．言葉の正しい意味で，トーキー映画は視覚と聴覚を総動員した最初のマルチメディアなのである．

　さらに言えば，互いに見知らぬ個人が薄暗い空間で行なう映画鑑賞は，都市共同体における疑似宗教体験となっていた．「多くの人間がいるがみな孤独である」という大都市に典型的な感覚は，映画館における観衆の存在状況と対応していた．「ごく普通の女店員が映画に行く」（ジークフリート・クラカウアー，1928/1947）のは，非日常的な体験で生活の憂さを忘れさせるカタルシス効果が映画にあったからである．世俗化した現代人は，こうした心の浄化作用を礼拝堂よりも映画館に求めていた．

　音声も加わってコード解読がいっそう容易になったトーキー映画は，文字の読めない子供まで含んだ最初の大衆娯楽となった．むしろ，映画の衝撃は大人の情報から隔離されてきた子供において大きかった．大衆雑誌は年齢別に分節化されていたし，ラジオの娯楽番組は大人向きであり，居間のラジオは大人の管理下にあった．しかし，トーキー映画の登場は子供に大人の情報を共有させ

る画期となった.しかも,大人が「ミッキーマウス」(1928年11月18日生まれ)に熱中し,そのTシャツを着るようになったとき,近代の産物である『子供の誕生』(フィリップ・アリエス,1960)は『子供の消滅』(ニール・ポストマン,1982)へと向かった.ドイツではヒトラー青年団(ユーゲント)が組織され,日本でも1941年の国民学校令によって小学校は「国民学校」に変わった.「少国民」は「小さな大人」であることを期待されていた.

映画の身体性と街頭の公共性

映画は,静止した写真以上に物理的な現実を映す身振り(ジェスチャー)へ視線を引きつけた.すでにサイレント映画で確立されていた身体言語も,「小さな大人」が映画を読解することを容易にした.アメリカのような移民国家では,この身体言語が共通言語となっていた.映画館の「人種の坩堝(メルティング・ポット)」で会話による意思の疎通ができなくても,チャーリー・チャップリンやバスター・キートンを見るすべての観客は一緒に笑うことができた.映画による視覚の訓練によって,人々は言語以前のコミュニケーション手段だった身体運動を再発見した.この新しい感情表現の読解能力は,映画という枠に収まることなく,都市文化としてのダンスやスポーツの興隆ももたらした.野球やサッカーが象徴するようにスポーツの大衆化は,子供を実践的担い手として登場させた.また日本で大衆化したラジオ体操の主役も「少国民」たる子供であった.

1920年代に「モダンダンス」と呼ばれた新たな舞踏運動は,理性中心の教養主義の偏りを身体的に克服しようとしていた.それは政治的意思を情緒的に伝える身体技法として,プロレタリア文化運動やナチズムの国民儀礼にも取り込まれていった.こうした政治的な身体表現は映画を通じて学習され,旗やプラカードを掲げた街頭行進,ショーアップされた大衆集会,つまり総力戦体制にふさわしい公共性のスタイルを確立した.その際,特に「大衆の運動」を複製したニュース映画の視聴が重要だった.大衆は自分自身を全体から鳥瞰する指導者の視線を共有し,そこで指導者と大衆の共感が生みだされた.それゆえに,ファシズム指導者は映画芸術の熱烈な信奉者であった.いまも世界的に評価が高いヴェネチア国際映画祭は,ベニト・ムッソリーニがその絶頂期1932年に創設したもので,最高賞はもちろん「ムッソリーニ賞」だった.

消費社会の欲望が企業と消費者の共犯関係において成立するように，大衆宣伝の効果も国家と国民の共犯関係においてのみ成立した．ブランド消費に参加することで階級的桎梏からの解放感を得る大衆は，街頭公共圏に自らの身体を投入することでエリート輿論を乗り越えようとしたのである．そのことは戦時期日本の提灯行列も含めてファシズムに特有な世論現象ではなく，同時期のアメリカやイギリスでも街頭行進やパレードは政治意思の表明としてさかんに行われていた．映画が複製した「大衆の運動」の到達点は，その最大規模の動員，すなわち第二次大戦であった．

総動員メディアとしてのトーキー映画
　それゆえ，総動員体制期のメディアの代表として，本章ではトーキー映画を取り上げる．日本の場合，1937年トーキー映画製作の専門企業として，東宝映画株式会社が成立した．1939年には「我が国初の文化立法」，映画法が公布された．それは新聞紙等掲載制限令(1941)，国防保安法(1941)，言論出版集会結社等臨時取締法(1941)など消極的な「統制」法規とは異なり，積極的な「動員」法規である．
　だが，こうした状況は何も日本だけのことではない．以下で見るように，世界恐慌と前後して登場したトーキー映画は，アメリカではニューディール，イギリスでは1931年以後の挙国一致内閣，ドイツではヒトラーの「国民革命」と結びついて，大衆動員の中核的メディアとなった．映画は内容の大衆性，視聴の集団性と反復性において最強の宣伝メディアであった．
　また，トーキー化は解説付きのニュース映画を発展させ，映像ジャーナリズムとして「週刊ニュース映画」を成立させた．新聞雑誌やラジオと違って，ニュース映画は上映が始まると内容で視聴を選択する余地はない．主体的，自主的に映画館に入ったとしても，その視聴はほぼ強制的となる．これまで娯楽メディアであった映画は，ここに最強の報道＝宣伝メディアとして浮上した．占領下の「戦後」日本で新聞，出版，放送の検閲が解除された後も，GHQが最後まで手放さなかったのはニュース映画に対する事前検閲である．
　いずれにせよ，第二次大戦を挟んだ1930年代から1950年代，トーキー映画の黄金時代に現代のシステム社会は成立している．

第2節　総力戦とシステム化

1937年体制＝国民精神総動員システム

　戦後システムが総力戦体制下における社会経済面での変貌に由来することは，「1940年体制」論として知られている．1937年戦時計画経済システムの立案のために企画院が設立されて以降，1940年大政翼賛会結成に至る新体制運動とともに源泉徴収制度(1940)，終身雇用を制度化した従業者移動防止令(1940)，年功序列賃金制を確立した賃金統制令改正(1940)などが実施された．総力戦は社会の合理性，効率性を極限まで追求し，先進各国において階級社会からシステム社会への移行が加速化された．

　システム社会化とは，受け手の「階級」「世代」「性差」による利害対立を「国民」という抽象性の高い次元で解消し，他律的強制に代えて個人の主体性や自主性をシステム資源として動員可能にすることである．それは英米戦勝国のみならず，日独敗戦国の戦時動員でも確認できた．その意味ではナチズムを戦後の西ドイツ民主主義への「ヒトラーの社会革命」(デイヴィッド・シェーンボウム，1966)と見なす理論も，太平洋戦争を日本の戦後民主主義にとって「役に立った戦争──戦時政治経済の遺産」(ジョン・ダワー，1990)とする歴史観も説得力がある．

　現代メディア・システムの画一性と閉鎖性，これが日本の特殊状況でないことはすでに見てきた通りだが，その由来を批判的に検討する本書では，戦後システムの起点を国民精神総動員体制が成立した1937年に置いておきたい．

　この年は日中戦争勃発の年であり，内閣情報部の設置により情報宣伝体制の構築が加速化している．総力戦がそれ以前の戦争と質を異にするのは，本来「動員」と不可分であった「復員」が準備されず，戦争状態の"日常化"において「総動員」が行なわれたことである．この総動員システムは戦後も「経済参謀本部」(チャーマーズ・ジョンソン，1982)，通商産業省(現・経済産業省)主導の高度経済成長を経て今日に至っている．1945年の敗戦によって戦闘員の復員はなされたとしても，総動員された精神の復員は半世紀後のバブル崩壊，いわゆる「経済敗戦」を経てもいまだに行なわれてはいない．

統合メディアから細分化メディアへ

この総力戦によるシステム社会の確立によって，メディアの機能は大きく変化した．それまで階級や民族を国民化する上で統合機能を発揮したマスメディアは，システム社会においては，社会の絶え間ない流動化を維持する文化細分化機能を発揮するようになった．トーキー映画こそ，統合メディアから細分化メディアへの劇的な転換を，その黄金期に体験したメディアである．

システム社会は，コミュニケーションの予測と反応とを通して相互に規定しあう幾重もの選択過程を常に前提とする．大衆の欲望はメディアを通じた「主体的な選択」によって全体システムに絶えず回収される．このシステムは自らを組織化するために，メディアを無数に多様化させ，コミュニケーション過程を無限に細分化，分節化していった．また，この自己組織化のために次々と「ニューメディア」が生みだされ，旧メディアはますます機能的に細分化された．例えば，1960年代以降の映画産業は，テレビが国民国家システムの夢工場になると同時に，ラジオとともに，より特化した嗜好の観客に応える細分化のメディアとなっていった．人々は細分化された作品を主体的に視聴することで合意形成のプロセスに組み込まれていく．システム社会で大衆を動かすためには，もはや政治警察によるテロルも公然たる検閲制度も必要はないのである．

サブカルチャーのメディアへ

かくしてテレビ時代には特撮技術を駆使したスーパーB級映画が登場し，観客層をマイノリティ集団に特化したジャンル映画が量産されはじめた．特に映画館は若い観客に狙いを絞ることで，テレビとの競争に生き残り，細分化されたアイデンティティをシステムに回収する文化装置となった．

ジャンル映画は自分の感情や行動をその映画に重ねて鑑賞するファンを対象に製作される．映画館はサブカルチャーの構成員が作品への解釈を共有できる場所を提供していた．例えば，やくざ映画というジャンル映画は1960年代の学生運動と結びついていた．1968年1月の東大紛争勃発と，任俠映画の様式美を極めた《博奕打ち・総長賭博》の封切りは重なっている．イギリスやドイツでもロック映画が若者反乱の中で人気を博し，ロック文化が成立した．むろん，いずれの反体制的サブカルチャーも全体システムに回収されていった．

総力戦で鍛え上げられた先進国の社会システムは，そうした多様性や対立関係を流動化しつつ制御できるまでに成熟している．大衆文化を細分化することで，テレビ時代の映画は全体システムに貢献してきた．

デジタル時代の統合メディアへ

こうした文化細分化の機能は，映画というメディアには最初から備わっていた．劇場映画とほぼ同時に個人が撮すアマチュア映画も成立していたからである．つまり，映画史は今日普及したホーム・ビデオの前史として考察することができる．特に1932年コダックが家庭用に売り出した8ミリ映写機は，各国で多くの映画サークルを生みだし，多彩なコンテストが行われた．撮影された家庭映画は写真アルバムと同様，旅行，スポーツなど家庭行事を主要なテーマとしていた．記録写真から記録動画の所有へと発展した欲望は，1980年代の家庭用ビデオレコーダーでさらに大衆化した．

1950年代，映画がテレビに対抗して打ち出したワイドスクリーンは，今日ではワイド化された液晶画面によってテレビに吸収された．1980年代のビデオレコーダーとケーブルテレビの普及は，集団視聴のリュミエール方式シネマトグラフの黄昏であって，逆に言えば個人が小箱を覗きこんだエジソン方式のキネトスコープへの回帰であった．世界最大の動画配信会社 Netflix (1997) も映画 DVD のレンタルサービスからスタートしているが，社名の「フリックス」は映画館を意味する flicks に由来している．この「ネット映画館」は多様なサブカルチャーの細分化を促しつつ，グローバルに成長を続けている．

こうしたモバイル端末による映画鑑賞の文化細分化に対して，リアルな映画館は文化統合機能を取り戻しているようにも見える．日本では2016年に映画館の入場収益が過去最高を記録している．大ヒット作の劇場鑑賞はマジック・ランタン (本書 p.98) への回帰とも言えるだろうか．

第3節　アメリカ——ニューディールのメディア

トーキー技術の経済問題

トーキーの構想はサイレント時代に遡る．エジソンの蓄音器「フォノグラ

フ」の発明(1877)は映画「キネトスコープ」(1891)よりも早く，自らも音響映画システム「キネトフォン」(1895)を考案している．音波を光学的にフィルムに記録，再生して，それを増幅するというトーキーのための技術的前提は，すでに第一次大戦直後には整っていた．しかし，劇場の改造を含む巨額の設備投資から，トーキー化への興行的関心は低かった．

そうした状況下，話題作りのための呼び物としてトーキー技術を採用したのは，積極的な事業拡大に打って出たワーナー・ブラザース社だった．歌唱部分をトーキー化した《ジャズ・シンガー》(1927)が評判となったため，続けて最初の完全トーキーとして《紐育の灯》(1928)が作られた．ミッキーマウスものの第1作，サウンド・アニメ《蒸汽船ウィリー》(ウォルト・ディズニー，1928)もこの年の製作である．

プロダクション・コード

初期映画に見られた「演劇の缶詰化」を危惧して，チャップリンをはじめ多くの監督は無声映画の芸術性に固執したが，ラジオ時代の大衆の欲望はトーキー化に向かっていた．トーキー化が新たに開拓したジャンルとして，音楽を聴かせる「ミュージカル」と銃声を効かせる「ギャング映画」がある．いずれも黄金期ハリウッドを象徴するジャンルとなった．

ギャング映画は「メディアと暴力」という今日まで続く問題を提起し，「映画調査協議会」は1929年から1932年まで映画が国民生活へ及ぼす影響を社会科学的に調査した．そのデータを宣伝用に使ったヘンリー・J・フォーマンの『映画が育てた子供』(1933)が出版されると，新たな映画検閲の必要を訴えるキャンペーンがカトリック教会などを中心に展開された．政府の介入を避けるため，この「礼節同盟」（リージョン・オブ・ディセンシー）への懐柔策として，映画製作者の側から新たな自主規制が行なわれた．

1930年イエズス会士の協力を得て映画製作倫理規程(いわゆるプロダクション・コード)が制定され，その検閲執行機関として1934年製作倫理規程管理局，通称「ブリーン・オフィス」が組織された．プロダクション・コードの厳格な適用により，ギャング映画は下火になった．もっとも，それ以上に迫力のある戦争映画の暴力表現はほとんど問題にされなかった．この規程による性愛，宗

教，暴力のシーンの削除は，社会的影響力が完全にテレビに取って替わられる 1966 年まで続いた．それ以後は倫理規程にかわって，イギリスをモデルとした格付け制度(レイティング・システム)が採用された．17 歳未満は保護者同伴の必要な R，成人指定の X などである．

金融資本と「メジャー」

トーキー化は設備投資を必要とし，ウォール街の金融資本が直接ハリウッドに乗り込む契機となった．サウンド技術の特許も，モルガン財閥系の AT＆T とその傘下の WE 社，ロックフェラー財閥系の RCA に握られていた．興行界でも全上映作品を同一会社の作品でまかなう専門館システム，いわゆるブロックブッキング制度が普及し，資金力をもつ「メジャー」の独占体制が確立した．

こうして 1930 年代のハリウッドは全盛期を迎えた．撮影スタジオ，配給会社，上映館のすべてを所有し，企画から興行までを支配する「スタジオ・システム」を確立したパラマウント，ワーナー・ブラザース，MGM，20 世紀フォックス，RKO，ユニバーサル，コロムビア，ユナイテッド・アーティスツの「8 大メジャー」は，配給の 95％ を独占した．特にパラマウント，ワーナー，MGM，20 世紀フォックス，RKO の「ビッグ 5」は，アメリカ映画のほぼ 80％ を製作し，総興行収入の 88％ を稼ぎだした．

ニューディールと映画宣伝

トーキーは好評だったが，ローズヴェルト政権が成立した 1933 年にはメジャー各社の財政状況は悪化していた．ローズヴェルトは映画産業を全国産業復興法(NIRA)施行の対象に加え，TVA(テネシー川流域開発公社)を解説する《河》(ペア・ロレンツ監督，1937)などニューディール啓発映画を製作させた．ローズヴェルト政権時代にハリウッドのスタジオ・システムは頂点を極め，主要スタジオが特徴あるスタイルの映画を量産した．1938 年司法省は反トラスト法違反で「8 大メジャー」を告発したが，最高裁が「ビッグ 5」に傘下の劇場チェーン解体を命じたのは戦時体制が解除された 1948 年のことである．

一方，ローズヴェルトは 1938 年，農業調整管理局の下，合衆国映画サービス(USFS)を設置し，ニューディール政策の広報活動を本格化した．この組織

は参戦後，戦時情報局映画部の中核となる．ラジオ宣伝を補強するため，事前に収録されたニュース映画版「炉辺談話」も製作された．

　グラフ雑誌のタイム・ライフ社と提携してルイ・ド・ロシュモンが 1935 年に始めた週刊ニュース解説映画《マーチ・オブ・タイム》，RKO が 1942 年より製作を始めた《ディス・イズ・アメリカ》など，時局ニュース映画はグラフ雑誌のテクニックを吸収しながらやがてテレビ時代に花開く映像ジャーナリズムのスタイルを形成していった．

　また，こうしたワシントンとハリウッドとの蜜月は，民主主義の夢を謳いあげたフランク・キャプラ監督《スミス都へ行く》(1939)に代表される「ニューディール・コメディ」を生みだした．

戦争景気と戦時宣伝
　第二次大戦が勃発した 1939 年の二大ヒット作が，南北戦争を扱った《風と共に去りぬ》(ヴィクター・フレミング監督)とアパッチ族を撃退する西部劇《駅馬車》(ジョン・フォード監督)であることは象徴的である．ローズヴェルトは中立とともに国家非常事態を宣言し，映画館は上映終了時に国歌を流すようになった．参戦の意志を固めた 1941 年 7 月には対外情報収集の情報調整局(OCI)，同 10 月には国防情報を普及させる情報普及局(OFF)を設立していた．

　1941 年 12 月 7 日真珠湾攻撃によって参戦が実現し，12 月 16 日検閲局，翌 42 年 6 月には対外宣伝のための戦時情報局(OWI)が設立された．映画は戦時重要産業に指定され，戦時情報局映画部は，対外宣伝ニュース映画《ユナイテッド・ニューズリール》や，前線向けに《陸海軍スクリーン・マガジン》を製作した．国内が戦場とならないアメリカで国民の戦意を高揚させるべく，戦争目的を啓発する映画が量産された．戦争中のハリウッド映画の約 4 分の 1 は国策に協力する戦意高揚映画で占められたが，メロドラマ，ミュージカルなどの現実逃避的な映画も流れ作業的に量産された．ただしアカデミー賞を受賞したメロドラマ《カサブランカ》(マイケル・カーティス監督，1943)が典型的なように，現実逃避と戦意高揚に厳密な境界は存在しない．

　戦時重要産業の指定によって，映画人は兵役を免除されたが，俳優組合は特権返上を声明し自ら積極的に入隊した．スター女優も慰問活動や戦時公債キャ

ンペーンなどに参加した．フランク・キャプラは，陸軍少佐として戦争啓発シリーズ《われらはなぜ戦うか》(1942-44)を監督した．その中でも人種偏見を煽りあげた教育用宣伝映画《汝の敵，日本を知れ》(1944)は「ニューディール・コメディ」のとんでもない傑作である．戦争であれ政治であれ参加=動員こそ，ニューディール=総力戦期の映画を貫くテーマであった．ジョン・フォードが参加した戦略事務局(OSS)は，戦後になって中央情報局(CIA)と改称された．

新たな「敵」を求めて

トルーマンが共産主義封じ込め政策により「冷戦」を宣言した1947年，下院非米活動調査委員会は「映画産業への共産主義の浸透」に関する公聴会を開き，共産党と関係のあった脚本家・監督10人(ハリウッド・テン)を追放した．同委員会は1938年にアメリカ国内の親ナチ勢力を監視する目的で設置され，1941年には反ユダヤ主義を唱える「ドイツ系アメリカ人協会」を解散させている．第二次大戦後は冷戦勃発により監視対象はソビエト協力者となり，マッカーシズムの台頭とともに「赤狩り」の主要な舞台となった．

戦争景気を謳歌していたハリウッドは，1946年に空前の高収益を記録した．しかし，これをピークとして観客動員数は減少に転じ，映画は国民的娯楽の地位をテレビに奪われた．その象徴はニュース映画の消滅である．1951年《マーチ・オブ・タイム》が打ち切られ，そのスタッフはテレビ局に吸収された．

テレビとの差異化から巨額予算を投じた超スペクタクル映画，聖書もの《ベン・ハー》(ウィリアム・ワイラー監督，1959)や，戦争もの《史上最大の作戦》(ダリル・ザナック製作，1962)などが登場した．しかし，見せ物的な初期映画への復帰というべき大画面映画も，アポロ11号の月面上陸(1969)によってジョルジュ・メリエスの《月世界旅行》(1902)が実現されてしまえば，もはや大衆の視線を釘付けにはできなかった．

さらに，1970年代以後，スペクタクル映画の舞台は《スター・ウォーズ》(ジョージ・ルーカス監督，1977)のように宇宙空間が中心となった．冷戦末期には《ランボー3 怒りのアフガン》(ピーター・マクドナルド監督，1988)のような極端な反ソ的暴力映画もあったが，ファシズム vs. 民主主義，さらに共産主義 vs. 自由主義の記憶も風化した現在，大衆が遠慮なく憎悪でき，その抹殺に喝采で

きる「敵」は，すでに宇宙のエイリアンしかいなくなったと言えようか．

映画スタジオからコンテンツ企業へ

21世紀においてもハリウッド「メジャー」は多メディア多国籍企業が入り乱れたM＆A（合併・買収）でシンボリックな役割を演じている．今後も再編は繰り返されるはずであり，ここではプロセスを省略して2018年現在の状況を整理しておこう．

パラマウントは，1994年にケーブルテレビ事業のバイアコムに買収され，2005年からCBSコーポレーションと分社化した新バイアコムの傘下にある．ワーナー・ブラザースは，1989年に出版社タイムに吸収合併されタイム・ワーナーとなり，2018年にAT＆Tに買収されワーナーメディアとなった．20世紀フォックスは，1984年メディア王マードックに買収され21世紀フォックスとなり，2018年にウォルト・ディズニーの傘下に入った．ユニバーサルは，1990年に松下電器産業に買収されたが，NBCユニバーサルを経て，2009年ケーブルテレビ事業のコムキャストの傘下に入った．コロムビアは，1989年に総合家電メーカー・ソニーの在米子会社ソニー・ピクチャーズ・エンタテインメントに買収され，その系列会社となった．

2018年現在，ハリウッド「メジャー」買収で外国企業の成功例はソニーのコロムビア買収だけのように見える．もっとも「外国企業」という概念がグローバル・ビジネスで通用すれば，の話ではある．

第4節　イギリス ── 国内産業保護の限界

映画の「イギリス病」

アメリカでトーキーが初公開された1927年，イギリス映画産業は低迷のどん底にあった．前年の公開映画749本のうち，国産映画はわずかに36本にまで落ちこんでおり，これを見かねた政府は，国産映画の比率を1935年までに20％以上に増加させる上映割り当ての「スクリーン・クォータ」を盛りこんだ改正映画法（1927）を成立させた．こうした国家の介入は映画興行にも及んだ．主日厳守協会など有力な道徳団体の圧力で，1909年映画法は映画の日曜営

業を禁じていた．実際には日曜日収益の一部をチャリティとすることで営業されていたが，トーキー導入時に問題は再燃した．1932年成立した新たな日曜娯楽法は全興行の日曜営業を解禁したが，収益の5％を通産省映画基金局に寄付することが義務づけられた．この基金により1933年国家補助による英国映画研究所（BFI）が設立された．こうした公的助成の下で，アスキス元首相の息子アンソニー・アスキスや，「スリラー映画の創始者」アルフレッド・ヒッチコックなど，趣味のよいインテリ監督が頭角を現した．この結果，イギリス映画は知的で洗練された作風との評価を得るわけだが，それは市場での自由競争を放棄する「イギリス病」の言い訳にも利用された．

階級社会の映画

他のヨーロッパ諸国ではトーキー化直後は，演劇的伝統によってハリウッド支配への巻き返しが行なわれた．しかし，階級社会イギリスでは，この演劇的伝統がかえって障害となった．

ミュージカル《マイ・フェア・レディ》の原作，バーナード・ショー『ピグマリオン』(1913)が示すように，ウエスト・エンドの舞台で使われる「クイーンズ・イングリッシュ」のニュアンスは，ロンドン下町のコクニー訛りで話す大衆には伝わらず，大衆にはむしろ気取りのない米語映画が好まれた．トーキー映画は階級社会にはそぐわないメディアであった．

ユダヤ系ハンガリー人アレグザンダー・コルダによって1932年設立されたロンドン・フィルム社の国際的成功は，この事実を裏打ちしている．コルダはユナイテッド・アーティスツ社の役員となり，同社ルートで自社作品を国際配給した．それは「ハリウッド帝国の属州」になることで得られた特権である．

「属州化」を防ぐべく導入されたクォータ制度の弊害はすぐに明らかになった．1936年には規定の20％を超える212本が国産されたが，ハリウッド製の主菜に添える前菜のような低予算映画，いわゆる「クォータ・クッキーズ」が大半だった．それでも1938年，議会はクォータの比率を50％に高めるため10年間の制度延長を決議した．

こうした需要なき供給過剰から破産する製作会社が相次ぎ，これを好機としてハリウッド「メジャー」は続々とイギリスに上陸した．MGMは，ロンド

ン・フィルムのデナム撮影所でクォータのイギリス映画枠を利用して，アメリカ人サム・ウッドの監督による，ある意味でもっともイギリス的な映画《チップス先生さようなら》(1939)を製作した．この作品は第二次大戦勃発の直前に公開され，主演のイギリス人俳優ロバート・ドーナットは1940年のアカデミー主演男優賞を《風と共に去りぬ》のクラーク・ゲーブルを退け受賞した．

記録＝戦争映画

　非商業映画では，イギリスのドキュメンタリー映画が1930年代に一時代を築いた．しかしそれは，第一次大戦における宣伝映画の成功(本書 p. 131)の遺産であり，保護主義的な官僚国家で成立した独自なプロパガンダ映画と言える．アメリカのエンターテイメント映画に対するイギリスのインテリジェンス映画と言えなくもないが，そのインテリジェンスには「知性」や「思考力」というよりむしろ「情報機関」という訳語がふさわしい．

　その金字塔的作品は，ジョン・グリアスンが帝国通商局(EMB)の広報活動として撮影した《流網船》(1929)である．グリアスンは，1933年以後は郵便総局(GPO)の映画班を組織して多くの監督を育てた．

　郵便総局の映画班は，第二次大戦が勃発すると情報省の指揮下に置かれニュース映画や戦時ドキュメンタリーを製作する．1940年クラウン・フィルム・ユニットと改称され，実写とも創作とも区別のつかない「記録映画」が量産された．ナチ親衛隊がチェコで引き起こしたリュウディス村虐殺事件をウェールズで再現した《沈黙の村》(1943)，前線で対峙する「両軍兵士の様子」を哀愁漂うメロディで綴った《リリー・マルレーンの実話》(1944)は，「戦時下の詩人」ハンフリー・ジェニングズ監督のヒット作である．大戦中，週平均3000万人が入館し，イギリス映画は一度限りの輝きをこの戦争によって獲得した．

戦時映画の遺産

　クラウン・フィルム・ユニットは1951年解散したが，情報省が育てた才能と記録映画の技法はイギリス映画の遺産となった．

　《第三の男》(1949)のキャロル・リードは，《最後の突撃》(1944)で認められ，Dデイの英米合作記録映画《真実の勝利》(1945)を編集した．《戦場にかける橋》

(1957),《アラビアのロレンス》(1962)のデイヴィド・リーンのデビュー作は《われらの奉仕するところ》(1942)である．1939年ハリウッドに渡ったヒッチコックも，情報省に一時呼び戻されフランス・レジスタンスの活動を描いた短編を製作している．国民意識高揚のための歴史大作や，「逃避映画」と呼ばれたメロドラマも多く作られた．

戦時体制のなかで，映画産業の集中化が進んだ．1934年に英国国民映画社(BNF)を創設した実業家ジョーゼフ・A・ランクは，興行部門から支配を広げ，終戦時にはイーリング，シネ・ギルドなど7つのユニット・プロダクションをはじめ製作部門の8割を傘下におさめた．こうした資本の集中も戦時中の繁栄を支えた．しかし，「ランク帝国」の基盤は興行部門であり，収益ではハリウッド映画に大きく依存していた．そのため，戦後にメジャーが本格的進出を始めると，ランクは製作部門をあっさりと切り捨てた．

アメリカ化

終戦直後，福祉国家化と産業国有化を掲げて成立したアトリー労働党政権は，世論製造機としての映画に，大きな期待を寄せていた．

イギリス映画産業保護のため1946年アメリカ映画の輸入税を75%まで引き上げ，1949年には国民映画金融公庫(NFFC)が設立され，国産映画は全面的に支援された．輸入税は興行界の反発にあって1948年廃止されたが，それに代えて映画収益の国外持ち出しを規制した．そのため，「メジャー」はイギリスでの現地製作を本格化し，アメリカ資本の流入により1950年代には「純イギリス映画」という定義そのものが成立しがたいものになった．

結局，イギリス映画産業が市場商品としての映画を作ることはなくなった．活字メディアと異なって膨大な人手と資本を必要とする映画産業は，安定した大衆市場を必要としていた．ハリウッド帝国の侵入を阻む言語的国境のないイギリスでは，自動車産業と同様，映画産業の発展には最初から限界があった．

もっとも，ステイタス・カーを作るローバー社やロールスロイス社は，外国資本の傘下に入ってもなおイギリスらしさを失わない．しかし，映画はそうした階級的奢侈品ではなかった．

「007」の今後

　イギリスの映画観客数のピークは1946年の16億人であったが，1953年6月のエリザベス女王戴冠式でテレビが普及すると，1960年5億人，1970年には2億人を割りこんだ．観客数減少による収入減を入場料値上げで埋めたため，映画離れはますます加速した．

　ドキュメンタリー調の劇映画をして「バルコン・タッチ」と呼ばしめたマイケル・バルコン率いたイーリング撮影所も，1956年BBCテレビに売却された．記録映画の伝統はBBCテレビの国際的名声を用意したと言えるだろう．敢えて言えば，それ以後のイギリス映画は《ドクター・ノオ》(テレンス・ヤング監督，1962)に始まる「007」シリーズのみに集約できるが，冷戦の終焉は魅力的なスパイが活躍する物語をも成立不能にしてしまった．

第5節　ドイツ——政治の審美化

「私はヒトラーを見た！」

　多くのドイツ国民にとって，ヒトラーを最初に「目撃」したのは，ニュース映画の中であった．ヒトラーの演劇的な身振り，飛行機を使った全国遊説，ニュルンベルク党大会の街頭行進など国民社会主義運動のすべてはニュース映画にふさわしく組織されていた．

　実際，ドイツのトーキー化はナチズム台頭期と重なった．1927年党大会以来，独自の宣伝映画製作を進めてきたナチ党は，1932年の大統領選挙運動では，各地でヒトラー演説映画の上映会を組織できるまでに成長していた．

トーキー＝トラスト化

　トーキー化はアメリカに2年遅れたが，1929年ドイツ独自のトービス・クラングフィルム方式を確立した．アメリカ同様，資本集中を必要としたトーキー化は，高度なトラスト化を促し，ウーファ，トービス，ババリア，テラの四大映画会社の市場支配が確立した(トービスは，法的にはオランダのインタートービス社のドイツ支社)．

　当時，ドイツは中欧市場を中心にアメリカに次ぐ映画輸出国であり，トービ

ス・クラングフィルム方式はヨーロッパ各国で採用された．1930年6月，パリでトーキー方式の国際協定が成立し，欧州大陸でのドイツ映画の地位は保持された．「言葉の壁」を越えるべく，ウーファ，トービスはフランス語や英語の吹替版を製作した．ウーファとパラマウントの共同製作《嘆きの天使》(1930)でマレーネ・ディートリッヒは最初から本人が英語版を吹き込んだ．

ナチズムの日常化

トーキー化後もゲオルク・パプストは反戦映画《西部戦線1918年》(1930)や資本主義社会の偽善を風刺した《三文オペラ》(1931)など傾向映画の傑作を残した．大ヒットした《三文オペラ》はドイツ語版とフランス語版が同時に撮影されていた．しかし，トーキー映画全体としては現実逃避的なオペレッタ映画がトーキーの特色を生かして人気を博した．

一方，サイレントで人気を集めた「山岳映画」(本書 p. 111)は，迫力ある音声の登場で戦争山岳映画に発展した．ルイ・トレンカー監督の《火の山》(1931)や《アルプスの血煙》(1933)はナチ党機関紙が絶賛した娯楽大作であった．また，「フリデリクス映画」の傑作《サンスーシの笛合わせ》(1930)の監督グスタフ・ウチッキがUボート戦を描いた新作《朝焼け》の封切りには，政権獲得3日後のヒトラーが，経済相兼農相フーゲンベルクとともに臨席した．

映画界は第三帝国成立に先んじてナチ化していたと言えよう．娯楽映画であれ宣伝映画であれ，大衆の欲望や美意識を無視しては映画館に観客を動員できない．その意味で，映画には大衆の心性が反映されていた．クラカウアーによれば，「大多数のドイツ人は自ら進んで全体主義の支配に順応したのであり，それは単なる宣伝とテロルの結果ではあり得なかった」．

国民啓蒙宣伝省

政権獲得の2カ月後，ヒトラーは国民啓蒙宣伝省を新設した(本書 pp. 74, 162)．ナチ党宣伝部長ゲッベルスが大臣に就任し，7部局(第一部・立法・総務，第二部・宣伝，第三部・放送，第四部・新聞，第五部・映画，第六部・演劇・美術・音楽，第七部・対敵宣伝)で出発した宣伝組織は，地方組織や多数の外郭組織を擁した一大国家装置に発展していった．

第五部には内務省より映画検閲事務が移管された．ゲッベルスは3月28日，映画関係者を前に講演し，「国民社会主義的な《戦艦ポチョムキン》を作れ」と檄を飛ばした．《戦艦ポチョムキン》(セルゲイ・エイゼンシュテイン監督, 1925)はソビエトが「第一次ロシア革命20周年記念」に製作したプロパガンダ映画の傑作である．

6月には映画信用銀行(フィルムクレディットバンク)が設立され，ハリウッド映画に対抗すべく映画会社に財政的援助が与えられた．さらに，イギリスのスクリーン・クォータ制に相当する映画割当法(コンティンゲントゲゼッツ)(1925)を改正して，アメリカ映画の進出を抑えた．映画関係者は7月設立された映画会議(フィルムカマー)に組織され，9月22日公布された帝国文化院法でこの統制組織は法的に制度化された．

こうした中，ドイツを代表するプロデューサー，エーリヒ・ポマー，監督フリッツ・ラングなど多くのユダヤ系映画人がハリウッドに流出した．

こうした一元化の仕上げとして，「映画法(リヒトシュピールゲゼッツ)」(1920)が1934年2月改正され，国民社会主義世界観に基づく検閲が明文化された．ただし，文面では検閲(ツェンズァ)ではなく，あくまで試験＝検査(プリューフング)であった．1938年，ウーファの映画都市バーベルスベルクにドイツ映画アカデミーも設立された．

ただし，新聞統制(本書 p.74)で触れたように，ナチ体制は多頭支配であらあゆる領域で縄張り争いが生じていた．宣伝相兼帝国文化院総裁ゲッベルスは「ドイツ映画の庇護者」を自任して映画界に君臨したが，すべての映画を自由にできたわけではない．

リーフェンシュタールとニュース映画

例えば，映画界にはヒトラーも個人的な影響力を発揮していた．自ら大衆人の典型であったヒトラーは，熱烈な映画ファンであり官邸には上映室が設けられた．ゲッベルスの意思に反し，ヒトラーは山岳映画《聖山》(アーノルド・ファンク監督, 1926)で女優デビューしたレニ・リーフェンシュタールを，1933年と翌34年のニュルンベルク党大会の「記録」映画監督に指名した．

この《信念の勝利》(1934)と《意志の勝利》(1935)の映像は，今日まで私たちの脳裏に焼きつくナチ美学を確立することになった．亡命者ベンヤミンは論文「複製技術時代における芸術作品」(1936)で，「政治の審美化」であるファシズ

ムの大衆的魅力を分析し，それに対抗できる共産主義の「芸術の政治化」の必要を説いた．その政治的処方の破綻は明らかだが，ファシズムの本質が「政治の審美化」であることは間違いない．

それでも，リーフェンシュタール《意志の勝利》の「美しさ」がファシズムに特有なものか否かは十分検討の余地がある．アメリカのニューディール映画やイギリスのクラウン・フィルムと，はたして本質的な差異はあるのだろうか．

1936年ベルリン・オリンピックを彼女が撮影した《オリンピア》二部作，《民族の祭典》《美の祭典》(1938)は，記録映画の芸術性の頂点であり，それ以後のオリンピックの「絵になる」スタイルを打ち立てた．

開戦後，宣伝省は新聞・ラジオ・映画の取材班を「宣伝中隊」PKと名付けて前線へ送り出した．その映像は戦争写真誌『シグナル（ジグナール）』やニュース映画《ドイツ週刊ニュース（ディ・ドイチェ・ヴォッヘンシャウ）》として使われた．この20分のニュース映画は，1940年から宣伝省で編集され，全映画館での上映が義務づけられた．また，その映像はポーランド戦の《戦火の洗礼》(宣伝省映画局長フリッツ・ヒプラー監督，1940)，西部戦線の勝利を記録した《勝利の歴史》(スヴェン・ノルダン監督，1941)などの長編ニュース映画でも利用されている．

しかしスターリングラード戦の敗北後，ヒトラーのニュース映画への登場は激減し，ニュース映画が作りあげた「総統神話」は急速に瓦解していった．

モラル装置としての娯楽映画

第三帝国時代の映画については，あたかもリーフェンシュタール監督の記録映画や，反英宣伝映画《世界に告ぐ（オーム・クリューガー）》(ハンス・シュタインホフ監督，1941)，反ユダヤ人映画《さまよえるユダヤ人（デア・エーヴィゲ・ユーデ）》(フリッツ・ヒプラー監督，1940)，《ユダヤ人ジュス（ユーダ・ジュス）》(ファイト・ハーラン監督，1940)の類が主流であったかのように語られてきた．こうした純粋宣伝映画がドイツ国内で喧伝されたことは確かだが，それはナチ時代に作られた劇場映画1150本の5%ほどにすぎない．実際には，宣伝目的のニュース映画の後で上映された劇場映画は，ほとんど大衆の欲望を反映させた娯楽映画だった．それゆえ，人々は日常的な連続性においてナチ映画を楽しむことができた．

1941年までには政府がウーファ，トービス，ババリア，テラの四大映画会

社の株式を取得し，映画産業の国有化が実現された．こうした映画のナチ化は，戦後ドイツ映画の低迷と直接結びつけて質の低下として論じられることが多い．しかし，そもそも質の良い映画が必ずしも人気のある映画ではない．第三帝国期末期にも観客数は上昇を続けていた．

　第三帝国の映画文化を彩るのは，一部の宣伝映画を除けば観客に親密な雰囲気を醸しだすだけのお手軽な「気晴らし映画」であった．観客の期待に反することなく気軽に楽しめる物語を展開させたオペレッタ映画，探偵映画，メロドラマや「郷土映画（ハイマートフィルム）」などである．紋切り型とステレオタイプに満ちたこの種のB級作品には，その社会の道徳的価値と文化的規範が濃縮されていた．特にドイツ・アルプスの山村を舞台として量産された「郷土映画」はアトム化された都市大衆に民族的伝統を伝え，国民共同体への帰属感を共有させた．その意味では，その荒唐無稽な非日常性にこそ人々は「リアリティ」を感じたのである．芸術映画史で黙殺されるこうしたジャンル映画は，ワイマール期も第三帝国期も，戦後ドイツでテレビのホームドラマにその地位を奪われるまで，連続的に製作され続けた．

　1942年，すべての映画製作会社は，一つの統括会社 Ufa-Film GmbH，通称 UFI コンツェルンに吸収された．新たな国有会社には，国際的知名度から「ウーファ」の名称が引き継がれた．興行では国内7000館を統括するドイツ映画劇場会社 DFT，配給では西はフランスから東はウクライナまで，北はスカンジナビアから南は地中海まで広大な占領地域を担当したドイツ映画配給社 DFV が設立された．第三帝国期の人気女優，スウェーデン人のツァラ・レアンダー，ハンガリー人のマリカ・レック，チェコ人のリダ・バーロヴァは，第三帝国映画の国際性を反映している．ウーファ創立25周年を記念して，ハリウッドのテクニカラー《風と共に去りぬ》を超えるべく，独自開発のアグファ・カラーを使った娯楽大作《ミュンヒハウゼン》（ヨーゼフ・フォン・バーキ監督，1943）が封切られた．脚本は「ベルトルト・ビュルガー」ことエーリヒ・ケストナーが担当した．最後の超スペクタクル映画《コルベルク》（ファイト・ハーラン監督，1945）が公開されたのは，終戦3カ月前である．ゲッベルスはこの映画のエキストラとして18万7000人の兵士と5000頭の軍馬の出演を国防軍に要請した．また，雪原のシーンを撮るために南バイエルンからバルト海へ岩塩を

満載した数百輌の特別列車が手配された．ゲッベルスにとって，もはや戦争継続のための映画製作ではなく，この映画の完成ために戦争は続けられていた．その意味で，第三帝国が追い求めた栄華は，映画とともに消滅した．

第二次大戦後

敗戦により，UFI コンツェルンは解体され，国家補助は打ち切られた．しかし，ソビエトは占領地でのプロパガンダの必要から 1946 年 DEFA(デーファ)(ドイツ映画社)を設立させ，記念すべき第一作としてヴォルフガング・シュタウテ監督《殺人者はわれわれの中にいる》(1946) を送り出した．東ドイツは戦前の延長線上に国策として映画産業を復興させた．

一方西ドイツでは，映画製作の本格的再開は遅れた．ウーファの拠点ジルバーベルク撮影所は東ドイツにあり，ドイツ映画の有力市場だった中東欧地域がソビエト占領下におかれたためである．1951 年にベルリン国際映画祭が開催され，製作本数で 1955 年 128 本，映画館の観客動員数で翌 56 年 8 億 1800 万人まで回復したが，国外市場を喪失したドイツ映画は国家補助なしには成立しえなくなっていた．

1962 年に若手映画人は「オーバーハウゼン声明」を発表し，商業的な成功より芸術性な評価を求める新しいドイツ映画の製作を目標に掲げた．これを契機に映画助成法(1967)が成立し，やがて「ニュー・ジャーマン・シネマ」と呼ばれる作品が生まれた．それはインテリの世界で国際的名声を獲得したが，興行的に成功したとは言えない．

一方で，1980 年代に大ヒットした「ドイツ映画」としては，ウォルフガング・ペーターゼン監督の《U・ボート》(1981) や《ネバーエンディング・ストーリー》(1984) などが有名である．ただし，ペーターゼン監督は《U・ボート》以後はアメリカに移住しており，ハリウッドの監督というべきだろう．《ネバーエンディング・ストーリー》の原作はミヒャエル・エンデ『はてしない物語』(1979)だが，ドイツ人俳優起用とヨーロッパでの撮影を求めたエンデとの間で訴訟に発展している．「ドイツ映画」の存立の難しさを象徴している．

1980 年代にはビデオカセットやケーブルテレビにより「映画」視聴は多様化し，1989 年西ドイツでの観客動員数は 1 億 160 万人まで落ち込んでいた．

第6節　日本——戦時＝戦後の黄金時代

邦画ファンは下層，洋画ファンは上流

　欧米では興行者による肉声の内容説明はサイレント初期に存在しただけだったが，日本では活動弁士が，通称「活弁」として独自な発展を遂げた．しかし，パラマウント映画《モロッコ》(1930)で字幕スーパー方式が登場した1931年以後，活弁は急速に減少した．1934年製作作品のトーキー化率はまだ17%だったが，活弁の衰退とともに「活動写真」も「映画」に変わった．

　映画輸出国アメリカにとって，トーキー化の難点は「言葉の壁」であった．アメリカ映画はヨーロッパでは主に吹き替えが行なわれたが，日本では最初から字幕スーパーとなった．時代劇という独自な人気ジャンル（本書 p.116）が成立していた日本市場で，アメリカ映画のシェアは伸び悩んでいた．アメリカ商務省の内外通商局レポート『日本の映画』(1927)は，その背景として，「邦画ファンは下層階級，洋画ファンは上流階級」という二極構造の存在を指摘している．確かに，1936年の全国常設映画館1130館のうち，洋画専門館は都市部の64館のみで混合館433館を合わせても半数に満たない．それにもかかわらず，1927年にはハリウッド映画の登場人物のスタイルを真似た若者をさす「モガ」「モボ」（モダンボーイ，モダンガール）が流行語になっていた．

　映画はすでに国民的娯楽となっていたが，都市部の高学歴層を中心とした洋画ファンと地方の低学歴層を中心とした邦画ファンという断層は存在していた．

トーキー化と近代化

　この観客の階級差を強制的に平準化し，日本映画を国民文化にしたのはトーキー化と総力戦体制であった．国産トーキーの第1弾として，日活はフォノフィルム改良型の部分トーキー《ふるさと》（溝口健二監督，1930），松竹は土橋式トーキー《マダムと女房》（五所平之助監督，1931）を公開した．日本のトーキー化は，ちょうど満州事変(1931-32)と重なり，その国産化は国家的な要請だった．

　当時，新聞社はラジオニュースの速報性に臨場感で対抗すべく，ニュース映画の製作を本格化した．1931年9月18日満州事変が勃発すると朝日新聞社も

毎日新聞社も「第一報」のニュース映画を巡回上映した．翌32年1月には朝日新聞社は《輝く皇軍》を，毎日新聞社は《守れ満蒙》を劇場公開し，それぞれ大ヒットとなった．1934年からは「朝日世界ニュース」「大毎東日トーキーニュース」，37年から「讀賣新聞発声ニュース」などトーキー化したニュース映画が定期製作された．アメリカでは映画会社がニュース映画を製作したのに対し，映画資本が弱体な日本では新聞社が「目で見る新聞」として積極的に進出していた．戦後も，日本の新聞社はニュース番組を通じてテレビ局を系列化することに成功している．

　戦時下の文化統制の必要から，映画に対する国家の直接介入が強化された．1933年第64議会に提出された「映画国策樹立ニ関スル建議案」が可決され，翌34年内務省に映画統制委員会が設置され，さらに35年には官民合同の国家協力機関「大日本映画協会」が設立された．製作会社のみならず，映画フィルムの国産化もトーキー化とともに開始された．1934年，映画フィルムの国産化をめざして富士写真フイルム株式会社が設立された．戦時動員体制のなかで，軍需用，報道関係用に生産を伸ばし，1942年にカラーフィルムの試作に成功し，戦後は国際的なフィルム・メーカーに発展した．

　またトーキー化を契機に，新たな近代資本が映画界に進出した．宝塚少女歌劇団の東京公演のために小林一三(いちぞう)が1932年設立した東京宝塚は，興行，配給を傘下におさめた後，1937年PCL映画製作所，JOスタジオ，写真化学研究所を合併して，東宝映画株式会社となった．長谷川一夫や山田五十鈴らのスターを引き抜き，プロデューサー・システムによって製作を合理化し，日活，松竹と並ぶ大会社に成長した．

　1930年代における製作本数は年間500本ほどで，日本映画は質量ともに最大の黄金期に入った．1938年製作本数は580本に達し，アメリカの548本を抜いて見かけ上世界一の映画大国となった．ちなみに，全国の常設映画館数は1930年の1392館から1940年の2363館へ，映画観客人口は1930年の約1億6000万人から1940年の約4億人へと，飛躍的に増大した．

映画法とニュース映画

　1936年日独防共協定が締結され，これを記念する日独合作映画《新しき土》

(アーノルド・ファンク／伊丹万作監督，1937)が製作された．「新しき土」とは満州を指しているが，ドイツ版タイトルは《サムライの娘》である．日独の政治的思惑，文化的背景が異なっており，共同監督の二人が対立したためファンク版と伊丹版の異なる2本が作られた．その後に締結された三国軍事同盟(1940)の同床異夢を象徴する作品でもある．

　1939年4月5日映画の製作，配給，興行を統制する映画法が制定され，10月1日から施行された．全26条からなる法律はドイツの映画法を模倣したものであり，映画企業の許可制，映画製作従業者の登録制をしき，従来内務省令で行なわれていた脚本，フィルムの検閲が強化された．一方で，映画産業振興のため，文部省による優良映画の選奨制度，文化映画，時事映画，啓発宣伝映画の強制上映制度など積極的な行政指導策も盛りこまれた．映画法は内務省と文部省の主導で法制化されたが，1940年には情報局第五部(文化担当)第二課の管轄となり，興行関係の統制組織「大日本興行協会」が結成された．

　これを受けて，朝日・毎日・読売の映画班は1937年から「同盟ニュース」を製作していた同盟通信社映画部に統合され，1940年4月社団法人・日本ニュース映画社(社長・古野伊之助同盟社長，翌年に日本映画社と改称)が設立された．これにより，全国の映画館で同一の週刊「日本ニュース」が上映されることになり，同年10月からは対外宣伝ニュース映画「海外ニュース」の製作も開始された．ただし，これらは厳しい検閲のためほとんどが「行軍＋撃ち合い＝万歳三唱」の単純な方程式で量産された．もっとも，単純明快さは大衆宣伝が守るべき鉄則である．戦地における近親縁者の姿をしのぶため，それまで映画に行かなかった人もニュース映画を見に行くようになり，戦意高揚映画の学校単位の鑑賞も映画人口の拡大に貢献した．また，戦時下の物資欠乏により書籍やレコードなどパーソナルな大衆娯楽が減少し，時局化したラジオで娯楽番組が制限されると，映画はほとんど唯一の娯楽メディアとなり，国民大衆文化の首位に立った．

戦時統制と企業合同

　ニュース映画はともかく，日本の情報局がナチ宣伝省と同様に娯楽映画を政治的手段として正しく認識していたかどうかはわからない．大衆運動の活動家

だったナチ党幹部の映画観と，軍人を含む日本のエリート官僚の映画観には大きな隔たりが感じられる．もっとも，軍需に優先してまで娯楽映画を製作し続けた第三帝国の方が異常といえばいえようか．

フィルム不足から製作本数は減少し，1941年には232本となった．1942年には新興キネマ・大都映画・日活製作部門を軸に統合した大日本映画製作株式会社（通称「大映」，菊池寛社長）が成立した．かくして劇映画製作会社は，松竹，東宝，大映の3社体制となった．また，配給会社は映画配給社（映配）の1社になり，紅白二系統で運営された．1943年には外国映画の輸入業者も外国映画株式会社に統合された．敗戦直前には，映配と大日本映画協会を統合して社団法人映画公社（大谷竹次郎社長）が組織された．総力戦体制下で進められた製作の合理化と配給の一元化は，映画資本の集中化を推し進めた．それは50年代に日本映画が黄金時代を迎える前提となる．

戦後は「女性映画の巨匠」と呼ばれた吉村公三郎は『キネマの時代』(1985)で，啓蒙宣伝のメディアとして映画が優遇されていた戦時期をこう回想している．吉村も松竹映画《西住戦車長伝》(1940)で戦争映画を手がけている．

「映画人の社会的地位の最も高かったのは，太平洋戦争の最中であったと私は思う．どの映画会社も巨万の富を作り，駆け出しのニュース・カメラマンも巷を肩で風を切って歩いていた．……私たち若い映画監督は，ひとかどの社会啓蒙の指導者づらをしており，一様に国策病にとりつかれていた」

中国向け映画の製作のため，1937年には新京に満州映画協会（甘粕正彦理事長）が，1939年には南京に中華電影公司，北京に華北電影公司がいずれも国策映画会社として設立された．満映のスター女優李香蘭（山口淑子）は，日本でも人気を博し戦後は参議院議員となっている．

国家総動員法公布の1938年ヴェネチア国際映画祭で《五人の斥候兵》（田坂具隆監督）が大衆文化大臣賞を受賞したが，日本映画に国際的な影響力はほとんどなかった．また，戦争娯楽映画が量産された英米から見ると，ルース・ベネディクトが『菊と刀』(1946)で指摘しているように，艱難辛苦と自己犠牲を描く日本の戦争映画は反戦映画のように見えた．しかし，日米開戦後には円谷英二が特殊技術を担当した東宝映画《ハワイ・マレー沖海戦》（山本嘉次郎監督，1942）のように，戦後日本映画の十八番となる特撮怪獣映画の基礎も形成され

た．同じ東宝映画《ゴジラ》(本多猪四郎監督，1954)は，黒澤，小津映画と並ぶ国際的知名度を獲得している．ゴジラ映画は，戦時中の B29 による都市爆撃と 1954 年 3 月の第五福竜丸事件(アメリカ水爆実験)を背景に成立した「反戦映画」であった．だが，戦後復興とともに「ゴジラ」シリーズは主に南方の島々を舞台に怪獣が暴れ回る「南洋劇」となった．アメリカ人のフロンティア精神が「西部劇」に結晶したように，戦後日本の「南洋劇」は「伸ばせ皇國の生命線」(横山正徳作詞「太平洋行進曲」1939)の記憶をとどめているようだ．

「戦後」という虚構

　日本やドイツの映画史でも，人々は戦中と戦後との間に大きな断絶を認めがちである．その断絶史観は，「表現の自由」において帝国憲法体制と平和憲法体制が異質な空間だったという認識を前提としている．だが一方では，明治期の自由民権運動，「大正デモクラシー」，さらには戦前の社会主義運動という歴史の伏流とその蓄積の上に戦後民主主義が花開いた，という主張もある．この断絶と連続を整合するため，弾圧されたプロレタリア映画運動史に関心が向けられてきた．なるほど，このような，ありえたかもしれない「正しい発展」の可能性を示唆する歴史叙述は民主的かつ進歩的であるには違いない．だが，こうした民主主義と軍国主義のコントラストを強調する叙述から，現在のメディア体制が成立したプロセスを批判的に論じる視座を得ることは可能だろうか．

　戦前と戦後の断絶史観は進歩派ばかりではなく，占領軍による外からの改革を潔しとしない保守派によっても支持されてきた．戦後アメリカ占領軍が行なったメディア統制や検閲の研究から，江藤淳は「閉された言語空間」(1989)の成立を指摘している．そこでは「民主主義」「表現の自由」が極度に物神化され拝跪の対象となる一方，現実の言語空間は逆に厳格に拘束されて不自由化したという．江藤はアメリカの占領計画を次のように理解している．

　「まず日本を「実効ある検閲の網の目」によって包囲し，その言語空間を外部の世界から完全に遮断する．しかるのちに「広汎」な検閲「攻勢」によって，この閉された言語空間を占領権力の意のままに造り変える」

　この計画にそって占領軍は，検閲機構の存在を秘匿しつつ，「大東亜戦争」の呼称を禁止し日本国民に「太平洋戦争」史観を組織的に浸透させた，と江藤

は主張する．当然，占領下の検閲は，戦前の日本で行なわれた検閲とはまったく異質なものとされた．戦前の検閲はタブーに触れること(例えば接吻シーン)を禁じて価値の共有を要求したものだが，占領軍の検閲はタブーへの接触(例えば天皇制批判)を通じて共犯関係に誘いこむためのものであった，と．

この理解が正しいとすれば，占領軍の検閲は主体性と自主性をシステム資源として動員するという意味において，極めて「近代的な」性格をもっていたことになる．近代的権力の特徴が暴力，公開懲罰から規律，隠蔽への移行の中に透視されるとすれば，情報宣伝における近代化とは，決して公開性ではなく，監視(見えない検閲)を伴う「閉された国民空間」の形成である．

近代化の連続性

こうした近代的な国民空間は果たして戦後＝占領期に起点を置くものであろうか．「眼に見える戦争は終わったが，眼に見えない戦争，思想と文化の殲滅戦が一方的に開始された」(江藤淳，1989)としても，実はこうした表現こそ，戦時期の日本で繰り返し叫ばれた「思想戦」のスローガンであった．

占領期の検閲を，戦前の「公然たる」検閲に対して「秘かな」検閲と呼ぶなら，あるいは「防御的」言論政策に対して「攻勢的」言論政策と呼ぶなら，こうした監視権力は日本でも戦時動員体制下で構想されていた．

また，すでに各章で触れたように，戦時動員体制で組織化された出版，新聞，通信，放送など各種のメディア・システムは事実上ほとんど無傷で戦後に引き継がれた．10月13日，国策会社・同盟通信社とともに日本映画社もGHQから解散を命ぜられた．同盟通信社は共同通信社と時事通信社に分割されたが(本書p.139)，日本映画社は社団法人を株式会社に変えて存続した．占領初期の「日本ニュース」では急進的な天皇制批判と民主改革要求が繰り返された．

情報宣伝の効率を追求した戦前の思想戦論と，民主主義を掲げて情報産業の効率を追求した戦後社会論の差異は見かけほど大きくない．この事実こそ，終戦を終着点とする，あるいは出発点とする歴史叙述が無視してきたものである．

占領とシステム化の完成

1945年11月30日で映画公社は業務を停止し，同12月26日映画法は廃止

された．すでに 9 月 22 日，GHQ は，軍国主義の撤廃，自由主義の促進，平和主義の設定を基本目標にした映画製作方針を指示し，新たな検閲体制がしかれた．さらに 11 月 19 日，GHQ の民間情報教育局 (CIE) は 13 項目の映画製作禁止条項を通達した．翌 46 年 1 月「映画検閲に関する覚書」が手交され，映画法の公然たる検閲に代わって，隠蔽された GHQ の検閲が開始された．

戦後企画第 1 号映画は，主題歌「リンゴの歌」が一世を風靡した 1945 年 10 月 11 日封切の松竹作品《そよかぜ》(佐々木康監督) である．さらに，初のキス・シーンを描いた《はたちの青春》(同監督, 1946)，また大胆な海水浴シーンも話題となった《青い山脈》(今井正監督, 1949)，そうしたヒット作は戦後の解放感を印象づける啓発映画だが，その「解放」感が GHQ の指導で「演出」されていたことは記憶すべきだろう．

アメリカのプロダクション・コード (映画製作倫理規程) をモデルとして，1949 年設立された「映倫」(映画倫理規程管理委員会) もそうした占領装置の一つである．日本映画の倫理性を「業者自身の手で自主的に保つ」べく GHQ の内面指導で設立されたこの委員会により，審査検閲は GHQ から映倫の自主検閲システムに移行した．システム権力にとって，自主検閲こそが最も効率的かつ効果的であることは言うまでもない．自主検閲が機能しない場合には，GHQ も公然と強権を発動した．朝鮮戦争が勃発した 1950 年，GHQ はレッドパージに乗り出し，137 名の共産党系映画人を追放する一方，戦犯容疑による映画人の追放を解除した．それは，映画においても総力戦体制で有効だったシステムが戦後体制にも有効だったことを示している．

プログラム・ピクチャーの黄金時代

映画産業は国民経済に先だって復興を遂げた．サンフランシスコ講和条約が結ばれた 1951 年には，初の国産カラーフィルム映画《カルメン故郷に帰る》(木下惠介監督) が封切られ，《羅生門》(黒澤明監督, 1950) がヴェネチア国際映画祭でグランプリを受賞した．また同年，新たな企業合同により東映株式会社が発足し，東宝争議で 1946 年分離した新東宝を加えて，五社体制 (松竹・東宝・大映・新東宝・東映) が確立した．1953 年には戦時統合で配給会社になっていた日活が製作再開を宣言し，既存 5 社は俳優，監督などの引抜きを防止するため

「五社協定」を結んで対抗した．しかし，日活は圧倒的な興行力を背景に業績を伸ばしていった．1950年代後半には日本映画の年間製作本数は500本に達し，専属スターを中心にプログラムを組んだ「プログラム・ピクチャー」が全盛期を迎えた．かくして，1930年代を凌ぐ日本映画の黄金時代が現出した．

配給形態としては，日本の映画企業は製作，配給，興行の3部門を総合的に経営しており，原則として他社作品を使用せず，全作品を同一会社の作品でまかなう専門館システム，すなわちブロックブッキング方式がとられた．

しかし，テレビ時代はすでに始まっており，観客動員数は1958年の11億人を頂点に減少に転じる．1961年に新東宝，1971年に大映が倒産し，1988年「にっかつ」も製作を打ち切った．

旧劇，新派の末裔――ヤクザ映画とポルノ映画

日本映画衰退の一因は，かつて洋画から市場を守った固有の「時代劇」が，テレビに移行した結果であろう．テレビで無料で見られるメロドラマや時代劇を，わざわざ映画館に出向いて見る一般大衆は少ない．映画産業はテレビとの差異化のため，時代劇を過激に暴力化した任侠ヤクザ映画，メロドラマの性的要素を過激化したポルノ映画を独自の大衆化路線として選択した．しかし，ヤクザ映画やポルノ映画の主たる受容者である独身男性が1980年代にビデオに流れると，映画館に残ったのは前衛的な芸術映画にかぶれた教養難民，安上がりなデートに洋画を利用するカップルなど，限られた観客層になってしまった．

邦画が再び注目を浴びるのは，テレビから逆流したまったく新しい「クール・ジャパン」の国際商品，アニメ映画の登場を待たねばならなかった．吹き替えの違和感が少なく，キャラクタービジネスに展開しやすい日本のアニメ映画は，オンライン動画市場でも有力なコンテンツとして国際的にも高く評価されている．もちろん，日本アニメの商品価値はその「日本的」特質にあるのではなく，グローバル展開に適したハイブリッドな無国籍性にある．さらに言えば，アメリカ映画の流通ネットワークなくして，「劇場版ポケモン」（ワーナー・ブラザース配給）や宮崎駿のジブリアニメ（ディズニー配給）が世界化することはなかったことも忘れてはならない．

第9章
テレビによるシステム統合

> 「この視覚爆弾は，原子爆弾の破壊的効果にならぶほどの大きな影響力で，建設的な福利への連鎖反応を引き起こすことができると予言いたします」　　（カール・ムント，1951）

第1節　最後の国民化メディア

家庭映画館，あるいは映像ラジオ

「「テレビジョン」とは，電波を利用して，静止し，又は移動する事物の瞬間的影像を送り，又は受けるための通信設備をいう」(電波法施行規則第2条第22号)．

「テレビ」は和製略語であり，英米では「TV」と略称される．television という言葉は，『オックスフォード英語辞典』によれば1909年に技術用語として登場した．ドイツ語の Fernsehen も「遠く離れたものを見る」という意味の新造語である．1910年代に各国でテレビの研究開発は急ピッチで進んだが，ブラウン管を使った今日の電子式テレビは，1933年6月 RCA のウラジーミル・ツヴォルキンの撮像管アイコノスコープ発明により実用化された．

最初の定期的なテレビ放送は1935年に第三帝国の首都ベルリンで開始され，翌36年のベルリン・オリンピックの中継放送によって一躍注目を浴びた．だが，テレビ開発で世界をリードし，第二次大戦後にテレビ文化によるグローバル・ヘゲモニーを確立したのは，やはり映画とラジオの覇権国アメリカだった．

「家庭映画館」とも喧伝されたテレビは，メディア事業としての連続性からいえば，放送史上に「映像ラジオ」として位置づけられる．暗がりで集団視聴する映画が何より視覚の集中を求めたのに対して，日常空間で「ながら聴取」されるテレビはラジオとの類似性が大きい．今日でもラジオとテレビをともに経営する放送事業者は少なくないし，議会中継や記念行事などラジオとテレビで同時中継されるイベントも多い．クイズやワイドショーのように，いつスイッチを入れても楽しめるテレビ番組も，ラジオ番組からの発展型である．

活字／スクリーン／ブラウン管の視線

アメリカでテレビ受信機の普及が本格化した第二次大戦後，デイヴィド・リースマンは『孤独な群衆』(1950)で，「伝統指向型→内部指向型→他人指向型」の性格類型を，「宗教儀礼→活字→テレビ」という社会化メディアの変化で説明した．自らの理想や信念に従って判断する活字型の市民は，テレビ時代に世間を観察して多数派に同調するアンテナ型の大衆となった，というわけである．

黙読中心の内部指向的な活字文化の視点からは，日常世界を二次元的な「光点のモザイク」として編成するブラウン管そのものが批判の対象とされた．つまり，網目構造に組織化された映像に囲まれることで，大衆はますます均質化・画一化された視覚的感性の形成を余儀なくされる，と考えられた．映画スクリーンの延長線上に『1984年』(1949)の監視体制を描いた小説家ジョージ・オーウェルにとって，テレスクリーンは権力者の「目」の外延であった．

しかし，映画とテレビでは光源と視線の位置関係が逆転している．映画の観客は背後の光源から前面のスクリーンに視線を誘導されるが，テレビ視聴者の視線はブラウン管，のちには液晶画面という光源と直接対面していた．その意味で，テレビは視聴者にとって外部として存在しており，映画の観客よりも主観的な反応を引き起こしやすい．それゆえ，マクルーハンはホット(参与性の低い)な映画に対して，テレビをクールな(参与性の高い)メディアと考えた．

娯楽文化とリアリティの新編成

広告媒体としてテレビを最初からライバル視した新聞はもとより，出版や映画などメディア全体がテレビ普及によって大きく変化した．とりわけ，観客動員数で絶頂にあった1940年代末のアメリカ映画は，テレビの登場によってわずか数年で基軸メディアの地位を奪われた．やがて，テレビ局は映画の放送権を買い付けることで，「映画のパトロン」になっていった．人々の映像メディア接触が映画館からテレビのある居間へ移されたことで，コミュニケーションにおける私的空間の重要性は高まった．テレビ普及により各国とも劇場やサーカスなどの観客は減少し，公共空間への動員は「テレビタレント」を招くことでのみ可能となった．有名人とは「テレビに出る人」と同じ意味になってしまった．そのため興行界や演劇受容のあり方も根本的に変わってしまった．

さらにカラー化，ステレオ化，ワイド・ブラウン管，高品位テレビなど技術進歩によって，テレビ体験は対象の直接的認知にますます近づいた．だが，観客の凝視を要求する閉鎖的で非日常的な映画館のスクリーンとちがって，生活空間にとけこんで映像環境の一部となるテレビ視聴は散漫なものになりやすい．しかも断片化・細分化された番組構成のため，テレビ視聴から物事の全体的な把握は難しく，視線は細部と断片へ向けられてしまいがちである．散漫なテレビ視聴が習慣化されると，自然な知覚と人工的な知覚のいずれがリアルかも曖昧になり，毎日目にするキャスターなどに親近感を抱く人も少なくない．

また，テレビは可能な限り大量の視聴者に「世界」をわかりやすく提示するため，その情報は単純なパターンに織り込まれて伝えられる．そのため，テレビ体験は社会的経験の複雑性を縮減させる．そもそも流動化，細分化，分節化が進むシステム社会では，個人が「世界」，すなわち社会の全体性を体験するなど不可能なのである．しかし，テレビはそれがあたかも可能であるかのごとく見せてくれる．

こうしたテレビの明快さは，私たちの政治理解にも大きな影響を与えた．大衆社会の政治的事象は記者会見であれデモであれ，見世物として演出されて初めて「政治」として受け入れられる．テレビニュースはこうした「社会的構成物」(ゲイ・タックマン，1978)であり，政治的事象の解釈枠を示しているにすぎないが，あらゆる手管でリアリティを暗示するため，「構成物」という側面は視聴者に見落とされていることが多い．そのためリモコン装置を握った視聴者は，テレビの前の自分を政治的にも自由な選択者と見なしがちである．テレビは強制することなく接触を通じて自己選択の満足感を引き出すシステム社会のメディアである．また，連続ドラマが新聞の連載小説を，クイズ番組が読書人の普遍的教養を模倣したように，大衆文化のテレビは高級文化の要素を混ぜ込むことで階級文化の境界を解消した．映画で形成され，ラジオで成立した国民的公共性は，テレビという統合システム・メディアによって完成したのである．

テレビのリテラシーと市民的公共圏の消失

だが，公共性を空間として理解するならば，テレビが実現した「場所感の喪失」(ジョシュア・メイロウィッツ，1985)は，公共圏そのものの成立基盤を根こそ

ぎ取り除くものである．ハーバーマスが『公共性の構造転換』第二版(1991)の序文で，わざわざメイロウィッツを引用して批判を加えたのはこのためである．

だが，活字文化に規定された市民的(ブルジョア)公共性はテレビにより確実に実践的意味を喪失した．ハーバーマス自身文筆家であり，雄弁家ではない．また，ベンヤミンやアドルノなど他のフランクフルト学派と異なって，美学の問題をほとんど取り上げていない．美的感性を回避して，対話による合理性を大衆と共有することは不可能であろう．テレビ視聴者の価値判断は，美／醜，好き／嫌いであり，真偽の命題ではないのだから．消費者をターゲットに生活空間に浸透したテレビ自体が，女性美学(フェミニン・エステティック)のメディア(ジョン・フィスク, 1987)といえる．

「場所感の喪失」を完成させたものは，テレビならではの情報アクセスの容易さであった．テレビがしばしばベビーシッターとして使われたことが典型的に示すように，テレビ視聴に複雑なリテラシーは必要とされない．活字メディアは身分や年齢，性別によって情報アクセスの空間を分節化していたが，テレビは情報アクセスを万人に開放した．そのため，空間に規定された伝統的な市民的価値観(男は仕事，女は家庭)も破綻することになった．

テレ・フェミニズムのシステム統合

テレビ以前，有閑マダムと女性労働者が，あるいは農婆とモガが，「女性」という立場で連帯しうる情報システムは存在しなかった．実際，19世紀以来の女性参政権運動は，ほとんど大衆的と呼べる基盤を持たなかった．当然，その運動は男女関係に何ら革命的な変化をもたらさなかった．アメリカで女性の投票率が男性と並ぶのは，テレビ普及率が80％に達した1956年大統領選挙以後である．それ以後のフェミニズムの盛り上がりこそ，伝統的な男女関係をまさしく根底から揺さぶったのである．その意味で，「テレ・フェミニズム」は，それ以前の女性解放運動とは質を異にするリアルな社会運動であった．

テレビが家庭に送り込む情報世界は，家庭の壁を境とした公／私の区別を溶解させていた．テレビドラマで「男らしさ／女らしさ」という古典的な性役割が再生産されるという刷り込み(インプリンティング)仮説とは逆に，長期的には逆の効果があらわれた．性役割のドラマは，フェミニストを男性的に強化したのである．

テレビドラマが行動へ及ぼす影響は，主人(ヒーロー)への自己同一化を通じて行なわれ

るが，男性的価値観に根ざしたドラマによっても女性視聴者は性別役割規範よりも主人(ヒーロー)の国民的モラルに自己同一化をはじめた．女性の警察，軍隊への進出が始まり，ついに湾岸戦争では女性志願兵が前線で戦う姿も見られた．テレビ時代において好戦的な男性と平和愛好的な女性という伝統的な偏見は存在しない．つまり，テレビにおける性役割の顕出こそがその構造を破壊し，フェミニズム運動を促しつつ女性の国民化を推し進めた．

また，テレ・フェミニズムは「個人の政治化」と「政治の個人化」をくくる共通分母でもあった．「政治の個人化」は女性や青年に社会的マイノリティとして自らの置かれた状況を直視させ，自由と自己決定という共通の行動規範を獲得させた．自己決定する個人，その政治化によってシステム社会は，反権力の主体までシステム資源として利用できる自己組織性に到達した．

1968年をピークに先進各国で吹き荒れた学生反乱も，1940年代末から50年代初頭のテレビ放送開始とともに成長した「テレビ第1世代」の運動であり，フェミニズム同様，自己決定を促すシステムに速やかに回収されていった．

第2節　ビデオ革命と多チャンネル化

能動的な視聴者とサブカルチャー

システム社会のメディアであるテレビは，性別・年齢・身分にかかわりなく，情報と細分化された解釈枠を視聴者に提供した．その結果，自己表現や生活様式に関しては主体的な選択が可能であるという共通意識が生まれた．類似した情報を選択し消費する解釈共同体が，多くのサブカルチャーとして形成された．環境問題や原発に関心を抱くグリーンピースのような社会運動団体から，ヤッピー（若手都会派専門職）の知的サークルまで，テレビの情報を媒介にして能動的視聴者のサブカルチャーは世界化した．

1980年代以降のケーブルテレビや有料衛星放送の普及も，視聴者イメージをますます能動的にさせている．また，頻繁なチャンネル切替えを促すリモコン装置も自由な番組選択の可能性を象徴している．もっとも，多チャンネル化が内容の多様化を実現するわけではなく（どのチャンネルも同じような番組を放送しており），たとえ何百チャンネルがあっても，それが趣味的なチャンネ

ルであればあるほど，個人がよく見るチャンネルは限定される．むしろ 2000 年代以降のウェブ動画の視聴スタイルを準備したのは，家庭用ビデオデッキの普及だった．その意味では，ビデオ革命がインターネット革命に先行した．

ビデオ革命と新たなるリテラシー

　ビデオ装置は，映像信号をテレビで再生するため機器である．その記録媒体であるビデオカセットは「ビジュアル・カセットテープ」であり，オーディオ録音技術の延長線上に位置づけられる．1888 年エミール・ベルリナーによるグラモフォン（円盤レコード）の発明が，コンサートに行くという行為を市民的社交に特化し，音楽鑑賞の時間的制約を無効にしたように，テレビ映像を保存し自由に再生するビデオデッキは，画一的なテレビ番組を視聴する国民的経験の「同時性」を解体した．

　そのため，ビデオの登場はベネディクト・アンダーソンが指摘した「想像の共同体」の均質空間，すなわち国民文化の基盤を揺るがすことになった．テレビという国民化メディアから派生したビデオ装置は，国民文化的統合から多文化主義的統合へと社会編成を変えていくことになった．

　ビデオ装置は，1956 年アメリカのアンペックス社によりテレビ局の番組配給システムのために開発された．1965 年にはソニーが世界初の家庭用ビデオレコーダーを発売したが，1980 年代に娯楽家電として急速に普及した．

　余暇時間の利用でビデオ鑑賞は読書と競合したが，映像を止めたり，飛ばしたり，繰り返したりして，本のように映像を「読む」習慣もビデオ装置から生まれ，「読み書き能力」を意味したリテラシー概念のテレビへの応用が促された．ビデオ装置の接続によってテレビのブラウン管は，一方的な受信画面として利用されるのみならず，好みの映像の再生画面として，あるいはゲームのモニターとして「私的」に利用されるようになった．家庭用の製品化で世界をリードした「電子立国」日本では，既に 1988 年に世帯普及率は 60% を超えており，ビデオカメラも 1994 年には 30% に達し，日常的なメディア環境の構成要素となっていた．アマチュア映画に比べて，操作が簡単で即時再生が可能なビデオカメラは，旅行，誕生パーティなど私的イベントの記録に利用された．そのため，映像メディアに対する人々の態度は，ますます能動的になっていった．

ビデオデッキによって自ら映像を操作し編集するようになった人々は，記録映像の人工性と操作性を体験として理解し，テレビの過剰な演出，いわゆる「やらせ」に目を向けるようになった．「やらせ」は事実の歪曲として倫理的に批判されるが，演出サイドの視線を内在化した視聴者を育てることもメディアリテラシー教育の課題である．

こうしたビデオ普及の1980年代は，政治的には新保守主義による自由化の時代であった．1979年イギリスのサッチャー政権にはじまり，1981年アメリカのレーガン政権，1982年10月西ドイツのコール政権，同年11月日本の中曽根政権と相次いで成立した新保守主義の長期政権下で，規制緩和を軸に各国でメディアの再編が進められた．特に，公共的なテレビを私的な趣味の装置に変えたビデオ装置の普及は，テレビの公共性をめぐる議論にも影響を与えた．1987年，アメリカで放送の中立公正原則，いわゆる「フェアネス・ドクトリン」が撤廃され，翌88年に公共放送の独占が続いていた西ドイツで商業放送が正式に認可された．この情報化と自由化に取り残された東側社会主義国家は1989年「ベルリンの壁」崩壊とともに次々と瓦解し，冷戦は終焉を迎えた．

ビデオによる多文化主義

ビデオ装置の利用には，主に監視カメラなど「統制」，語学教材やスポーツ練習など「教育」，広告まで含む「娯楽」の三領域が考えられる．しかし，市場的規模においても社会的意義においても，最も重要なのは娯楽領域であった．

この領域において，ビデオはテレビ視聴者を画一的な番組編成から解放したばかりか，公共放送の道徳規準も取り払った．各国ともビデオ普及を牽引したソフトはアダルトビデオであり，通常のテレビや映画館では公開が難しいジャンルのソフトが大きな市場を構成した．公共性をもつ映画館や放送の限界を，ビデオは私的な趣味の問題として容易に乗り越えた．

ビデオ革命の中で，カルト映画や音楽ビデオなどを中心に無数の特殊な鑑賞共同体が生まれ，エスニック・マイノリティの特殊文化と並んで，今日では多様なサブカルチャーが乱立している．テレビ画面上で現在起こっている国民文化の細分化は，多文化主義的なグローバル資本主義に都合の良いメディア環境を創出している．

インターネットテレビの登場

　本書初版(1998)ではデジタル放送はまだ意識されていなかった．地上波テレビデジタル放送はイギリスとアメリカで1998年，ドイツで2002年，日本で2003年に開始された．それとともにブラウン管はお茶の間から姿を消し，パソコンと同じ液晶画面のテレビが一般化した．デジタル化は放送と通信の融合を加速させ，インターネットの動画配信ビジネス(OTT = Over The Top)のビジネスを急成長させた．2006年にGoogleは動画投稿サイトYouTubeを買収して，映像ビジネスにも本格参入した．それでも，サイト名の「管(チューブ)」がブラウン管を意味したように，そのコンテンツの多くはテレビ局制作の映像である．テレビ文化はいまなおウェブ文化の中核にある．

　また，デジタル化はテレビ映像のハードディスク録画を容易にし，タイムシフト視聴が一般化した．決められた放送時間に視聴体験を共有するという習慣は薄れ，毎週放送の連続ドラマも全編一気視聴(ビンジウォッチング)が増えた．2007年，アップルがスマートフォンiPhoneを発売すると，動画は家庭のテレビから解放されて，どこでも好きなときに見ることが可能になった．現在，各国のテレビ局はインターネットテレビに対応したオンデマンドサービスを展開している．

第3節　アメリカ——グローバル・スタンダード

恐慌期の実用化

　1933年にツヴォルキンが撮像管アイコノスコープを実用化する1週間前，ローズヴェルトは全国産業復興法(NIRA)を制定しニューディール政策を本格化させた．ラジオの黄金時代である1930年代，テレビはすでに実用化段階を迎えていた．映画やラジオなど「ニューメディア」の実用化とビジネス化でトップを切ってきたアメリカだが，テレビの規格統一ではドイツ，イギリスに遅れをとった．ラジオの三大ネットを中心に多数の放送事業者が競合するアメリカで規格統一は困難を極めた．テレビの規格統一には強力な政治的指導力が必要だったが，連邦政府は国内の恐慌対策に追われていた．

　その結果，第二次大戦後のテレビ方式の世界地図は，PAL方式(フランスを除く西欧と英連邦，中国)とSECAM方式(フランス，ロシア及び東欧)で色分

けされ，アメリカ標準の NTSC 方式は日本など環太平洋地域に限られた．

1939 年 4 月 30 日，RCA と NBC はニューヨークでテレビの定期実験放送を開始した．翌日から始まったニューヨーク万国博覧会の開催式がテレビ中継され，ローズヴェルトはテレビに映った最初の大統領となった．

ラジオの延長での規格化

1940 年 7 月ラジオ製造業者協会(RMA)の下部組織として全国テレビ方式委員会 NTSC = National Television System Committee が設立され，1941 年 3 月にこの組織名称をそのまま規格名称とした NTSC 方式が連邦通信委員会 FCC に提出された．1941 年 5 月に走査線 525 本，毎秒画像 30 枚，音声 FM 波の規格が承認された．

1941 年 7 月 1 日からニューヨークで CBS 系の WCBW，NBC 系の WNBT がテレビ放送を開始した．テレビ受信機はさすがに高価であり，受信者が伸び悩むうちに 12 月 7 日，真珠湾攻撃の日を迎えた．1942 年 5 月に戦時物資動員計画によりテレビ免許は凍結されたが，アメリカ軍がノルマンディ上陸，サイパン占領に成功した 1944 年 7 月，二大ネットはテレビ放送を再開した．

ラジオ事業者がテレビを規格化したため，木箱にスピーカーと円形ブラウン管を取りつけた当初のテレビセットはラジオ受信機とよく似ていた．また，商業放送のビジネスモデルや番組編成スタイルもラジオから引き継がれた．

一方，映画産業からは 1930 年代に発展したニュース映画がテレビ・ジャーナリズムとして取り入れられた．初期テレビのキラーコンテンツが劇場用映画であったことは，1953 年にパラマウント劇場会社と合併した ABC が，最後発のラジオ放送ネットワークながら急成長を遂げたことからも裏付けられる．すでにトーキー技術やスター・システムを通じてラジオ会社に接近していたハリウッドも，テレビ番組制作を通じてテレビ放送に参入した．初期のテレビ番組は，15 分単位のラジオと違って 20 分単位で編成されていた．映画フィルムの 1 巻の放映時間が 18 分であり，CM を入れると 20 分かかったためである．1950 年に 600 万台にすぎなかったテレビ受信機台数は 1960 年には 6000 万，1970 年には 8000 万を超え，1975 年に全米の世帯数を上回った．

テレ・ポリティックスの時代

AT＆Tのマイクロウェーブで可能になった全米テレビ中継で，最初に放送されたのは，1951年9月のサンフランシスコ対日講和会議であった．その5カ月前シカゴで行われたマッカーサー元帥帰国歓迎パレードも実況中継されたが，それはテレビによる「疑似イベント」の典型だった．実際に街頭に繰り出した人々はパレードを一瞬しか目撃できず失望し，テレビの視聴者はパレードの興奮を堪能することができた．こうしたリアリティの反転現象について，ダニエル・ブーアスティンは『幻影の時代』(1962)で，視聴者は出来事の実態ではなくイメージを楽しむのであり，テレビの登場人物は視聴者大衆の期待に応じて演じなければならないことを指摘していた．

1952年の大統領選挙はテレ・ポリティックスの幕開けだった．共和党候補アイゼンハワーは「大戦の英雄」として演出され，民主党候補スティーブンを圧倒した．テレビは「人物の大きさ」ではなく「名前の大きさ」にカメラを向けるメディアだった．

さらに「テレビ映り」によって政治が進行するテレ・ポリティックス時代を印象づけたのは，1960年大統領選挙である．後に「大討論(ザ・グレイト・ディベイト)」と呼ばれる，共和党候補ニクソンと民主党候補ケネディの4回にわたるテレビ討論において，色白のニクソンは，若々しく日焼けしたケネディの自信に満ちた第一印象に敗北した．ラジオ聴取者の調査では優勢だったはずのニクソンは，テレビ視聴者の調査では大きく差をつけられた．第一印象のダメージから立ち直ることはできなかったのである．このような「テレビ映り」の勝敗は，1980年のカーター対レーガン，1992年のブッシュ対クリントンでも繰り返された．「理念の政治」ではなく「人格化した政治」にテレビは不可欠となっていた．

ケーブルテレビと文化細分化

商業放送が主流のアメリカにも公共放送は存在する．全米教育テレビジョンNET＝National Educational Televisionを母体として，1969年に非営利の公共放送サービスPBS＝Public Broadcasting Serviceが放送を開始した．幼児教育番組《セサミストリート》(1969)などの良質な教育・教養番組，時事番組の放送で知られるが，個人や企業の寄付金や政府交付金で運営されており，財政基盤

は安定していない．外部制作の番組を加盟局に提供するネットワークとしてPBSは機能している．

1980年代にはケーブルテレビと衛星放送の急速な発展によって，三大ネットワークに支配されてきた米テレビ界は大きな転換期を迎えた．1980年に18%だったケーブルテレビの世帯普及率は1988年には53%に達し，プライムタイム(19-23時)のネットワーク番組占有率は低下を続けた．特に，1979年テッド・ターナーがアトランタで設立したCNN=Cable News Networkは，1980年より衛星通信により全米各地のケーブル局へ24時間ニュース番組を中継し，めざましい発展を遂げた．1991年湾岸戦争ではCNNはバグダッドに記者を残して空襲の様子を世界に向けて実況し続けた．CNNは全米を超えてほぼ全世界でニュースを放送しているが，一方で映画専門局(HBO)，音楽専門局(MTV)，スポーツ専門局(ESPN)など有料テレビはテレビ番組を個人の興味関心にそって細分化している．このため，テレビは「公的理想」より「私的趣味」のメディアへの傾向を強めた．

1986年にメディア王ルパート・マードックが立ち上げた第4のネットワーク・FOX放送は，若者向けドラマやスポーツで急速に成長した．こうした流れの中で，レーガン政権下のFCCは，「フェアネス・ドクトリン」(放送の中立公正原則)を1987年廃止した．これ以後，テレビニュースは保守色の強いニュース専門局FOXニュースと，リベラル色の強いCNNへの分極化が進んだ．さらに1996年にコミュニケーション法(1934)を大改正するテレコミュニケーション法が成立し，放送局に対する規制は大幅に緩和された．映画産業からIT産業まで異分野からのテレビ経営参入が本格化した．日本では全国新聞がテレビネットワークを系列化したが，アメリカではハリウッド「メジャー」が四大ネットワークと系列関係に入った(本書p.181)．

グローバル・スタンダードの野望

グローバルな映画市場で覇権を握ってきたアメリカは，テレビ番組市場でも圧倒的なシェアを占めてきた．ディズニー映画と並んで，テレビ番組も「文化帝国主義」あるいは「メディア帝国主義」として槍玉に上がることが多い．

1970年代以降，開発主義の近代化が破綻した「低開発国」では，従属理論

とともにアメリカの文化帝国主義批判が広まった．1978 年「新世界情報コミュニケーション秩序」(正式名称「平和と国際理解の強化，人権の促進ならびに人種差別主義，アパルトヘイト，および戦争の煽動に対する，マスメディアの貢献に関する基本原則の宣言」)を採択したユネスコでも，アメリカの独占的なテレビ文化支配が問題として取り上げられた．アメリカはこれを「政治的偏向」として 1984 年にユネスコを脱退している(2003 年復帰したが，2017 年トランプ政権は再び脱退を宣言した)．1990 年代には，カリブ海諸国でのテレビ番組の 8 割はアメリカ製の娯楽番組であり，カナダでさえ英語のテレビ番組のうち自国制作は 3 割を切っていた．1990 年代に日米欧の間で熾烈を極めた高品位テレビ，デジタル放送の標準化競争も，こうした背景を踏まえて理解されねばならない．

テクノ・ナショナリズムはテレビのアナログ放送で世界を三分割(NTSC, PAL, SECAM)したが，地上波デジタル放送では四分割(ATSC, DVB-T, ISDB, DTMB)に進んだ．アメリカが開発した ATSC = Advanced Television Systems Committee の規格は，カナダ，メキシコ，韓国で採用されている．一方，ヨーロッパ共同体が開発した DVB-T = Digital Video Broadcasting-Terrestrial は，ロシアや中東，アフリカなどが採用した．日本は NHK が中心となって ISDB = Integrated Services Digital Broadcasting を開発し，フィリピンや中南米諸国がこれを採用した．中国は独自方式の DTMB = Digital Terrestrial Multimedia Broadcast を採用している．テレビに関して，「デジタル化はグローバル化(中国語で「全球化」)である」とはとても言えないわけである．

第 4 節　イギリス——新保守主義のビッグバン

テレビ放送の開始と中断

世界初の機械走査方式テレビの公開実験は，1925 年 4 月ロンドンのデパートでジョン・ベアードによって行なわれた．BBC はベアードに協力してテレビ実験に着手し，1936 年 11 月には高精細度(走査線 405 本)のテレビ定期放送を開始した．翌 37 年 5 月にはジョージ 6 世の戴冠式がテレビ中継されている．だが，第二次大戦勃発により「国防上の理由」から BBC のテレビ放送は中止

され，再開は1946年6月7日であった．

イギリス放送制度の特徴は，BBCの特許状期限に対応して放送調査委員会がその後の制度を審議する仕組みにある．1951年アトリー労働党政権下のベバリッジ委員会は，BBCの独占放送の継続を認める報告書を提出した．しかし，第二次チャーチル保守党政権(1951-55)は，1952年放送白書で「発展途上にあるテレビ分野である程度の競争を許す用意がある」ことを打ち出した．ラジオ時代に確立したBBCの放送独占はテレビによって崩されようとしていた．

戴冠式中継から商業放送へ

イギリスのテレビ普及に決定的な影響を与えたのは，1953年6月2日のエリザベス2世戴冠式であり，式典はテレビ・イベントとして演出された．ラジオで実況中継を聴いた国民は32%だったのに対して，テレビ視聴者は56%に達した．パレードに使う馬車は王室所有分だけでは足りず，映画スタジオから貸し出された．自動車による高速化の時代にこそ，由緒ある馬車と古色蒼然たる儀仗兵の姿は大衆の目に「不易の伝統」と映った．急激な社会変動にさらされていた大衆は，王室スペクタクルに「安息の地」を見いだしたのである．19世紀の「伝統の創出」(本書 pp. 36-38)と同様に，このテレビ・イベントも大衆民主主義の変化に対する中和剤として機能した．

戴冠式を契機としたテレビ普及を受けて，保守党政府は1954年テレビ法案を提出した．自由競争には原則賛成でもCM放送は反対とする保守党議員も多く，激論の末，同法は296票対269票の僅差でようやく成立した．これにより商業放送「独立テレビ」(ITV)を監督する公共事業機構ITA = Independent Television Authorityが設立され，1955年9月からロンドンで商業テレビ放送が開始された．ただし広告放送はスポット広告に限られ，スポンサー番組は禁止された．その意味では，ITVもBBCから「独立」しているだけで公共放送の形式は維持された．いずれにせよ，BBCの放送独占はここに解体された．

マクミラン保守党政権下のピルキントン委員会(1960-62)は，ITVの低俗番組を厳しく批判し，監督を強化するよう勧告した．視聴率をITVに奪われたBBCに対しても第2テレビの早期実施が勧告された．1964年の新テレビ法ではITVもBBC同様の「公共的放送業務」を行なうことが明記された．

1965年12月カラーテレビの方式としてドイツのPAL方式の採用が決定され，1967年1月よりカラー方式でBBC第2放送が始まった．

1970年6月成立したヒース保守党内閣で，再び放送の商業化は推進された．1972年6月に海賊放送の合法化のため商業ローカルラジオ局を認めるラジオ放送法(本書p.158)が成立すると，ITAにはラジオの監督業務も加わりIBA = Independent Broadcasting Authority と改称された．1973年5月にはテレビ法とラジオ放送法が統合されてIBA法が成立した．1974年3月成立したウィルソン労働党内閣は，放送行政の管轄を郵政省から内務省へ移した．

サッチャリズム

1979年5月の総選挙で労働党に勝利し首相の座についた「鉄の女」マーガレット・サッチャーは，福祉国家に依存して勤労意欲と国際的競争力を失った「イギリス病」の克服を目標に掲げた．

放送分野でも自由競争政策が推進され，1982年に新たに広告収入で運営される公共放送「チャンネル4」が開始された．1982年のアルゼンチンとのフォークランド戦争で，BBCが「わが軍」our troops ではなく「イギリス軍」と呼称したことが客観報道のモデルのように評されている．BBCが政府からの独立性を保持する姿勢を示したことは重要だが，テレビ放送全体では国民的熱狂は煽り立てられた．翌83年には，これまで自粛されていた朝食時のテレビ放送も開始され，お茶を入れながらの団欒を過ごしていたイギリス国民も，テレビCMの合間にインスタント・コーヒーを入れて飲むようになった．

1986年BBCの財源問題を審議したピーコック委員会は，消費者主権を基礎に競争原理の導入を求めた報告書を提出した．同年10月にBBCは初めてティータイムのテレビ放送を開始したが，2年後には競争原理に従って商業テレビ放送全社が24時間放送に移行した．

サッチャーは1986年10月，証券市場の効率性や流動性を増大させるため，手数料の自由化，外国資本への開放などロンドン株式取引所の大改革，いわゆる「ビッグバン」を断行した．1989年2月にはルクセンブルクのアストラ衛星を使ったメディア王マードックの「スカイTV」Sky Television が非国内衛星放送を開始し，多チャンネル有料放送時代に突入した．1990年，「スカ

イTV」と英国衛星放送 British Satellite Broadcasting は合併し，Bスカイ B（2014 年スカイに社名変更）が設立された．スカイはイギリスのほか，アイルランド・ドイツ・オーストリア・イタリアでも事業を展開するヨーロッパ最大の有料放送事業者である（2017 年マードックが「21 世紀フォックス」の映画・テレビ部門を売却したため，スカイもウォルト・ディズニーの傘下に入った）．

放送のビッグバン

放送界のビッグバンともいうべき 1990 年放送法により，IBA は解体され，地上波商業放送に加えて衛星放送やケーブル放送を監督する独立テレビ委員会 ITC = Independent Television Commission と，民間ラジオ放送を監督するラジオ公共事業体 RA = Radio Authority に再分割された．この改革により，放送免許に競争入札制が導入された．

だが，こうした自由化とともに政府の監督も強化された．1988 年 5 月にサッチャーはセックスや暴力の描写，下品な言葉遣いなどを監視する「放送基準審議会」BSC = Broadcasting Standards Council を設置し，同年 10 月にはテロ活動を行なう IRA（アイルランド共和軍）組織を支援する意見などの放送を禁止する措置を発表した．1992 年 4 月には放送行政を所管する「国民遺産省」DNH = Department of National Heritage が新設された．

自由化の流れの中で BBC も 1991 年から受信料にも政府交付金にもよらない独立採算事業として「国際テレビ放送」WST = World Service Television を開始した．イギリス最大のメディア企業ピアソン社と提携した BBC は，1995 年 1 月 WST を「ワールドワイド・テレビジョン」と改称して国際衛星放送事業に進出し，「BBC ワールド」「BBC プライム」を開始した．1995 年 12 月にはメディア所有制限緩和とデジタル放送導入に向けた新放送法が可決された．1997 年には 5 番目の地上波テレビ放送として若者向け番組に特化した商業テレビ「チャンネル 5」が開局した（2014 年アメリカのメディア企業バイアコムに買収された）．

「国民遺産省」は 1997 年「デジタル文化メディアスポーツ省」DCMS = Department for Digital, Culture, Media and Sport に改組され，1998 年 9 月に BBC は世界に先駆けて地上デジタル放送を開始した（2012 年に完全移行）．

2017年の新特許状で，公共放送と市場競争のバランスを調整すべく，BBCの新規事業を外部から監督する独立規制機関 Ofcom（放送通信庁）が設置された．

イギリスの伝統

解禁された有料テレビ放送の中にはもちろん，アダルト専用の「プレイボーイ・チャンネル」もあった．かつての「リースの日曜日」(本書 pp. 154 f.)が大衆に支持されていたかは否かはともかく，今となっては古き良きイギリスの節操として懐かしむ向きもあるだろう．だが，クリエイティブ産業の育成が「国民遺産省」(現・デジタル文化メディアスポーツ省)の自由化政策によって推進され，ポップ・カルチャーを中心に「クール・ブリタニア」の国家ブランドが世界中に PR されたことはまちがいない．一方で，アーノルドの『教養と無秩序』(1869)はいまも静かに読み継がれている．その「無秩序」とは，イギリス個人主義の伝統が招来するであろう危険性のことであった．

第5節　ドイツ——分断国家から多文化主義帝国へ

空軍兵器とベルリン・オリンピック

ドイツ郵政省は 1929 年 3 月から機械走査方式によるテレビ定期実験放送を開始していた．そもそも，高速走査の技術は，ニプコー円板(1884)，ワイラー鏡車(1889)などドイツで生みだされた．

第三帝国成立後，レーダーや航空兵器への応用研究のためテレビ開発はゲーリングの航空省の管轄下におかれた．ゲッベルスの宣伝省がテレビに介入する契機となったのは，国威発揚のために計画されたベルリン・オリンピック大会であった．大会を中継すべく 1935 年 3 月ベルリンで世界に先駆けて，週 3 晩，90 分番組の定期放送が始まった．同年 4 月からベルリンの郵便局内にテレビ視聴室が設置されていくが，テレビはまだ目新しい見せ物の一つにすぎなかった．翌 36 年 8 月，第 11 回オリンピックでアイコノスコープ・カメラを使ったテレビ実況中継が行なわれた．1938 年，「国民テレビ受信機」の量産規格が決まったが，第二次大戦勃発によりこの受信機は 50 台だけで製造中止になった．

しかし，第三帝国は開戦直後からベルリンのテレビ放送を再開し，1943 年 6

月からはパリのエッフェル塔から映画やバレエなどのテレビ放送を始めた．この占領地テレビ放送は連合国がパリに入城する 1 週間前まで続けられた．

分割占領政策と PAL／SECAM の東西分裂

1945 年 4 月 30 日ヒトラーが自殺した後，5 月 7 日後継総統カール・デーニッツのドイツ政府はランスで無条件降伏文書に調印した．ドイツの終戦記念日はこの文書が発効した 5 月 8 日である（日本の終戦記念日，本書 pp. 169 f.）．6 月に米英仏ソ 4 カ国に分割された占領地区が成立し，ベルリンは共同管理の下におかれた．ニュルンベルク国際軍事法廷と並行して，非ナチ化の再教育が行なわれたが，その手段として各国は自国の政治理念と放送制度を持ち込んだ．

こうした分割占領下にドイツの放送体制は成立した（本書 p. 164）．1947 年マーシャル・プランによる援助開始と 1948 年 6 月の通貨改革は，1950 年代の「ドイツ経済の奇跡」をもたらすが，それは同時に東西の対立を深めドイツを冷戦の最前線とした．1949 年 5 月制定されたドイツ連邦共和国基本法 Grundgesetz の規定する国家秩序の四原則「民主主義・法治主義・社会国家・連邦国家」は，その放送制度にも反映された．

イギリス占領地区の北西ドイツ放送協会（NWDR）はテレフンケン社が中心になって開発した PAL 方式（走査線 625 本，毎秒画像 25 枚）により，1950 年 7 月 12 日テレビ実験放送を，1952 年 12 月 25 日定期放送を開始した．この時の受信世帯数は 1000 世帯にも満たなかったが，1953 年各放送協会が番組を共同編成するテレビ協定が成立し，ドイツ公共放送連盟 ARD によって翌年 11 月より全国放送が開始された．

一方，1949 年ソ連占領地区はドイツ民主共和国となり，ソ連と同じ SECAM 方式でドイツテレビ放送 DFF（1955）が開局した．「ベルリンの壁」建設（1961）に象徴される東西分断は，テレビ方式にも反映された．

かくして，第三帝国の中央集権化への反動と分割占領政策の結果，連邦主義的な放送体制が確立した．西ドイツの各放送協会が「公法上の造営物（アンシュタルト・デス・エフェントリッヘン・レヒツ）」と表現されるのは，行政権力からの独立性の表明である．各協会は放送委員会の監督下に置かれているが，委員は州・連邦の議会，教会，学術団体，労働組合，経営者団体など社会構成を反映するように選出されている．

第2テレビ訴訟と「放送の社会化」

ARD(第1テレビ)の全国放送が開始された翌年,西ドイツは再軍備に踏み切り,翌1956年には徴兵制を導入した.1950年代の経済復興で自信を深めた保守中道連立のアデナウアー政権(1949-63)は,1959年放送の中央集権化をめざし連邦首相と内務相を代表取締役とする第2テレビ会社「有限会社ドイツ・テレビ」の設立を試みた.これに対し,ハンブルク,ヘッセンなど社会民主党主導の州政府は州権限を侵害するとして連邦憲法裁判所に提訴した.1961年2月に連邦政府によるテレビ会社設立に違憲の裁定が下された.この第2テレビ判決は,放送の連邦制原理と内部的多元性原理を柱とする「放送の社会化」を基本法第5条で規定された放送の自由において確認したもので,「ドイツ放送法制のマグナカルタ」と呼ばれた.だが,この判決の背景には,「ナチ宣伝の神話」に由来する視聴者大衆への不信感も存在していた.

判決直後の1961年3月,各州政府は協定を結び共同で「第2ドイツ・テレビ」ZDF=Zweites Deutsches Fernsehenの設立を決めた.1963年4月から正式放送を開始したZDFは,各加盟局の制作番組を放送するARDと異なり,民間制作会社の番組で編成された.さらに1964年以降,各放送協会は独自の第3テレビの放送を開始した.この3チャンネルだけに限定された公共テレビ時代は,1982年にヘルムート・コール政権が成立まで続いた.1957年に100万を突破した受信世帯数は,1981年には2150万に急伸し全世帯の98%に及んでいた.この公共テレビ時代,受信料で運営される公共放送でのCMは厳しく制限され,午後8時以降は禁止されていた.

大連合の非常事態法と「静かなる革命」

長らく野党だった社会民主党は1959年にバート・ゴーデスベルク綱領を採択し,マルクス主義と決別し「国民政党」として再出発した.1960年ドイツは実質GNPでイギリスを抜き西側第2位の経済大国となり,高水準の福祉国家を実現した.こうした状況下に,キリスト教民主・社会同盟と社会民主党の保革大連立政権(1966-69)が成立した.社会民主党の完全な体制化は,折からの学生反乱と相まって議会外の反対運動を高揚させた.これに対して,1968年6月,議会は非常事態法(ノートシュタントフェアファッスング)を成立させ基本法の言論の自由に制限を加えた.

緊急事態とは「国家の存立と，自由にして民主的な秩序に対する重大かつ直接の脅威」と定義された．これにより政府は民主主義防衛のための専制を行なう権能を手にした．この1968年の学生反乱と非常事態法制定を戦後ドイツ史の分水嶺とする見解は今日でも有力である．

それに続く社会民主党政権期(1969-82)には，「静かなる革命」(ロナルド・イングルハート，1977)が進行し，性道徳をはじめとする生活態度や環境への社会意識などが大きく変化した．特に，ブラント政権(1969-74)下では，外には東方外交，内には教育制度改革が進められ，テレビを通じて新しい価値観の浸透が図られた．また，1979年2月に放送されたアメリカのテレビドラマ《ホロコースト》(1978)は，ナチズムの記憶を封印してきた戦後ドイツ社会に大きな衝撃を与えた．その視聴率は40％に達し，これを契機として歴史認識をめぐる世代対立が激化した．このような「父親なき社会」(アレクサンダー・ミッチャーリヒ，1963)の出現した背景には，テレビによる「子供の消滅」(ニール・ポストマン，1982)があったことも忘れてはならない(本書 pp. 171 f.)．

情報化と民営化

1970年代後半からドイツ経済は低成長期に入り，1日20分間のテレビCMに対して規制緩和を求める声が経済界を中心に高まった．1982年に成立した保守中道のコール政権は放送の規制緩和に着手していった．1980年代にはテレビを取り巻く環境も大きく変貌していた．映画やテレビ番組に比べ制作コストが格段に安いビデオは，エスニック・マイノリティや新しい社会運動にとって有力な情報媒体となった．特にトルコ系住民の余暇活動にビデオは不可欠となり，その世帯普及率はすでに1983年に50％を超えていた．1989年の統計では，ドイツ人世帯へのビデオ装置の普及率44％に対して，トルコ系世帯では75％に達していた．トルコ本国の娯楽映画はもちろん，多くの民族的，宗教的内容のビデオが流通していた．こうした多元的なメディア環境は，民族的マイノリティや同性愛者などの文化的マイノリティを，多様なサブカルチャーの一つとして緩やかな統合に導くために不可欠な前提でもある(本書 p. 205)．

敗戦国のために周波数帯の割り当てが少なかったドイツでは1984年からケーブルテレビの運用が始まった．商業テレビとしては，ベルテルスマン社傘下

のルクセンブルク・ラジオテレビ会社による RTL-Plus（1984），バイエルンのメディア王レオ・キルヒが率いたキルヒメディア（2002 年破綻）の TeLe 5 (1984)，Sat.1(1985)，ProSieben(1989)などが登場し，ケーブルテレビの加入世帯数が急増した．1990 年には全世帯の 70％ 以上が地上波テレビのみを見ていたが，2016 年には地上波のみのテレビ視聴世帯は 4.8％ となっている．

統一ドイツ＝多文化主義帝国の出現

「ベルリンの壁」崩壊の直接的原因がテレビニュースであったことは，テレビが「国民化」メディアであったことの証だろうか．西側の豊かな消費生活の映像が，東ドイツの人々に「ドイツ国民の統一」を期待させたことは確かである．だが，1990 年 10 月 3 日の「統一」は実質的には西ドイツによる東ドイツの「併合」であり，西側の放送体制が東側に導入された．東独のドイツテレビジョン放送 DFF は 1991 年に解散し，再編された中部ドイツ放送 MDR，ベルリン・ブランデンブルク放送 RBB が ARD に加盟した．

情報のボーダレス化によってドイツは分断国家を克服し，普通の「国民国家」になったのだろうか．そもそも境界が消える「ボーダレス化」と，領土と主権から定義される「国民国家」は，両立する概念ではない．東西ドイツ統一は，国民国家の物語によって真の意味が隠蔽されているのではなかろうか．つまり，情報のボーダレス化は欧州連合 EU への統合であるとともにドイツの多文化主義帝国化の出発点となった．異なる歴史認識と文化的アイデンティティをもつ東ドイツ地域の併合によって，ドイツ連邦共和国は多文化主義帝国の道へと転轍した．これ以後，ヨーロッパ最大のメディア・コンツェルン，ベルテルスマン社やアクセル・シュプリンガー社などドイツの巨大資本は中欧，東欧を手始めに欧州全体のメディア支配に乗り出していった．

欧州連合の覇権国家となったドイツは，情報通信分野でも最先端を目指している．2014 年に新設された「連邦交通デジタルインフラ省」は，電波行政を所管し全国ブロードバンド網の整備を進めた．インターネットによるテレビ視聴も一般化したため，2013 年にはテレビ受信機所有者が払った「公共放送受信料」は，すべての世帯と事業所が払う「放送負担金」に変わった．

2018 年現在，商業テレビ放送としては RTL グループと ProSiebenSat.1 メ

ディアの二大グループが存在し，新聞・出版コンツェルンのアクセル・シュプリンガーなども有料専門チャンネルに参入している．

第6節　日本——戦後民主主義の精神レベル

「イ」の字から

日本のテレビ史は「イ」の字に始まる．1926年「日本・テレビの父」高柳健次郎は世界で初めてブラウン管を受像機に使ったテレビ実験（送像機は機械式）に成功し，画面に「イ」の字を映し出した．1930年5月31日昭和天皇は，高柳に率いられた浜松高等工業学校グループのテレビ実験を天覧され，同年6月NHK総会ではテレビ放送の実施計画が決定された．

だが，計画が本格化するのは，1936年ベルリンで次期オリンピック（1940）の東京開催が決定されてからである．「東京五輪」はちょうど「皇紀2600年」と重なり，国威発揚のため大会のテレビ中継放送が目指された．

日中戦争激化のためにオリンピック開催は結局辞退となり，それとともにテレビ放送計画も中断された．しかし，1940年，NHK技術研究所は日本初のテレビドラマ「夕餉前（ゆうげまえ）」を実験放送している．お茶の間の「夕餉」はしばらくお預け状態となった．

冷戦体制とテレビ

1945年9月閣議諒解された通信院案「民衆的放送機関設立に関する件」には，民間放送会社の設置が指示され，将来的にテレビ放送を許可することも付記されていた．1951年，アメリカの上院議員カール・ムントが日本を含むアジア諸国でテレビの反共情報網を建設する「ヴィジョン・オブ・アメリカ」VOA構想を発表した．この構想に飛びついたのが，当時公職追放中だった正力松太郎である．高柳をはじめNHKはテレビの国産方式に固執したが，1952年7月電波監理委員会が廃止され放送行政が郵政省（2001年中央省庁再編で総務省）に一元化される中で，テレビ放送予備免許の第1号が正力の設立した民間放送局「日本テレビ放送網株式会社」The Japan National Network Companyに与えられた．

街頭の娯楽からお茶の間の教養へ

1953年2月1日NHK東京テレビ局が本放送を受信契約数866で開始し，8月28日民間放送の日本テレビNTVも放送を開始した．大卒男子の初任給が8000円であった当時，17インチのアメリカ製受信機は25万円もしていた．正力はテレビ普及のため，駅前や盛り場に「街頭テレビ」を設置した．帰宅途中のサラリーマンを中心に連日人だかりができたが，特に力道山の活躍でプロレス中継は爆発的なブームとなり，そこに屋台も立ち並ぶという屋外劇場化現象も見られた．1955年4月にはラジオ東京テレビ(現・TBS)が開局し，大宅壮一の「一億総白痴化」が流行語となる中，1957年10月には全国のテレビ局43社に予備免許が交付された．この大量免許交付を断行したのは，岸信介内閣の改造人事で郵政大臣に初入閣した田中角栄である．

東京キー局では1959年2月に日本教育テレビ(現・テレビ朝日)，3月にフジテレビが開局し，1964年4月に最後のキー局，日本科学技術振興財団テレビ事業本部(通称「東京12チャンネル」，現・テレビ東京)が開局した．教育局として免許を取得した日本教育テレビには「教育」53％以上と「教養」30％以上での編成が義務づけられ，科学教育専門局「東京12チャンネル」では「科学技術」60％以上と「教育・教養」20％以上が条件とされていた．たとえ高校野球が「教育」，西部劇など海外ドラマが「教養」に数えられていたとしても，日本のテレビ放送が「テレビ的教養」(佐藤卓己，2019)の理念を掲げて発展したのを忘れてはならない．1973年の免許更新で教育局は一般局になるが，それ以後はすべての民放テレビ局に「教育」10％，「教養」20％以上での編成を求める「教養テレビ」体制が現在にいたるまで維持されている．

高度成長と三種の神器

1951年に占領を脱した日本は，朝鮮戦争の特需景気にも支えられ，1955年から高度成長時代に突入した．以後1973年第1次石油ショックに至るまで国民総生産GNPの実質成長率は平均10％を超え，1969年にはイギリス，西ドイツを抜いて西側第2位の経済大国となった．この猛烈な経済成長と寄り添って発展した，あるいは発展のイメージを映し出したメディアこそ，テレビである．また，「経済参謀本部」通産省は日本のテレビ製造メーカー34社を組織し

て，1957年アメリカのRCA社と製造技術の特許契約を一本化した．これにより，廉価なテレビ受信機の大量生産体制が確立された．

1955年以後の家庭電化ブームのなかで洗濯機・冷蔵庫・白黒テレビを指す「三種の神器」が流行語となった．家庭への普及率は1955年当時いずれも数%に止まっていたが，1960年には洗濯機40.6%，冷蔵庫10.1%，テレビ44.7%となり，1970年にはいずれも9割を超えた（内閣府「消費動向調査」）．1960年9月10日にカラーテレビ本放送が始まると，「新三種の神器」は3C（カー，クーラー，カラーテレビ）へと急速に変化していった．

テレビは高度成長において他の「神器」と異なる神通力を発揮した．唯一新・旧の三種に数えられたばかりか，ドラマやCMを通じて「神器」そのものを普及させる牽引機能を持ったからである．つまり，日本の消費社会はテレビによって高度化された．特に，1950年代後半はアメリカ製ホームドラマの黄金時代であり，家電に囲まれた核家族のアメリカン・スタイルが消費生活にモデルを提供していた．しかし，日本の家電メーカーが世界市場を席巻する1970年代以降，当初はアメリカ製番組の輸入に依存していた民間放送局も，国産番組中心に編成を変えていった．現在も日本は番組ソフトで対米依存度が著しく低い国民的テレビ文化を保持している．

御成婚と東京オリンピック

1958年11月，国内の新聞社が協定により報道自粛していた皇太子の婚約は，アメリカのグラフ雑誌『ライフ』によってスクープされた．以後マスコミが展開した「電話で結ばれた世紀の恋」の御成婚キャンペーンの中で，大衆的同意に基づく「大衆天皇制」（松下圭一，1959）が確立した．エリザベス2世戴冠式のテレビ演出が模倣されたことは，馬車を使った御成婚パレードの実況中継などに明らかである．4月10日の挙式当日，一般世帯の平均テレビ視聴時間は10時間35分にも達した．現行憲法の第1条（本書p.40）を実体化するメディアは，およそテレビ以外には考えられない．その意味では，「テレビ天皇制」が成立したのである．この御成婚イベントを契機にNHKのテレビ受信契約数は1958年の91万から翌年の200万へと2倍以上の伸びを示した．こうしたテレビ普及は日本社会のメディア環境を激変させた．1958年にピークを迎えてい

たNHKラジオ受信者数も映画館延べ入場者数もこれ以後急速に減少に転じた．

　この御成婚ブームがテレビ普及の引き金とすると，御成婚の翌月に開催の決まった1964年の東京オリンピック大会がその到達点となった．オリンピック大会開催時，テレビ普及率は90%を突破し保有台数でアメリカに次いで世界第2位となっていた．オリンピックのテレビ中継を期間中に見た国民は，97.3%に達した．この国家イベントは国民の敗戦コンプレックスを一掃したと評され，開会式の10月10日は，1966年に国民の祝日「体育の日」に指定された（2000年から移動祝日，2020年「スポーツの日」へ改称）．

テレ・ポリティックスと新聞資本による系列化

　個人を政治化し，政治を個人化するテレ・ポリティックスは，戦後日本社会では「脱政治化」という文脈で理解されてきた．その象徴は，1960年安保闘争に代表される反体制的な大衆運動の急速な退潮である．1960年12月に池田勇人内閣は「所得倍増計画」を発表したが，一人当り国民所得はこの計画を超えるペースで達成された．しかし，いっそう急速に膨れあがったのは，公報番組など内閣広報室の予算であり，池田内閣の4年間で3倍になっていた．

　こうした日本の経済大国化を記念するイベントとして，1968年「明治100年記念式典」が開催された．日本の近代化の成功を言祝ぐ国民儀式は，10月23日天覧の下，日本武道館で行なわれ，NHKとTBSによって実況中継された．この明治100年記念式典を仕切った佐藤栄作首相が，1972年6月の退陣記者会見で述べた言葉が象徴的である．

　「テレビカメラはどこにいるのか．……新聞記者の諸君とは話さないことにしてるんだ．国民に直接話したいんだ．文字になると違うから．偏向的な新聞は大きらいだ」

　佐藤は新聞記者が退場した後，テレビカメラにむかって国民に直接語りかけた．この事件は報道メディアとしてのテレビ評価をめぐる論争を引き起こした．

　1972年佐藤内閣を継いだ郵政族出身の田中角栄首相は，全国紙各社が入り乱れて所有していた民放の株式を整理させ，新聞―テレビの系列化を完成した．現在のTBS＝毎日新聞，日本テレビ＝読売新聞，テレビ朝日＝朝日新聞，テレビ東京＝日本経済新聞，フジテレビ＝産経新聞という日本独自の系列シス

テムである．新聞を規制する法律は戦後日本には存在しないが，テレビは放送法に基づく免許事業である．特定のテレビ事業者と結びつくことで，自由な新聞は逆に放送規制の枠組みに組み込まれることになった．

昭和の終焉と次世代テレビ

1989年1月7日午前6時33分に昭和天皇は，87歳の生涯を終えた．それから数日間，日本のテレビは「昭和の終焉」を記念する映像で埋め尽くされた．これに対し，レンタル・ビデオ屋に殺到する若者の姿を新聞は報じていた．今や，テレビ画面はビデオの再生画面でありゲームのモニターでもある．

同じ年に開始されたNHK衛星放送で，6月4日の天安門事件や11月9日の「ベルリンの壁」崩壊をリアルタイムで目撃した日本人は少なくない．それは情報のボーダレス化を象徴する出来事だった．翌1990年「国民行事」と呼ばれた年末の紅白歌合戦の視聴率が初めて50%を下回った．昭和の終わりはテレビによる国民統合の終わりを意味していたのだろうか．

一方，次世代のデジタル超高画質テレビの国際的な開発競争も激しさをましている．アナログ放送の三方式が冷戦体制の産物であったとすれば（本書 p. 206），デジタル放送の四方式はポスト冷戦の世界秩序を反映している（本書 p. 210）．聯合国を「国際連合」と訳す日本人は，テクノロジーの標準化が国際政治と不可分であるテレビの現実を直視すべきだろう．

1995年の阪神淡路大震災では，テレビ報道よりインターネットの情報に注目が集まった．翌96年，通信衛星（CS＝Communication Satellites）放送「パーフェクトTV！」が日本初のデジタル放送として登場した．1998年メディア王マードックのJスカイBと合併して「スカパー」SKY PerfecTV!となった．

CS放送に続いて，1999年ケーブルテレビでデジタル放送が始まり，2000年に放送衛星（BS＝Broadcasting Satellites）放送，2003年には地上波テレビ放送でも開始された．テレビのアナログ放送が完全に終了するのは，2011年の東日本大震災から2年後の2013年3月である．

若者のテレビ離れ

学生の下宿にはテレビ受信機がないのが普通となった．テレビニュースなら

スマートフォンのワンセグ(移動端末向けデジタル放送サービス, 2006), あるいはYouTube(2005)のテレビ公式チャンネルで十分なのだ. 若年層のテレビ視聴時間は 2000 年代に入って急速に減少し, インターネットのアクセス時間が大幅に増えた. 基軸メディアはテレビからインターネットへ変化し, さらにテレビはまるごとインターネットの渦の中に飲み込まれようとしている. その中心には米国株式市場の主力 IT 銘柄「FANG」, すなわち Facebook(2004), Amazon(1994), Netflix(1997), Google(1998)が存在している. いずれも本書初版(1998)の執筆時には日本でのサービスがなかった新興企業だが, この新版(2018)の段階で, 私は Google で検索し, 書籍は Amazon で購入し, SNS はフェイスブックを利用している. やがて私が動画を Netflix か Amazon プライム・ビデオ(ともに 2015 年日本でのサービス開始)で見ることになっても何ら不思議ではない.

2018 年, NHK は経営計画を発表し, 2020 年東京オリンピックまでに「公共放送から公共メディアへ」進化すると宣言した. 公共メディアの中心にあるのは, もちろんテレビ放送ではなくインターネット放送だろう. すでにイギリス, ドイツの公共放送は全番組の同時ネット配信を行なっており, NHK もその実現を目標に掲げている. 民放キー局も外部プラットフォームへのコンテンツ提供を含め, ネットテレビのビジネスモデルを模索している.

そうした現在進行形の動きよりも「メディア史」としては, 外国資本や IT 企業が過去に試みたテレビ参入の挫折を書き留めておくべきだろう. 株式の敵対的買収は, 1996 年にソフトバンクとマードックのニューズ・コーポレーションがテレビ朝日に対して, 2005 年にはライブドアと楽天がそれぞれニッポン放送と TBS に対して行なっている. こうした企業買収によるテレビ参入はいずれも失敗に終わったが, 通信・放送の融合を見すえた放送法の大改正は 2010 年に行なわれている. 2016 年にはイギリスのパフォーム・グループ(2007)の DAZN(ダゾーン)が, NTT と提携して日本でのスポーツ動画配信サービスを開始した. サッカー J リーグ放映権 10 年分を 2100 億円で買収したパフォームの本社がどこにあろうと, 視聴者は何の関心もないはずだ. もはや, 日本だけが「放送のガラパゴス」であり続けることは不可能なのである.

終　章
情報化の未来史

> 「進歩を単純に信じることは，われわれの強さに属する確信ではなく，黙従に属し，したがって弱さに属するものでしかない」　（ノーバート・ウィナー『人間機械論』第二版，1954）

文化統合の国民国家から多文化主義の帝国へ

　これまで，英米独日での19世紀後半以来のマスメディアが果たした機能を「国民化」と「システム化」から概観してきた．それは総力戦体制の中で成立する現代システム社会によって，メディアが編成されていく過程でもあった．

　「出版資本主義による国民国家形成」「新聞閲読の国民共同体」「映画が創った国民的視覚」「国民受信機とファシスト的公共性」「テレ・ポリティックスの国民統合」といった議論すべては，マスメディアの機能を国民文化統合のベクトルで捉えている．だが，その方向付けは総力戦体制の特殊なメディア編成において可能であり，メディア本来の機能は「間に入り」細分化することである．

　「情報のボーダレス化」「インターネット地球村」が叫ばれる現在，国民国家の枠組みを揺さぶっているのが他ならぬメディアである．各章の末尾で触れた「大量出版と教養の消滅」「新聞(ニュース)による社会の分断」「映画のサブカルチャー化」「ラジオ聴取のセグメント化」「テレビのパーソナル・メディア化」は，マスメディアの非マス化であり，文化的細分化の機能を示している．システム社会でメディアの機能は「国民文化統合にむけた集中」から「多文化主義統合にむけた分散」へ転換したのである．

　もう一つ本書全体を通じて検討したことは，自由な民主主義国家（アメリカ・イギリス）と専制的なファシズム国家（ドイツ・日本）という世界史の旧い解釈図式の有効性である．「総力戦体制による社会の編成替え」(山之内靖，1995)という観点に立てば，両者の違いはシステム社会化の下位区分にすぎない．しかし，こうした編成替えにもっとも成功した戦争民主主義国家がアメリカである．それは，現在の情報化＝コンピュータ化で「アメリカ標準」がグローバル・スタンダードとなっていることからも明らかであろう．

第1節　マンハッタン計画からインターネットへ

「マンハッタン計画」と「アポロ計画」

　現在の情報化＝コンピュータ化が離陸するポイントとして，第二次大戦中の原爆開発の「マンハッタン計画」(1942-45)を挙げるべきだろう．この計画には20億ドルの連邦政府資金と2000人を超える最先端の科学者が投入された．その中心人物である科学研究開発庁(OSRD)長官ヴァネヴァー・ブッシュによって，1945年情報を効率的に処理するMEMEXシステム，つまりパーソナル・コンピュータの発想が生みだされた．また，大砲の弾道計算用に開発していた最初の汎用電子式コンピュータENIACを原爆設計に利用すべく，ジョン・フォン・ノイマンもこの計画に参加した．1946年完成したENIACはヒロシマには間に合わなかったが，フォン・ノイマンはENIACの後継機EDVAC(1951)でプログラム内蔵方式を考案した．このため，現在のコンピュータは「フォン・ノイマン型」と名付けられている．コンピュータは水爆の設計では威力を発揮し，フォン・ノイマンは1953年以降大陸間弾道ミサイル科学諮問委員会の委員長をつとめた．

　この国家による巨大科学プロジェクトで確立したアメリカの産官軍複合体は，戦後も継続され，ブッシュの提案で1950年全米科学財団(NSF)が設立された．

　だが，1957年ソ連の人工衛星スプートニクの打上は，冷戦下のアメリカに衝撃を与えた．この成功はソ連により米本土への核攻撃能力を証明するものであり，1958年航空宇宙局NASAが設立されると国防の名目で科学研究に巨費が投じられ，人材が集められた．第三帝国でV2ロケットを開発したヴェルナー・フォン・ブラウンは，マーシャル宇宙飛行センター長に抜擢された．1961年ケネディ大統領は「国家ゴール」として月面上陸を目指すことを，いわゆる「宇宙教書」で宣言した．アポロ11号によって月面に星条旗が翻るのは，1969年7月20日である．打上花火的な「政治イベント」だった月面上陸の文明史上の意義はともかく，アポロ計画の技術は次の3点で情報化を飛躍させた．

　すなわち，人工衛星を使った国際情報通信網，コンピュータの小型化，核戦争後の指揮系統保守の必要から開発された分散型ネットワークである．

インテルサット

通信衛星中継のアイデアは，イギリス空軍大尉アーサー・C・クラークによって 1945 年『ワイヤレス・ワールド』誌に発表された．彼は後に人工知能「HAL9000」が登場する『2001 年宇宙の旅』(1968) なども執筆している．

アメリカは 1962 年に「世界平和と理解に貢献する商業通信衛星系」の構築を提唱する国策衛星通信会社 COMSAT を設立した．1964 年 8 月自由主義諸国はこれに応えて商業通信衛星組織に関する協定を締結し，翌 65 年ワシントンに国際電気通信衛星機構 INTERSAT が設立された．1967 年にはソビエトもこれに対抗して，社会主義諸国が加盟する国際宇宙空間コミュニケーション機構 INTERSPUTNIK を設立した．

日本最初の衛星中継(当時の表現は「宇宙中継」)は東京オリンピック中継のリハーサルとして，1963 年 11 月 23 日朝(米国時間 22 日夕)に池田勇人，ジョン・F・ケネディのメッセージ交換が行なわれる予定であったが，ケネディ暗殺事件の発生で緊急ニュースに切り替わった．

マクルーハンが『メディア論』(1964)で「地球村」global village を宣言したのは，アメリカの「情報の傘」が地球を覆ったときであった．この本でメディア史を解読してきた読者なら，「原爆による平和」と「情報による平和」がまったく別物と考えるほどナイーブにはなれまい．

パーソナル・コンピュータ

水爆設計に使われたペンシルヴァニア大学の ENIAC は，真空管 1 万 8000 本からなる超大型コンピュータで，始動するとフィラデルフィア市内の電灯が暗くなったと噂された．小型化のきっかけとなったのは，1947 年ベル研究所で発明されたトランジスタである．アポロ計画は人工衛星に搭載できる小型コンピュータを必要としており，このトランジスタ技術を応用して 1971 年インテル社が中央処理装置(CPU)として機能するマイクロプロセッサを開発した．

さらに，1975 年には技術者でなくても利用可能な最初のマイクロパソコン「アルテア 8800」が登場した．パーソナル・コンピュータとしては，1982 年に発売された IBM 社の IBM-PC がビル・ゲイツが創業したマイクロソフト社 (1975) のオペレーティングシステム MS-DOS を使用し，これが IBM-PC 互換

機をふくむパソコン OS の 20 世紀標準モデルとなった．

だが，初心者でもアイコンとマウスで操作できるグラフィカル・ユーザー・インターフェイス GUI のパソコンとしては，スティーブ・ジョブズが創業したアップル社(1976)の「Macintosh」(1984)が先行していた．1995 年にはマイクロソフトも GUI 対応 OS「Windows 95」を発売した．パソコンが研究・事務用マシンから日常生活家電としても急速に普及したのはこれ以降である．

インターネット

インターネットとは，複数のコンピュータを接続したネットワーク同士を接続した internetwork の略称だが，通常は TCP／IP という通信規約にもとづいて全世界に張り巡らされたデジタル通信網を指している．

1957 年ソ連の人工衛星スプートニクの打上に対して，国防総省は高等研究計画エージェンシー(ARPA)を設立し，ミサイル先制攻撃によって軍の集中的指揮系統が破壊された場合の対策を始めた．この対策として，指揮系統や通信網を分散させるアイデアが生まれた．

1969 年，国防総省はパケット交換ネットワークの実現に向けて ARPA-net プロジェクトを開始した．1983 年，軍関係の MIL-net が分離され，ARPA-net は研究教育機関のインターネットワークとして発展することになった．1992 年，インターネット上の情報にアクセスする仕組みとして，WWW＝World Wide Web が欧州原子核研究機構(CERN)で無料公開され，それを図示的に閲覧するためのブラウザ(Mosaic, Netscape, Internet Explorer)が次々に登場し，インターネットの商業利用も認められた．インターネットの応用分野の拡大は通信と放送の融合を促進し，ネット上で商取引を行なう電子マネーの開発も進んだ．こうして，情報と経済のボーダレス化が加速化した．

情報スーパーハイウェイ

インターネットは冷戦の軍事的副産物として誕生し，学術研究とビジネスのネットワークとして発展した．その意味では自由主義と資本主義を核とするアメリカニズムをグローバル化するシステムである．1991 年環境保護主義者として知られたアルバート・ゴア上院議員は，「高速コンピュータ通信法(ハイ・パフォーマンス・コンピューティング・アクト)」を

成立させた．同年9月にゴアが発表した論文「地球村のためのインフラストラクチャー」で，初めて「情報スーパーハイウェイ」が登場する．この1991年，インターネット開発のきっかけを作った仮想敵(ヴァーチャル・エネミー)ソビエト連邦は瓦解した．1993年クリントン政権でゴアは副大統領に指名された．アメリカの情報覇権をより確実なものとすべく，全米の家庭・企業と学校・病院にISDNケーブルを張り巡らす「全米情報基盤」NII構想が打ち出された．

アメリカの1996年テレコミュニケーション法は，放送と通信の垣根を完全に取り去り，競争原理を導入して電話，ケーブルテレビ，放送事業の相互参入を認めた．これ以後，ITバブル(dot-com bubble, 1999-2001)を挟んでアメリカの情報ビジネスは急速な発展を遂げ，グローバルなメディア・コングロマリットが出現した(本書 p. 181)．こうした経済的な規制緩和の一方で，テレコミュニケーション法は子供を暴力シーンや性的シーンなどから守るため，有害番組のアクセスを遮断するVチップを13インチ以上の受信機に内蔵することをメーカーに義務づけていた．

テレビとは異なり，国境を超えるインターネットは確かに世界標準の自由なシステムに見える．だが，それはアメリカ標準の自由であり，当然ながら中国などでは国外サイトへのアクセスを遮断するフィルタリングが行なわれている．インターネットの自由とは産軍複合体を生み出した自由でもある．

第2節 「地球村」神話

「地球村」の預言者マクルーハン

産軍複合体の科学者たちが冷酷な反動家であったなら，話は簡単だろう．だが，実際にはこうした軍事技術のパイオニアの多くは，進歩的ユートピアンである．高射砲の自動制御技術からサイバネティックスを打ち立てたウィナーは，「コミュニケーション＋合理化＋世界化＝平和と幸福」という等式を表明し，「近代的コミュニケーションは世界国家を不可避なものとする」と断言した．

インターネット・ブームに沸く1990年代，「地球村」到来の預言者マクルーハンが再び注目されるようになった．「ウェブ」「モザイク」などマクルーハンに独特な表現もインターネット文化の基礎用語となっている．

「機械の時代に，われわれはその身体を空間に拡張していった．現在，1世紀以上にわたる電気技術を経たあと，われわれはその中枢神経自体を地球規模で拡張してしまっていて，わが地球に関する限り，空間も時間もなくなってしまった」

そもそも，「預言者」とは聖霊を受けて神託を述べる者を意味する．ケンブリッジ留学後の1937年に26歳でカトリックに改宗したマクルーハンの場合，非文字社会から活字社会をへて電子メディアの地球村へという発展段階論には，終末論的なメタ・ヒストリーが存在していた．すなわち，「エデンの園」である閉鎖的部族社会の人間は，活字という「知恵（理性）の実」を食べて国民となったが，電子メディアの福音によって「地球村」という楽園は回復される，との救済史観である．しばしば看過されているようだが，マクルーハンにおいて，活字が生みだした視覚的な「近代」は決して肯定的な時代ではない．むしろ，彼が「原初の感情と情緒」を回復させるテレビの聴覚的要素に過剰な期待を寄せた理由は，プロテスタント的な活字文化への反発ゆえであった．音読のミサより聖書の黙読を評価する近代精神に対するマクルーハンの批判は，「地球村」という「新しい中世」復活の予言でもある．

「中世」や「帝国」のキーワードと並んで，「地球村」はポスト冷戦の文明論で大いに歓迎された．マルクス主義者なき時代において，楽園への進歩史観を謳歌できたのはマクルーハン主義者だけだったと言えよう．

情報社会論と「第三の波」

情報化の未来を語るのは，メディア史の範囲を越えるが，「未来に向けられた視線の歴史」を記述することで，いわゆる情報化社会論について検討したい．

インターネットについて語られている夢は，決して新しいものではない．畏怖の念をこめて活字印刷が「黒い魔術」と呼ばれたとき，大衆新聞が「啓蒙のアウラ」を帯びたとき，あるいは電信や放送が「連帯の科学」として開発されたとき，人々が何を想い何を語ったか．「未来を孕んだ過去」であるメディア史からは，未来イメージの単調さとメディア幻想の強固さが学べる．

「情報社会」という国際化した新概念の創出者・増田米二は，『原典情報社会』(1984, 原著 The Information Society as Post-Industrial Society, 1980) で「コンピ

終　章　情報化の未来史　231

ユートピア」の実現を願って次のように述べていた．

「この地球的未来実現社会とは，市民の一人ひとりが自らの未来の可能性を追求し，目的志向的に行動しながら，自分の自己実現的要求を満足させるような社会であり，また，それぞれの市民が共通の目標・理念の下に自主的に参加する多中心的な自主的コミュニティが，世界中でいっせいに開花する地球社会である」

その市民は，アルヴィン・トフラーが『第三の波』(1980)で描いた，ボランティア精神に溢れた「新しき人(オム・ヌーボー)」と同じである．

「第三の波は，完全に一新された生活様式をつくる．その基礎になるのは多様かつ再生可能なエネルギー源であり，現代の流れ作業産業のほとんどを不要にする生産手段であり，新しい非核家族，「エレクトロニクス住宅」と呼ばれるであろう新生活であり，現代とはまるで違う学校や企業である．この新文明はわれわれのために新しい行動規範をつくり，標準化，同時化，中央集権化などを越え，エネルギーと富と権力の集中を過去のものにしてしまう」

そうした議論の到達点は，多分こんなところだろう．

「各人が一定の専属の活動範囲をもたずにどんな任意の部門においても修業をつむことができ，社会が全般の生産を規制する．そしてまさにそれゆえにこそ私はまったく気の向くままに今日はこれをし，明日はあれをし，朝には狩りをし，午後には魚をとり，夕べには家畜を飼い，食後には批判をすることができるようになり，しかも猟師や漁夫や牧人または批判家になることはない」(マルクス／エンゲルス『ドイツ・イデオロギー』1846)

トフラーの著作では，官僚制も国民国家も植民地主義もすべて「第二の波」の産物とされ，「第三の波」できれいに流し落とされる．それにしても，マクルーハン理論の復権もふまえて考えるならば，どうやら情報社会論とは「メディア教」のユートピア論であるようだ．実際，増田は宇宙船地球号における神人共働説(シナジズム)の現代的再生を謳っている．

あるいは，情報社会論とは「産業社会の自明な運命(マニフェスト・デスティニー)」なのだろう．「ベルリンの壁」からドミノのごとく倒れた社会主義国家は，いずれも優れた情報社会論を生みだすことができなかった．大衆のイメージにおいて，ドリームのない産業社会は労働を強制する「収容所列島」と化すしかないであろう．

第3節　ネチズンとネチズムの未来

第三神話とネチズン革命

「コンピュータの神話」は進化する産業社会の時代精神を反映して変化した．コンピュータの三つの機能，情報処理・情報蓄積・情報通信は，順次異なる神話を生みだした．技術者に利用が独占されていた時代には第一神話「大いなる計算」（シミュレーション）があり，パソコンの登場は第二神話「大いなる記憶」（データベース），インターネットの普及に至って第三神話「大いなる共生」（ネットワーク）が浮上した．

第三神話は「ネチズン」netizen＝network citizen あるいは「智民」（マイケル・ハウベン／公文俊平，1996）による知の理想的共有という希望を生んだ．実際，クリントン＝ゴア政権の「情報スーパーハイウェイ」構想は先端産業の育成とともに「大いなる共生」に向けた社会教育改革と結合していた．

だが，「ニンテンドー」のゲームで時間をつぶしている子供すべてが，いずれは情報基盤の整備によって議会図書館のデータベースにアクセスし，知と戯れる智民になるなど，はたして考えられるだろうか．

知識ギャップの仮説を引くまでもなく（本書 p.21），「ニューメディア」を知的に使いこなせるのは，いつの時代も特権的な少数者にすぎなかった．それでもパソコン操作をメディア・リテラシーとして早期教育すべしと主張する者は，読み書き能力が階級格差を解消しなかったという冷厳なる事実に目を閉ざしているのである．

「エリートの反逆」とネチズンの孤独

それに加えて，智民革命の活動家は，「メディアの発達がなぜ平等な世界を達成できなかったか？」を考えるべきだろう．

『ユネスコ統計年鑑』を見れば，情報の南北問題は明白である．1990年代，世界中のコンピュータの90％以上が先進15カ国で独占的に利用されていた．その状況で彼らはなぜ「地球村」を幻視できたのか．クリストファー・ラッシュ『エリートの反逆』(1995)は，グローバル化の美名に隠れて，ネットワーク

に埋没し，為替差益をむさぼりつつ，ヴァーチャル世界で前衛的ポーズを気取ってみせる情報エリートに激しい非難を浴びせていた．

しかし，彼ら智民もまた孤独なのだ．メディアが提示する無数の選択肢を前にした個人は，選択そのものを放棄しない限り，自ら選択したサブカルチャーに高度の正当性を必要とするようになる．自分の選択を正当化すべく，智民は「自分探し」に多大なエネルギーを注がねばならない．特殊化，専門化したサブカルチャーで自己実現をめざす「智民」は，いつも自己喪失の不安に直面している．個人が教会や親族や近隣共同体の規制から自由になった結果，個人的なアイデンティティ，すなわち行動の制御原理はもはや伝統や共同体によっては担われず，保護されることもなく，すべてが個人の自己責任となる．いかに有能な智民でも，世界中からアクセスされるようになれば，誠実な対話型コミュニケーションは不可能になる．「地球村」のみんな友だち神話は，人間を「超人」化し，メディアの効果を過大に見積もることで，はじめて成立する．

むしろ，個人が「地球村」で背負いこむアイデンティティの重荷に耐えきれず，精神的に破綻する者も多数に及ぶだろう．その結果，誰もが国民文化と国民福祉に安住して，共通の歴史にアイデンティティを保障されていた国民国家の時代が，やがて懐かしく思い起こされるのではないか．

それだけなら，まだましだろう．アイデンティティの重き軛(くびき)に耐え得ぬ智民のサイバースペースに，「聖なる身体をもつと僭称する偽の〈王＝神〉」(西垣通,1995)が来臨しないとも限らない．

ネット・ファシズム＝ネチズム

マックス・ヴェーバーは，支配の三類型として伝統的支配―合理的支配―カリスマ的支配を挙げている．だが，情報社会のユートピア論を正統性の根拠とする限り，どれほど合理的な支配もカリスマ(神の恩寵)への依存から逃れることはできない．メディアの単数形 medium が「巫女・霊媒」の意味で使われていたことを再び想起すべきだろう(本書 p. 2)．

福祉国家の合理的政策は，ミクロには世論製造法であるアンケート調査によって，マクロには人口動態調査や経済成長率によって立案されている．また，年金や保険料の算定基準となる人口動態や経済成長の予測も，官僚機構が生産

する期待値にすぎない．私たちは毎日，巫女(メディア)を通じて大量の予言を受けとり，その予言に支配されている．この意味でも，情報社会はメディア予言のシミュレーション社会なのである．特に好まれるのは危機予言である．

テレビでは政治の複雑なプロセスは単純化されるため，危機予言もテレビ映えする光景が選ばれる．「絵になる不安」を手近な過去にもとめれば，ファシズムになろう．そこで，「メディア・ファシズム」や「サイバー・ファシズム」の危機を叫んでいれば知的な予言屋の生業(なりわい)は大盛況ということである．そうした責任のない立場から危機を予言する者が，その深刻な表情にもかかわらず真剣に思考しているとは限らない．いずれにせよ，古めかしいナチズム映像の使い回しはもう止めるべきだろう．新たなネチズムのイメージを学べるSF小説としては，人々を監視する「ビッグブラザー」を描いたジョージ・オーウェル『1984年』(1949)より，大衆の欲望を操作して自分の鎖を愛させる科学支配を描いたオールダス・ハクスリー『すばらしい新世界』(1932)の方がふさわしい．自分に関する「客観」情報を与えられた人々が，そのデータから自らの未来を選び取る場合，その幸福感はかなり高いのではないか．

脱・情報社会に向けて

今後も当面は，情報社会が「脱」工業社会，あるいはポストモダン(脱近代)として志向されるだろう．脱農業社会である工業社会がかつてそこからの「脱」出を夢見たように，「脱」すべき対象は，なお労働，規制，国境であるに違いない．しかし，情報社会もまた脱・情報社会を生みだすだろう．そして，その対象は，相変わらず労働や規制や国境である可能性が大きいのではないか．

こうした，「脱」信仰，まさしく解脱，の全面化は，おそらく国民精神総動員運動の惰性である．心優しい民主主義者でさえ，コミュニケーションへの参加を日々叫んでいる．コミュニケーションが和解を促進するだろうという希望はあっていい．しかし，コミュニケーションが紛争を生むことも多いのだ．相互無関心こそ平和であるという場合もある．はたして，語ろうとしないこと，耳をかたむけようとしないことが倫理的な罪であると，教育されるべきだろうか．対話や参加が「善」であり，「癒やし」であり「義務」であるというのは20世紀の神話である．あるいは病である．自閉をも許す共生でなければ，共

生は強制か矯正,すなわち抑圧の同義語になるだろう.

第4節　超スマート社会(Society 5.0)?

説得コミュニケーションの過剰

　本書初版(1998)の「未来史」は,コミュニケーション過剰に対する不安で終わっていた.当時,日本のマスメディアはまだ右肩上がりの成長を続けていた.書籍と雑誌・CDの総売上げのピークはそれぞれ1996年と1997年である.新聞の総発行部数のピークも1997年である.当時,私はA・プラトカニス&E・アロンソン『プロパガンダ』(1992)で紹介された挿話に深く共感していた.

　「平均的なアメリカ人は,一生涯に700万回以上の広告を見たり聞いたりする.これとは対照的に,17世紀のニューイングランドでは1週間に一度,教会に足を運んだ清教徒が一生涯に聴いた説教は3000回にすぎない」

　17世紀の2300倍以上の説得コミュニケーションのシャワーを浴びている私たちは,ことばの一つひとつをまじめに受け止めるゆとりはない.清教徒は2時間かけて説教に耳を傾けたが,テレビ広告はせいぜい30秒,大半はワンフレーズのサウンドバイトである.それを無視するか,すぐ忘れることが情報処理上もっとも手っ取り早い問題解決の方法である.コンピュータとは何よりも記憶装置であり,クラウドコンピューティングのWeb 2.0時代において,私たちが脳内に記憶する必要性はますます少なくなっている.記憶の必要がなくなり,記録があいまいになったとき,果たして私たちのコミュニケーションは豊かな内実を持っていると言えるのだろうか.

　デジタル化はこの状況をさらに進めた.日本政府は2001年に「e-Japan」戦略を発表し,世界最先端のIT国家を目指した.1999年にインターネットのブロードバンド接続定額制が導入され,ウェブ利用者は急増した.この流れをうけて,楽天,ライブドア,ドワンゴ(いずれも1997年創業)の新興ITベンチャー企業が急成長を遂げた.

　総務省「情報流通インデックス」によれば,日本社会におけるインターネットの情報流通量はSNS普及以前の2001年を100とすれば,iPhone(2007)が日本で発売された2008年に5125,翌年には7163に達していた.こうした情報

爆発をもたらしたメディアとして，スマートフォンは重要である．

スマートフォンと「超スマート社会」

1995 年に日本のケータイ普及率は約 1 割に過ぎなかったが，2005 年には 9 割を超えていた(内閣府消費動向調査)．スマートフォンを含むケータイは「歴史上最速で普及した工業製品」である．家族で共有されることも多かったパソコンと違い，一人一台がデフォルトの情報端末であることも大きい．家電から個電へのパーソナル化の文脈では，1987 年のコードレス電話発売，1999 年の i モード(NTT ドコモ)開始，2000 年のカメラ付ケータイ発売など，スマートフォンに先行するケータイの進化も重要である．

日本のスマートフォン市場(2017 年統計)では Apple の iPhone(68.6%)が Google の Android OS 端末(30.4%)を圧倒している．だが，世界市場では逆に Android OS 端末(71.9%)が iPhone(19.6%)を抑えてスタンダードになっている．OS を公開した IBM-PC 互換機が Apple の Macintosh を圧倒したパソコン市場の世界史は，スマートフォン市場でも繰り返されている．

スマートフォンはタッチパネル操作の人間化を含めて，文字通り「賢い携帯電話」だが，利用実態としてはどこでもアクセス可能な「ユビキタスコンピュータ」である．すでにケータイによって時計，電卓，電子辞書などを持ち歩く必要はなくなっていたが，スマートフォンは音楽プレイヤーやラップトップ型パソコンの機能も吸収した．実際，パソコンの世帯普及率は 85%(2007)から 73%(2016)へと低下している．2010 年以降，日本の主要新聞社もスマートフォンに記事が読める専用アプリを投入しており，若い世代ではスマートフォンの新聞閲読が増加した．また，ワンセグ放送(2006)や radiko.jp(2010)をスマートフォン視聴することで，「放送と通信の融合」を実感した人は多い．

メディアとはまず「広告媒体」である第 1 章で述べた．インターネット広告費の急増にもスマートフォンは貢献している．スマートフォン以前 2006 年の日本の媒体別広告費内訳で，インターネット(6.9%)は雑誌と肩を並べており，新聞(14.4%)の半分以下，テレビ(29.0%)の 4 分の 1 に過ぎなかった．2009 年にインターネットが新聞の広告費を上回り，2016 年にはインターネット(20.8%)は新聞(8.6%)の 2 倍を超えて，テレビ(29.2%)に迫っている．

スマートフォン時代の未来社会イメージを日本政府は「超スマート社会」(別称・Society 5.0)と名付けている．2016年閣議決定された「第5期科学技術基本計画」において，狩猟社会―農耕社会―工業社会―情報社会の次に来るステージとして打ち出された．次のような社会だという．

「必要なもの・サービスを，必要な人に，必要な時に，必要なだけ提供し，社会の様々なニーズにきめ細かに対応でき，あらゆる人が質の高いサービスを受けられ，年齢，性別，地域，言語といった様々な違いを乗り越え，活き活きと快適に暮らすことのできる社会」

なんとも既読感のある内容ではないか．前節に引用したマルクス／エンゲルス『ドイツ・イデオロギー』(本書 p. 231)の文章とよく似ている．理想社会をイメージする人間の能力には限界があるようだ．また日本政府の「超スマート社会」がドイツの「インダストリー 4.0」(2011)，イギリスの「ハイ・バリュー・マニュファクチャリング」(2010)，アメリカの「スマートアメリカ・チャレンジ」(2013)など各国政府が示す科学技術の未来像と同工異曲なのは，いずれも IoT(モノのインターネット，Internet of Things)と人工知能 AI＝artificial intelligence とビッグデータの活用を前提とするためだろう．

AI が自動生成する「著作物」

AI という言葉の初出は，人間と同じような情報処理をコンピュータにさせたいと考えた研究者が集ったダートマス会議(1956)である．1950年代の第一次 AI ブームは記号処理の理論研究が中心だったが，パソコンの普及が始まった1980年代の第二次 AI ブームでは熟練者の知識をコンピュータに移植するエキスパートシステムの開発が目指された．しかし，当時のマシンの処理能力では言語化不能の暗黙知をプログラム化できず，ブームは自然消滅した．2000年代に第三次 AI ブームが再燃したのは，ディープラーニング(深層学習)の技術が実用化されたためである．音声・画像を正確にパターン認識する技術がブレイクスルーとなり，コンピュータが自動学習し，その成果に基づき予測を行なうプログラムが可能となった．

2016年3月，Google 傘下のディープマインド社が開発した囲碁プログラム「アルファ碁」が世界トップレベルのプロ棋士に勝利して AI は一躍脚光を浴

びた．未来学者レイ・カーツワイルは『ポスト・ヒューマン誕生』(2005) で 2045 年に AI が人間の脳を超える技術的特異点(シンギュラリティ)に到達すると予言しており，AI 技術の応用で運送・製造から医療・介護までの人間労働がロボットに置き換わる「AI 大失業時代」の到来も論じられている．もちろん，「人間の代替」は単純労働だけではない．ジャーナリズムでも，ビッグデータから文章を自動生成し，それを自動校正システムにかけて記事を出稿する「AI 記者」は可能である．また，本書のようなテキストの場合，ビッグデータから「標準テキスト」を自動生成するという試みはかなり魅力的だ．学術論文や関連著作での頻出度を反映した AI 版の「現代メディア史」を私は読みたい．

AI が自動生成した文章を「次世代ジャーナリズム」や「データ駆動型アカデミズム」と呼ぶかどうかはともかく，その文章を「著作物」と認めるかどうかも深刻な問題である．現行法では AI が創作した音楽や文学作品に著作権は認められないが，やがてはそれが出版文化とともに成立した「著者」や「著作権」という近代的概念を大きく揺さぶるだろう．この点で，2003 年から Google が始めた「ライブラリープロジェクト」は注目すべきだろう．2009 年 1 月 5 日以前に発行されたあらゆる書籍のアーカイヴ化をめざす Google ブックスは，データ化した全文を対象に検索を行なうことができ，検索結果として表示された書籍の一部（著作権切れであれば全ページ）が無料で閲覧できる．

Google はその収益を広告料に依存する広告媒体(メディア)企業であり，これまで通り「利用者本位」原則を貫くとすれば，Google ブックスは広告料を得るためのコンテンツとして運営されるだろう．この結果，書籍は Google に囲い込まれることで本格的に広告媒体(メディア)となる．こうした「本のメディア化」がもたらす文化的衝撃は計り知れない．これまで再販制度の擁護で唱えられた「本は違う」の主張を繰り返すことはもはや難しくなるだろう．一方で，私たちが民放テレビ番組を無料で（正確には商品代に含まれた広告費を支払って）観ているように，大半のベストセラーを無料で読める時代は予想以上に早く到来するだろう．

認知資本主義の労働

第 1 節で述べたように，コンピュータからインターネットまで 20 世紀のビッグ・サイエンスは軍事技術開発の名目で進められてきた．他方，21 世紀の

ビッグデータやAIの技術開発はビジネス主導で進められている．研究開発に必要な資金はグローバルな金融市場からGoogleなど民間企業が調達している．

　こうした変化は冷戦下の軍事開発拠点として勃興したアメリカのIT産業拠点，シリコンバレーの変容に象徴されている．そこには世界中からソフト開発者が集まる一方で，製品などハードウエアの製造工場は中国など外部に移されている．こうしたイノベーションを主導する企業では，労働もいわゆる物質やサービスを直接生み出す労働でなく，情報やデータなど無形のものを頭脳で活用する，新しい「認知的労働」へと変化している．それは余暇や消費活動をふくめ人間の生活を丸ごと産業に取り込むシステムである．例えば，私たちがウェブで検索することも，SNSにメッセージを書き込むことも，個人データという情報財を生産する認知的労働と言えるわけだ．検索システムのGoogleもSNSのFacebookもその収入の大半は閲覧数などで計量される広告費であり，それは利用者の検索や書き込みという無報酬の認知的労働によって生み出されている．この認知資本主義は生活者の全情報を蓄積し，データとして活用することで収益を上げる経済システムなのだ．地球全体に張り巡らされたウェブ上で全世界人口が生産するビックデータこそ，グローバルIT企業の富の源泉にほかならない．

　こうした新しい資本主義の下で労働の意味は大きく変化している．前節では情報社会以後も「脱」すべき対象として，相変わらず労働が残るだろうと記述した．しかし，自由な検索や書き込みも無報酬の認知的労働と見なす場合，日常生活全体を覆っているこの「快適な」労働からの解放を私たちは望んでいるだろうか．自由な参加のサイバースペースには利用者の主体性や自主性を先取りする環境管理型権力がアーキテクチャーとして埋め込まれている．

メディア教育の未来

　日本では2020年4月から小中学校でタブレット端末を使った「デジタル教科書」の本格導入が決まっている．書籍が「子供の誕生」（アリエス）を促し，テレビが「子供の消滅」（ポストマン）をもたらしたとすれば，インターネットは「大人の消滅」をもたらしたといえるのだろう．認知資本主義のウェブ空間の中で，「学校」という近代装置とともに「教育」という概念も揺らいでいる．

そもそも，ウェブ上の「快適な政治」が良い政治とは限らないように，ITを駆使した「快適な教育」は本当に良い教育なのか．「快適な教育」のディストピアの一つは，ミッシェル・フーコー的な意味での「快適な監獄」だろう．

教育問題にメディアを引き寄せて考えるなら，『脱学校の社会』(1971)で有名なイヴァン・イリイチの教育人 homo educandus 批判が想起される．

イリイチによれば，教育とは長らく「学習を生産する手段が稀少であるという仮定のもとでとりおこなわれる学習」と考えられており，学校教育とほぼ同義で使われてきた．しかし，20世紀のマスメディアの普及によって，学習機会の稀少性はほとんど感じられなくなってきた．この感覚こそが1970年代以降，先進国でゆとりある生涯学習社会というバラ色の未来を幻視させてきた．こうした情報化の教育的ユートピアをイリイチは原理的に批判した．それはコンピュータのリテラシーが「文字によってものを考える精神」に与えるダメージであり，さらに生身の体を必要としない認知システムによって教育が空洞化される危険性である．この身体性を欠いたデジタル教育は，「学び」という営みを「単位」という数値に置き換えても何ら不都合を感じない学校的心性をますます強化する．そうした数値主義に立てば，卒業証明書をもたない智者・賢人の存在は見えなくしてしまうのである．こうした教育情報システムをイリイチは情報洪水における水泳訓練に喩えて批判している（「エコ教育学とコモンズ」1983，『生きる思想』所収）．

「生徒たちは，そこで，たえずふえつづけてゆく情報のみち潮のなかでも浮かんでいられるようにと訓練をうけます．このみち潮は，すでにとうから，生徒たちをその個人的な意味の基盤から押し流してしまっているのですが，生徒たちがそうやって，情報の洪水を器用にさばく方法を教えこまれれば教え込まれるほど，何か意味をもったシステムの地盤に足を着けたいというかれらの願いそれ自体が，蝕まれ，ついえてゆくのです」

この結果，ホモ・サピエンス（賢い人間）はホモ・エドゥカンドゥス（教育されるべき人間），すなわち「教育されないと学べない人間」，ついには「情報とプログラミングを必要とする人間」となるのではないか．イリイチのこうした予言は，「超スマート社会」を掲げて快適化に邁進する日本社会においてこそ肝に銘じておくべきだろう．

基本文献案内

「新版 はじめに」で書いたように，本書は「参与性(クールネス)の高いアーキテクチャー」を備えたテキストである．入門者として難しいと感じるなら，拙著『メディア社会』(岩波新書，2006)がよい．本書の枠組み「メディア論とはメディア史である」については，拙著『ヒューマニティーズ　歴史学』(岩波書店，2009)も参照されたい．

メディア研究を概観するためには，異なる専門分野(ディシプリン)の研究者が一人で書いたテキストを3冊比べ読みするのが効率的だろう．例えば，社会学で吉見俊哉『メディア文化論』(改訂版・有斐閣，2012)，社会心理学で橋元良明『メディアと日本人』(岩波新書，2011)，政治学で谷口将紀『政治とマスメディア』(東京大学出版会，2015)などである．欧米のテキストでは，D. マクウェール『マス・コミュニケーション研究』(慶應義塾大学出版会，2010)が包括的である．イギリス的な F. イングリス『メディアの理論』(法政大学出版局，1992)，アメリカ的な E. M. ロジャーズ『コミュニケーションの科学』(共立出版，1992)，ドイツ的な J. ヘーリッシュ『メディアの歴史』(法政大学出版局，2017)も有用である．メディア論・メディア研究のアンソロジーとしては W. シュラム編『マス・コミュニケーション』(東京創元社，1968)，D. クローリー／P. ヘイヤー編『歴史のなかのコミュニケーション』(新曜社，1995)，谷藤悦史／大石裕編『リーディングス　政治コミュニケーション』(一藝社，2002)を挙げておきたい．

第1章　研究史

そもそも私が新聞学という「学問分野(ディシプリン)」の存在を知ったのは，小山栄三『新聞学原理』(同文舘，1969)であり，戦前ドイツ新聞学の体系志向の伝統がよく表現されている．マス・コミュニケーション研究史については，田崎篤郎／児島和人編『マス・コミュニケーション効果研究の展開』(改訂新版・北樹出版，2003)が入門書となるだろう．

文化ペシミズムの古典では，リベラリズムの側から W. リップマン『幻の公衆』(柏書房，2007)，マルクス主義者のものとして M. ホルクハイマー／T. W. アドルノ『啓蒙の弁証法』(岩波文庫，2007)，保守主義者では T. S. エリオット『文化の定義のための覚書』(中公クラシックス，2013)を読みたい．現代の保守主義者では A. ブルーム『アメリカン・マインドの終焉』(みすず書房，1988)に感銘を受けた．消費社会におけるメディアの文化的機能については，J. ボードリヤール『消費社会の神話と構造』(紀伊國屋書店，1979)が今なお新鮮な魅力に溢れている．カルチュラル・スタディーズの入門書としては G. ターナー『カルチュラル・スタディーズ入門』(作品社，1999)がよいが，私は R. ウィリアムズ『長い革命』(ミネルヴァ書房，1983)から始めた．メディア調査研究では，世論研究の歴史も概観している E. ノエル＝ノイマン『沈黙の螺旋理論』(改訂復刻版・北大路書房，2013)，M. マコームズ『アジェンダセッティング』(学文社，2018)が基本である．学説史から現代を考える津田正太郎『ナショナリズムとマスメディア』(勁草書房，2016)も薦めたい．

第2章　都市と公共圏

J. ハーバーマス『公共性の構造転換』(第二版・未来社, 1994) の「市民的公共性」への懐疑から私のメディア史研究は出発した．「労働者的公共性」の構造転換を跡づけた拙著『大衆宣伝の神話——マルクスからヒトラーへのメディア史』(ちくま学芸文庫, 2014) は，ハーバーマスが記述を回避した総力戦体制期も論じている．その延長上に大衆社会の世論を分析した拙著『輿論と世論——日本型民意の系譜学』(新潮選書, 2008) がある．

メディア都市と交通に関しては，片木篤『テクノスケープ』(鹿島出版会, 1995) が展望を与えてくれる．特に鉄道とコミュニケーションの変容に関しては，W. シヴェルブシュ『鉄道旅行の歴史』(法政大学出版局, 1982)，照明・電化の影響についても，同じ著者の『闇をひらく光』(法政大学出版局, 1988) が大変魅力的な社会史である．

シンボル政治は D. I. カーツァー『儀式・政治・権力』(勁草書房, 1989)，D. ダヤーン／E. カッツ『メディア・イベント』(青弓社, 1996) で概観できる．「疑似イベント」を歴史的に解明した D. J. ブーアスティン『幻影の時代——マスコミが製造する事実』(東京創元社, 1964) は必読である．国民的儀礼とメディア・イベントに関しては，ドイツについて G. L. モッセ『大衆の国民化』(柏書房, 1994)，イギリスについて E. ホブズボウム／T. レンジャー編『創られた伝統』(紀伊國屋書店, 1992)，アメリカについて J. ボドナー『鎮魂と祝祭のアメリカ』(青木書店, 1997)，日本について T. フジタニ『天皇のページェント』(NHK ブックス, 1994) を挙げておこう．

第3章　出版

出版学の可能性と問題点は，清水英夫『出版学と出版の自由』(日本エディタースクール出版部, 1995) が示している．比較出版史の試みは，箕輪成男『歴史としての出版』(弓立社, 1983) が先駆的である．M. マクルーハンの大著『グーテンベルクの銀河系』(みすず書房, 1986) から入るより，W. J. オング『声の文化と文字の文化』(藤原書店, 1991) から読み始めるべきだろう．国民国家形成に活字が及ぼした影響については，B. アンダーソン『定本 想像の共同体』(書籍工房早山, 2007) が必読であるが，H. イニス『メディアの文明史』(新曜社, 1987) を先に読んでおいた方が見通しがよい．デジタル化まで視野に入れた通史として P. バーク『知識の社会史』1・2 (新曜社, 2004・2015) は貴重である．

活字文化発祥の地でもあるドイツについては，戸叶勝也『ドイツ出版の社会史』(三修社, 1992) はバランスのとれた通史である．R. エンゲルジング『文盲と読書の社会史』(思索社, 1985)，H. M. エンツェンスベルガー『意識産業』(晶文社, 1970) とともに薦めたい．イギリスについては，J. フェザー『イギリス出版史』(玉川大学出版部, 1991) が全体像を与えてくれる．「文庫の帝王」A. レーンの伝記である J. E. モーパーゴ『ペンギン・ブックス』(中公文庫, 1989) は読み物として魅力的である．アメリカについては，P. スフリューデルス『ペーパーバック大全 USA 1939-1959』(晶文社, 1992) がある．日本の読書論は前田愛『近代読者の成立』(筑摩書房, 1989) から，流通論は柴野京子『書棚と平台——出版流通というメディア』(弘文堂, 2009) から読むべきだろう．岩波文庫や岩波新書については，拙著『『図書』のメディア史』(岩波書店, 2015) を参照されたい．

第 4 章　新聞

　新聞というメディアの全体的な展望を得るためには，**浜田純一／田島泰彦／桂敬一編『新訂 新聞学』**(日本評論社，2009)がよい．**A. スミス『ザ・ニュースペーパー』**(新潮選書，1989)は明快な入門書である．日本について**春原昭彦『四訂版 日本新聞通史』**(新泉社，2003)，**土屋礼子編『近代日本メディア人物誌　創始者・経営者編』**(ミネルヴァ書房，2009)，イギリスについて**小林恭子『英国メディア史』**(中公選書，2011)，ドイツについて**N. フライ／J. シュミッツ『ヒトラー独裁下のジャーナリストたち』**(朝日選書，1996)，アメリカについて**M. エメリー／E. エメリー／N. ロバーツ『アメリカ報道史』**(松柏社，2016)を参照すべきだろう．汗牛 充 棟の感がある日本新聞史の中で，**山本武利『近代日本の新聞読者層』**(法政大学出版局，1981)と**有山輝雄『近代日本ジャーナリズムの構造』**(東京出版，1995)が金字塔である．ジャーナリストの視点からの新聞史としては，毎日新聞系の**鈴木健二『戦争と新聞』**(ちくま文庫，2015)，朝日新聞系の**今西光男『新聞　資本と経営の昭和史』**(朝日選書，2007)，通信社系の**鳥居英晴『国策通信社『同盟』の興亡』**(花伝社，2014)がある．戦時・占領期の新聞統制の近年の成果として**里見脩『新聞統合』**(勁草書房，2011)，**吉田則昭『戦時統制とジャーナリズム』**(昭和堂，2010)，**井川充雄『戦後新興紙とGHQ』**(世界思想社，2008)がある．

第 5 章　写真とサイレント映画

　W. ベンヤミン「複製技術時代における芸術作品」所収の**『ベンヤミン・コレクション I』**(ちくま学芸文庫，1995)は何度読んでも飽きることがない．視覚文化を概観したW. アイヴィンス**『ヴィジュアル・コミュニケーションの歴史』**(晶文社，1984)も必読である．写真論としては，S. ソンタグ**『写真論』**(晶文社，1979)とG. フロイント**『写真と社会』**(御茶の水書房，1986)が良い．サイレント映画論としては，B. バラージュ**『視覚的人間』**(岩波文庫，1986)が古典である．日本については，**鳥原学『日本写真史』**上下(中公新書，2013)がまとまっている．

　サイレント時代を含む映画史では，アメリカはR. スクラー**『アメリカ映画の文化史』**上下(講談社学術文庫，1995)，ドイツはS. クラカウアー**『カリガリからヒトラーへ』**(みすず書房，1980)，イギリスはP. ローサ**『ドキュメンタリィ映画』**(新装版・未来社，1995)，日本は**田中純一郎『日本映画発達史』**I〜V(中公文庫，1975)が必読の古典である．比較メディア史としてのサイレント映画を扱った研究としては，映画を「活字」に対する「活映」として論じた**赤上裕幸『ポスト活字の考古学』**(柏書房，2013)，1910 年代のシネマと芸術の交流を各国比較で論じた**小川佐和子『映画の胎動』**(人文書院，2016)が新しい傾向だろう．作品論や産業論を超えた受容サイドからの研究として，**加藤幹郎『映画館と観客の文化史』**(中公新書，2006)の視点が重要である．

第 6 章　宣伝

　第一次大戦については，「開戦百年」(2014)を境に多くの著作が刊行された．とはいえ，A. J. P. テイラー**『第一次世界大戦』**(新評論，1980)とM. エクスタインズ**『春の祭典』**(み

すず書房，2009)はなお基本図書である．日本人にとって「戦後」は第二次大戦後だが，西欧人にとって「戦後」とは第一次大戦後であることがよく理解できる．第一次大戦に至る時間と空間の変容については，S. カーン『時間の文化史』『空間の文化史』(法政大学出版局，1993)が展望を与えてくれる．プロパガンダについては，G. S. ジャウエット／V. オドンネル『大衆操作——宗教から戦争まで』(ジャパンタイムズ，1993), S. ユーウェン『PR!——世論操作の社会史』(法政大学出版局，2003)がよい．

拙著『ファシスト的公共性——総力戦体制のメディア学』(岩波書店，2018)は第一次大「戦後」のメディア史である．海外通信と情報政策に関しては，有山輝雄『情報覇権と帝国日本』I〜III(吉川弘文館，2013-16)が決定版である．戦時報道史については P. ナイトリー『戦争報道の内幕』(中公文庫，2004), 戦争広報については N. スノー『情報戦争』(岩波書店，2004)がまとまっている．ボスニア戦争を扱う高木徹『戦争広告代理店』(講談社文庫，2005)も「プロパガンダの PR 化」として読み応えがある．

第 7 章　ラジオ

ラジオとファシズムの関係を文明論的な視点から論じた M. ピカートの『われわれ自身のなかのヒトラー』(みすず書房，1965)は，再読三読に堪える名著である．19 世紀後半の電気テクノロジーの社会的編成から電話やラジオの発展を論じた C. マーヴィン『古いメディアが新しかった時』(新曜社，2003)も，F. キットラー『グラモフォン・フィルム・タイプライター』上下(ちくま学芸文庫，2006)とともに新しい古典である．まず吉見俊哉『「声」の資本主義』(河出文庫，2012)で見通しをつけてから読み始めるとよい．

アメリカについては，水越伸『メディアの生成』(同文舘，1993), D. グッドマン『ラジオが夢見た市民社会』(岩波書店，2018)だろう．イギリスについて，蓑葉信弘『BBC イギリス放送協会』(東信堂，2003)がまとまっている．ドイツについて，平井正『20 世紀の権力とメディア』(雄山閣，1995)の第 1 章から入るべきだろう．日本について，竹山昭子『戦争と放送』(吉川弘文館，2017)や津金澤聰廣『現代日本メディア史の研究』(ミネルヴァ書房，1998)が研究の導きになる．玉音放送のメディア論としては，拙著『増補 八月十五日の神話』(ちくま学芸文庫，2014)を参照されたい．

第 8 章　トーキー映画

トーキーの政治的意味をわかりやすく解説したものとして，NHK "ドキュメント昭和"取材班編『トーキーは世界をめざす』(角川書店，1986)は明快である．

アメリカについては，加藤幹郎の『映画　視線のポリティックス』(筑摩書房，1996)と『映画ジャンル論』(増補改訂版，文遊社，2016)は読み応えがある．グローバル・ハリウッドの下でのイギリス映画の困難さは，河島伸子ほか編『イギリス映画と文化政策』(慶應義塾大学出版会，2012)でも読み取れる．ドイツについては，K. リース『ドイツ映画の偉大な時代』(フィルムアート社，1981)と瀬川裕司『ナチ娯楽映画の世界』(平凡社，2000)がよい．日本については，ミツヨ・ワダ・マルシアーノ『ニッポン・モダン』(名古屋大学出版会，2009)と古川隆久『戦時下の日本映画』(吉川弘文館，2003)が出発点だろう．占領期

日本のGHQの映画政策に関しては，谷川建司『アメリカ映画と占領政策』(京都大学学術出版会，2002)がある．本章の理論的枠組みである総力戦体制とシステム社会化については，山之内靖『総力戦体制』(ちくま学芸文庫，2015)を参照されたい．

第9章　テレビ

テレビを到達点とするメディア論としてはM. マクルーハン『メディア論――人間の拡張の諸相』(みすず書房，1987)をここで挙げておきたい．とはいえ，私のテレビ観を決定づけたのは，J. メイロウィッツ『場所感の喪失』(新曜社，2003)である．それと関連して，N. ポストマン『子どもはもういない』(新樹社，1995)と拙著『テレビ的教養――一億総博知化への系譜』(岩波現代文庫，2019)がテレビの社会的影響を論じている．

アメリカについては，有馬哲夫『テレビの夢から覚めるまで』(国文社，1997)がある．ドイツについては，データが古いがW. リンクス『第5の壁　テレビ』(東京創元新社，1967)が米英との比較を試みており有益である．グローバルなテレビ文化の意味を考える上でJ. トムリンソン『文化帝国主義』(青土社，1993)が問題点をよく整理している．日本のテレビ史については，猪瀬直樹『欲望のメディア』(小学館文庫，2013)，飯田豊『テレビが見世物だったころ』(青弓社，2016)が基本であろう．各国の現況については，毎年刊行されているNHK放送文化研究所編『NHKデータブック　世界の放送』(NHK出版)が便利である．

終章　情報化

情報化＝コンピュータ化の文明論のアンソロジーとして，公文俊平編『リーディングズ　情報社会』(NTT出版，2003)がある．いわゆる「情報化社会論」を批判的に展望した佐藤俊樹『社会は情報化の夢を見る――〔新世紀版〕ノイマンの夢・近代の欲望』(河出文庫，2010)，情報社会の民主化を逆転の発想で論じた東浩紀『一般意志2.0』(講談社文庫，2015)は必読である．本書では言及しなかったウェブ文化の別の側面(アメリカの文化的伝統)を，池田純一『ウェブ×ソーシャル×アメリカ』(講談社現代新書，2011)はバランスよく論じている．情報化を考える古典としては，マクルーハンよりもA. トフラー『第三の波』(中公文庫，1982)の方がよいだろうが，F-B. ユイグ『未来予測の幻想』(産業図書，1997)とも併読したい．

初版(1998)ではインターネット社会を理解する基本文献として，浜野保樹『極端に短いインターネットの歴史』(晶文社，1997)，西垣通『聖なるヴァーチャル・リアリティ』(岩波書店，1995)，大澤真幸『電子メディア論』(新曜社，1995)を挙げていた．さらに，公文俊平編『ネティズンの時代』(NTT出版，1996)を読むのであれば，C. ラッシュ『エリートの反逆』(新曜社，1997)を併せて読むべきだ，と書いていた．この旧基本文献が今日持つ意味はおのずと変化している．この新版(2018)で追加した終章第4節の執筆では，ウェブ上の各国データベースや各種の年鑑を主に利用した．現段階の「基本文献」を読者が見つける手がかりとしては，拙編『岩波講座現代　IX　デジタル情報社会の未来』(岩波書店，2016)を挙げておきたい．

研究・文献年表＋索引

	日　本	ド　イ　ツ
		1832 クラウゼヴィッツ『戦争論』 *2, 122*
		1846 マルクス／エンゲルス『ドイツ・イデオロギー』 *231, 237*
		1848 同『共産党宣言』 *71*
	1870 中村正直『西国立志編』 *59*	1862 ラサール『労働者綱領』 *50, 68*
	1872 福沢諭吉『学問のすゝめ』 *59*	1872 ニーチェ「われわれの教養施設の将来について」 *8*
	1876 酒井忠恕訳『仏国歩兵陣中要務実地演習軌典』＝「情報」造語 *2*	1887 テンニース『ゲマインシャフトとゲゼルシャフト』 *8*
		1893 ビューヒャー『国民経済の成立』 *11*
	1899 松本君平『新聞学——欧米新聞事業』 *12*	1900 フロイト『夢判断』 *36*
1901		
	1903 森林太郎訳・クラウゼヴィッツ『大戦学理』 *2*	1904 パーク『大衆と公衆』 *10*
		1910 第1回ドイツ社会学会大会，ヴェーバー「新聞の社会学」 *11*
1911		
	1915 杉村広太郎『最近新聞紙学』 *12*	1916 ビューヒャー，ライプチヒ大学新聞学研究所設立 *11*
	—— 権田保之助訳・ビューヒャー『経済的文明史論』 *12*	1919 ヴェーバー『職業としての政治』 *11*
		1920 ニコライ『世界戦争ニ於ケル情報勤務ト新聞ト輿論』 *136*
1921		
	1922 小野秀雄『日本新聞発達史』 *87*	1922 テンニース『世論批判』 *10*
		—— シュペングラー『西洋の没落』第2巻 *10, 13, 119*
	1929 小野秀雄，東京帝国大学文学部新聞研究室設置 *12*	1923 フランクフルト大学社会研究所設立 *10, 13*
	1930 棟尾松治『新聞学概論』 *11*	1924 バラージュ『視覚的人間』 *93*
	—— 橘篤郎編『綜合ヂャーナリズム講座』 *12*	1925 ヒトラー『わが闘争』 *52, 118, 127*
		1926 国際新聞学会機関紙『新聞学』 *11*
1931		
	1931 満州事変(-32)	1932 ホルクハイマー『社会研究』創刊(-39) *13*
	1932 小野秀雄，上智大学文学部新聞学科設立	—— ブレヒト「コミュニケーション装置としてのラジオ」 *145*

第 1 章のメディア研究史に加えて本文で言及した文献を便宜上リスト化したものであり，体系的，網羅的なものではない．索引として利用するため，その固有名詞の登場する関連頁も記載した．
例えば，本文中で(ジョシュア・メイロウィッツ，1985)とあるものは，原著刊行年 1985 に『場所感の喪失』が記載されている．邦訳のある場合も，意訳の著しいものは直訳にした．括弧で囲ったものは，当該国に関して外国で出版された文献である．便宜上，ドイツ系アメリカ亡命者のものは場合によりドイツに，フランス・スペイン・カナダの文献は(仏)(西)(加)を付けイギリスに記載した．

アメリカ	イギリス
	1644 ミルトン『アレオパジティカ』 43
	1651 ホッブス『リヴァイアサン』 67
	1848 (仏)ブラン『フランス革命史』 43
	1857 マルクス『経済学批判序説』 44
	1867 マルクス『資本論』第1巻 27
	1869 アーノルド『教養と無秩序』 154, 214
	1880 エンゲルス『空想から科学へ』 29
1893 ペンシルヴァニア大学ジャーナリズム講座開設 9	1890 フレイザー『金枝篇』 36
	1895 (仏)ル・ボン『群衆心理』 36
	1897 (仏)デュルケーム『自殺論』 36
	1901〜
1908 ウィリアムズ，ミズーリ大学ジャーナリズム学科設立 9	1901 (仏)タルド『世論と群衆』 8
1909 クーリー『社会組織論』 9	
	1911〜
1911 テイラー『科学的管理法の原理』 29	
1912 コロンビア大学ジャーナリズム学科設立 9, 84	1913 ショー『ピグマリオン』 182
1917 公報委員会 CPI 設立 132-34	**1914 第一次大戦 (-18)**
1920 クリール『アメリカの広告方法』 133	1918「情報省」設立 = information の軍事化 2, 128
	1921〜
1922 パーク『移民新聞とその統制』 10	1922 エリオット『クライテリオン』創刊 (-39) 12
── リップマン『世論』 10 f., 132 f.	
1923「マスミディウム」，『広告と販売』誌に初出 3	
1927 ラスウェル『世界大戦における宣伝技術』 14, 122	1928 ポンソンビー『戦時の嘘』 130
── 内外通商局『日本の映画』 106, 191	1930 リーヴィス『大衆文明と少数者文化』 12
1928 ハートレー「情報の伝達」 2	── (西)オルテガ・イ・ガセット『大衆の反逆』 13
	1931〜
	1931 マクドナルド挙国一致政権(-35)
	1932 リーヴィス『スクルーティニー』創刊 (-53) 13
1933 ニューディール	── ハクスリー『すばらしい新世界』 234
── フォーマン『映画が育てた子供』 177	

日本	ドイツ
	1933 第三帝国成立＝国民啓蒙宣伝省
1934 陸軍新聞班『国防の本義と其強化の提唱』 *137*	—— ベンヤミン「1900年前後のベルリンにおける幼年時代」 *143*
—— 戸坂潤「新聞現象の分析」『現代哲学講話』 *12*	1935「新聞学」国家試験実施 *11*
1935 小山栄三『新聞学』	—— ミュンスター『新聞と政策』 *5*
1940「情報局ノ組織ト機能」 *168*	—— ルーデンドルフ『総力戦論』 *122*
—— 内閣情報部訳・ミュンスター「公示の樹」 *4 f.*	1936（ベンヤミン「複製技術時代における芸術作品」） *13, 94, 98, 100, 187*

1941

日本	ドイツ
1941 太平洋戦争(-45)	1941（アドルノ「〈没落〉後のシュペングラー」） *13 f.*
1942 小山栄三『戦時宣伝論』 *17*	—— （フロム『自由からの逃走』） *13, 142*
—— 棟尾松治『思想戦』 *11*	
1943 松本君平『アジア民族興亡史観』 *11*	1944（ホルクハイマー／アドルノ『啓蒙の弁証法』） *13*
1946 小山栄三『輿論調査概要』 *17*	1946（ピカート『われわれ自身のなかのヒトラー』） *145*
—— （ベネディクト『菊と刀』） *194*	
1947 小野秀雄『新聞原論』 *17*	1947（クラカウアー『カリガリからヒトラーへ』） *110, 171*
	1948（ピカート『沈黙の世界』） *146*
1949 東京大学新聞研究所設立(所長小野秀雄) *17*	1949 ローウェンタール／グターマン『欺瞞の預言者』 *14*
—— 国立世論調査所設立(所長小山栄三) *17*	

1951

日本	ドイツ
1951 日本新聞学会発足(小野秀雄会長)	
1953 小山栄三「輿論形成の手段としてのマス・コミュニケーション」『東京大学新聞研究紀要』第2号 *5*	1954 ハンス・ブレドゥ研究所設立 *164*
	1955 アドルノ『プリズメン——文化批判と社会』 *13 f.*
1954 清水幾太郎監訳, シュラム編『マス・コミュニケーション』 *14 f.*	1957（カントロヴィッチ『王の二つの身体』） *32*
1959 松下圭一「大衆天皇制論」 *221*	

1961

日本	ドイツ
	1961 フィッシャー『世界強国への道』 *123*
	1962 ハーバーマス『公共性の構造転換』 *23-26, 122*
	—— エンツェンスベルガー『意識産業』 *52 f.*

アメリカ	イギリス	
1935 ギャラップ，アメリカ世論調査所設立　17		
1937 プリンストン大学ラジオ調査室設立　15 f.		
1939 「ロックフェラー・コミュニケーション・セミナー」開催　5	1939 第二次大戦 (-45)	
1940 ラザースフェルト編『ラジオと印刷物』15		
── キャントリル『火星からの侵入』15, 151		
		1941
1944 ヘルツォーク「ソープ・オペラ視聴者」分析　16		
── ラザースフェルト『国民の選択』15	1945 ロンドンにてユネスコ憲章採択，「マス・コミュニケーション」の公式文書初出　5	
1946 マートン『大衆説得』15, 151 f.		
1947 シュラム，イリノイ大学にコミュニケーション学大学院博士課程設立　14		
── レヴィン「集団生活のチャンネル」15		
1948 ウィナー『サイバネティックス』16, 225, 229	1948 エリオット『文化の定義のための覚書』18	
1949 シャノン／ウィーバー『コミュニケーションの数学的理論』16	1949 オーウェル『1984年』19, 200, 234	
── ホヴランド『マス・コミュニケーションにおける実験』15		
1950 ホワイト「ゲート・キーパー」15	1950（加）イニス『帝国とコミュニケーション』46	
── リースマン『孤独な群衆』200		
		1951
1953 ブラッドベリ『華氏451度』43 f.		
1955 カッツ／ラザースフェルト『パーソナル・インフルエンス』15, 17		
1957 ラーナー「コミュニケーション体系と社会体系」23	1957 ホガート『読み書き能力の効用』18, 55	
1960 クラッパー『マス・コミュニケーションの効果』17 f.	1960（仏）アリエス『子供の誕生』172, 239	
── ロストウ『経済成長の諸段階』59		
		1961
	1961 ウィリアムズ『長い革命』18	
1962 ブーアスティン『幻影の時代』94, 208	1962 ウィリアムズ『コミュニケーションズ』18	
── マッハルプ『知識産業』21, 58		
── マクルーハン『グーテンベルクの銀河系』45		

	日　　本	ド イ ツ
	1963 梅棹忠夫『情報産業論』 *21*	1963 ミッチャーリヒ『父親なき社会』 *217*
	1965（ドーア「徳川期教育の遺産」）*59*	1964 マルクーゼ『一次元的人間』 *14*
		1966（シェーンボウム『ヒトラーの社会革命』）*174*
	1969 小山栄三『新聞学原理』 *4 f.*	1969（エリアス『文明化の過程』）*44*
1971		──（リンガー『読書人の没落』）*51*
		1971 イリイチ『脱学校の社会』 *240*
	1973 前田愛『近代読者の成立』 *44*	1974 ノエル゠ノイマン「沈黙の螺旋」 *20*
		── エンゲルジング『読者としての市民』 *48*
		──（モッセ『大衆の国民化』）*32*
		1977（イングルハート『静かなる革命』）*217*
	1980 増田米二『脱工業化社会としての情報社会』 *230*	1979 エンデ『はてしない物語』 *190*
1981	1982（ジョンソン『通産省と日本の奇跡』）*174*	
	1983 箕輪成男『歴史としての出版』 *59*	1983 イリイチ「エコ教育学とコモンズ」 *240*
	1985 吉村公三郎『キネマの時代』 *194*	
	1989 江藤淳『閉された言語空間』 *195 f.*	
	1990（ダワー「役に立った戦争」　山崎正和・高坂正堯監修『日米の昭和』）*174*	
1991	1995 山之内靖ほか編『総力戦と現代化』 *225*	1991 ハーバーマス『公共性の構造転換』第二版 *202*
	── 西垣通『聖なるヴァーチャル・リアリティ』 *233*	
	1996 公文俊平編『ネティズンの時代』 *7, 232*	
2001		
2011	2011 東浩紀『一般意志 2.0』 *33*	

本書初版（1998, *33, 45, 64, 92, 97, 206, 224, 235*），佐藤卓己『八月十五日の神話』（2005, *170*），同『輿論と世論』（2008, *24, 26, 33*），同『テレビ的教養』（2008, *220*），同『ファシスト的公共性』（2018, *146*）．

アメリカ	イギリス	
1963 パイ編『マス・メディアと国家の近代化』 *46*	1963 テイラー『第一次世界大戦』 *119*	
1964 マクルーハン『メディア論』 *18, 142, 200, 227, 229 f.*	1964 バーミンガム大学現代文化研究センター設立 *18, 55*	
	1966 レスター大学マス・コミュニケーション研究センター設立 *18*	
	── (仏)エスカルピ『出版革命』 *49*	
1970 ティチェナー「知識ギャップ」仮説 *21*	1968 クラーク『2001年宇宙の旅』 *227*	
		1971
1972 マコームス／ショー「マス・メディアの議題設定機能」 *20*	1973 ホール「エンコーディング／デコーディング」モデル *19*	
── ガーブナー「テレビドラマの暴力」 *21*		
1975 スクラー『アメリカ映画の文化史』 *100*		
1976 ド・フルール／ボール゠ロキーチ「メディア・システム依存理論」 *21*	1979『メディア・文化・社会』創刊 *19*	
1978 タックマン『ニュース社会学』 *201*	1980 モーレイ『ネーションワイド・オーディエンス』 *19*	
1980 トフラー『第三の波』 *231*		
		1981
1982 ポストマン『子供の消滅』 *172, 217, 239*	1982 ホブズボウム『創られた伝統』 *37*	
1983 アンダーソン『想像の共同体』 *48, 49, 100, 204*		
1985 メイロウィッツ『場所感の喪失』 *143, 201*	1987 フィスク『テレビジョンカルチャー』 *202*	
1989 スタート／スローン『マス・コミュニケーションにおける歴史的方法』 *8 f.*	1989 (加)エクスタインズ『春の祭典』 *125*	
		1991
1992 アンダーソン「遠隔地ナショナリズムの出現」 *10*		
── プラトカニス／アロンソン『プロパガンダ』 *235*	1994 ホブズボウム『極端な時代──短い20世紀』 *120*	
1995 ラッシュ『エリートの反逆』 *232 f.*		
		2001
2003 スノー『情報戦争』 *140*		
2005 カールワイツ『ポスト・ヒューマン誕生』 *238*		
		2011

メディア史年表＋索引

ドイツ	イギリス
1455 グーテンベルク『四二行聖書』 47	1622 週刊新聞『ニュース』 76
1492 新大陸発見のフルークブラット 71	1642 ピューリタン革命(-49) 24, 76
1516 タクシス郵便制度 69	1652 ロンドンにコーヒーハウス登場 24
1517 ルター「95カ条の提題」 47	1688 名誉革命 37, 76
1565 『フッガー新聞』 66, 71	1695 特許検閲法廃止 76
1609 『アヴィス』 71	1696 『ロイズ・ニュース』 25
1617 『フォス新聞』 71	1702 『デイリー・クーラント』 25
1618 三十年戦争(-48) 71	1712 印紙税法 76
1622 ローマ法王庁，布教聖省設置 117	1730 『デイリー・アドバタイザー』 76
1650 日刊『新着雑報』 71	1771 『ブリタニカ百科事典』 54
	1785 『デイリー・ユニバーサル・レジスター』(1788『タイムズ』と改称) 76
1789 フランス革命(-99) 34, 43, 71, 76	1791 ベンサム，パノプティコン 100
1793 (仏)シャップ，腕木通信 141	1794 バーカー，パノラマ館 99 f., 107
1796 ゼーネフェルダー，リトグラフ 93	1808 デービー，アーク灯 98
1807 フィヒテ「ドイツ国民に告ぐ」 49	1814 蒸気機関車実用化 28
1808 『ブロックハウス百科事典』 49	── 『タイムズ』，ケーニヒ印刷機 68
1813 ライプチヒ諸国民戦争 35	1821 『ガーディアン』 79 f.
1815 ドイツ連邦成立(-66) 28	1825 ストックトン・ダーリントン鉄道 28
1817 ヴァルトブルク祝祭 35	1829 書籍定価維持協約 53
1819 カールスバート決議 71	1831 ファラデー，ファラデーの輪 107
1822 (仏)ダゲール，ジオラマ 100	1834 下院記者席設置 67
1826 (仏)ニエプス，銀板写真 94	── ホーナー，ゾートロープ 98, 107
1837 タウフニッツ版 50	1837 ヴィクトリア女王即位(-1901) 37
1839 (仏)ダゲレオタイプ 94, 98, 100	1841 風刺漫画雑誌『パンチ』 77
1841「世界に冠たるドイツ」作詞 34	── トールボット，カロタイプ 94
1842 『ライン新聞』 7	1842 著作権法 53
	── 『絵入りロンドンニュース』 37, 77
1848 三月革命 71	1848 チャーチスト運動 77
── 『新ライン新聞』 71, 89	── 鉄道ライブラリー 54
1849 ヴォルフ通信社 69-71, 73 f., 124 f., 159	── W. H. スミス，駅売り書店 53
1851	
1853 クリミア戦争(-56) 70, 76, 95	1851 ロンドン万国博覧会 29
1854 グリム兄弟『ドイツ語大辞典』(-1960) 35	── ロイター通信社 69, 127, 138
1856 『フランクフルト新聞』 72, 74	1852 カンタベリー・ホール 25
	── トールボット，網版印刷 94
	1855 印紙税法撤廃 76 f.

メディア史年表＋索引

本書で扱ったメディア関連事項の年表である．索引として利用するため，その固有名詞の登場する関連頁も記載した．同年に起こった事象は，政治経済事項を優先し，本書章立てのメディア順に配列した．便宜上，カナダなど英連邦の事項はイギリスに，フランス・ソ連・イタリアの事項はドイツに加えた．原則として『新聞』・『雑誌』は創刊年，法律・組織は成立年，《映画》は製作年とした．

アメリカ	日本
	1615 読売瓦版「大坂安部之合戦之図」 87
	1639 鎖国(-1854)
1690『公共の出来事』発禁 81	
	1750頃 江戸＝百万都市 27
1765 印紙条例 81	
1775 独立革命(-83) 8, 38, 81, 131, 133	
1776 独立宣言 81	
1777 星条旗制定 38	
1787 合衆国憲法 81	
1791 計画首都ワシントンDC設計 38	
—— 憲法修正第1条 81	
1798 外国人法・治安維持法 81	
1812 英米戦争(-14) 38, 131	
—— 国歌「マクヘンリー砦の防衛」 38	
1829 ジャクソン大統領就任(-37) 81	
—— ボストン知識普及協会 56	
1833『ニューヨーク・サン』 82	
1835『ニューヨーク・ヘラルド』 82	
1837 モールス信号機 28, 69, 141	
1841『ブラザー・ジョナサン』『ニュー・ワールド』文芸付録 56	
—— 『ニューヨーク・トリビューン』 82	
1845 大陸横断鉄道建設計画 28	
1846 米墨戦争(-48) 82, 131	
—— スミソニアン協会 39	
1848 AP通信社 69 f., 82	
1851『ニューヨーク・タイムズ』 82, 85 f.	
	1853 ペリー黒船来航
	1854 ペリー，電信機・蒸気機関車の模型を献上 138
1859 ペンシルヴァニア油田発見 32	

	ドイツ	イギリス
1861		1855 『デイリー・テレグラフ』 77
	1862 ベルリン都市計画案 34	1863 ロンドン地下鉄 29
	1867 男子普通選挙 68	1864 マクスウェル，電磁波理論 143
	── ジーメンス，発電機実用化 32	1865 『ペル・メル・ガゼット』 77
	── レクラム百科文庫 50-52, 60 f.	1866 大西洋横断電線完成 82, 146 f.
	1870 エムス電報事件 72, 124	1870 国際通信社協定 69 f.
1871	**1871 ドイツ第二帝国成立** 35 f.	
	── 中央党機関紙『ゲルマーニア』 72	
	1872 『ベルリン日報』 72	
	1874 帝国出版法 72, 74	
	1876 社会民主党中央機関紙『前進』 72	**1877 ヴィクトリア女王，インド皇帝位就任** 37
	── バイロイト祝祭劇場完成 99	── マイブリッジ，連続写真 107
	1878 社会主義者鎮圧法(-91) 72	1880 グリニッジ標準時 28
1881		
		1882 ロンドン配電所 32
	1883 『ベルリン地域広告新聞』 72	1884 第3次選挙法改正 38, 68
	1884 ニプコー，走査円板 214	──『オックスフォード英語辞典』(-1928) 2, 35, 199
	1885 ダイムラー，二輪自動車 30	
	1886 ベンツ，四輪自動車 30	1886 カッセル国民ライブラリー 53
	── ベルヌ条約発効 57	
	1888 ヘルツ，電磁波の存在実証 143	1888 ダンロップ，空気入りタイヤ 30
	1889 ワイラー，ワイラー鏡車 214	1889 公務機密法 79, 128
1891	**1890 ビスマルク退陣** 124	
	1891 『ベルリン画報』 72, 97	
	1893 標準時採用 28	
	1895 スクラダノフスキー兄弟，ビオスコープ 109	1895 マルコーニ，無線通信 140-42, 153
	──（仏）リュミエール兄弟，シネマトグラフ 29, 98, 107, 176	1896 『デイリー・メール』 38, 78, 130
		── ポール，アニマトグラフ 107
	1896 クリューガー電報事件 124	**1899 ボーア戦争(-1902)** 78
	──（仏）メリエス，スター・フィルム 107	── マルコーニ無線電信社 135, 153
		1900 書籍再販制度 53
1901		
	1902 メスター映画社 109 f.	1903 『デイリー・ミラー』 79
	──（仏）メリエス《月世界旅行》 180	1904 無線電信法 153

アメリカ	日本	
1860 ビードル社, 10セント読み物 56		
1861 南北戦争(-65) 38, 56, 69, 82, 105	1861 英人ハンサード, 英字新聞 87 f.	1861
── 大陸横断電線 146	1862『官板バタビヤ新聞』 88	
1866 ウェスタン・ユニオン社, 全米電信ネットワーク 147	1865『海外新聞』 88	
	1868 明治維新 40, 60, 88	
1869 大陸横断鉄道 28, 69	──『中外新聞』 88	
	1870 本木昌造, 活版製造所 60	
	1871 大北通信社, 国際電信網 138, 165	1871
	── 日刊『横浜毎日新聞』 88	
	1872『東京日日新聞』 88, 90 f.	
1875 レイクサイド・ライブラリー 56	── 新橋―横浜間鉄道開通 28, 31	
1876 ベル, 電話装置 40, 142 f.	1874『読売新聞』 89, 91 f.	
1877 シーサイド・ライブラリー 57	1875 新聞紙条例・讒謗律 88	
──『ワシントン・ポスト』 82, 86	1876『大阪毎日新聞』 90-92	
── エジソン, 蓄音器 176	── 全国電信網完成 165	
1879 エジソン, 白熱電灯 32	1877 西南戦争 88, 165	
1880『デイリー・グラフィック』 94	1879『朝日新聞』 89-92, 191 f.	
1881『ロサンゼルス・タイムズ』 82		1881
1882 ニューヨーク配電所 32	1882『時事新報』 41, 88, 91	
1883 ピュリッツァー『ニューヨーク・ワールド』買収 83-85	──『日本立憲政党新聞』 90	
1884 ワシントン国際標準時会議 28	1886 標準時採用 28	
── イーストマン, 写真フィルム 98	── 東京電燈 32	
1885 AT&T社 147	1887 博文館 60	
	1888 時事通信社 70, 139	
1888 ベルリナー, グラモフォン 204	──『東京朝日新聞』 89, 91 f., 114	
1889『ウォール・ストリート・ジャーナル』 86	1889 大日本帝国憲法 28, 41	
	──『日本』 88	
── エジソン, キネトグラフ 102	1890 教育勅語 41	
1890 フロンティア消滅 83, 107	──『国民新聞』 88, 91 f.	
		1891
1891 エジソン, キネトスコープ 40, 102, 107, 112, 176	1892 帝国通信社 138	
	──『萬朝報』 89 f., 92	
1892 ゼネラル・エレクトリック社 135, 148	1893 出版法 65, 137	
	──『二六新報』 89 f., 92	
1895 ハースト『ニューヨーク・ジャーナル』買収 83-85	1894 日清戦争(-95) 41, 87	
	1897 シネマトグラフ輸入 112	
1896 エジソン, ヴァイタスコープ 102	1899 軍機保護法 137	
1898 米西戦争 84, 105	── 著作権法＝ベルヌ条約批准 57	
	── 柴田常吉撮影《稲妻強盗》 113	
		1901
1903 ポーター《大列車強盗》 29, 102	1901 電報通信社(電通) 139, 167, 170	
1905 ニッケルオデオン 102	1903 袖珍名著文庫 60	

	ドイツ	イギリス
	1903 テレフンケン社　*153, 158 f., 215*	1904 フレミング，二極真空管　*143*
	1906 ナウエン無線局　*126 f.*	1905 ノースクリフ男爵叙任　*78*
	── 第1回国際無線会議　*153*	1907 映画製作者協会　*108*
	1908 デイリー・テレグラフ事件　*124*	1908 ノースクリフ卿，『タイムズ』買収　*78, 128*
	── プロイセン内務省，映画検閲　*109*	1909 映画法　*108, 181*
1911		
	1913 ヴェゲナー《プラハの大学生》　*109*	1912『デイリー・ヘラルド』　*78 f.*
	1914 第一次大戦勃発　*118-26*	1913 英国映画検査委員会　*108*
	── フーゲンベルク，シェール社買収　*73*	**1914 第一次大戦参戦**　*126-30*
	1915 トランスオーツェアン通信社　*126*	── 独米海底ケーブル切断　*126, 158*
	1916 印刷用紙統制令　*127*	── 戦争宣伝局　*129*
	── ドイツ映画会社　*109, 127*	── ピアスン《大いなるヨーロッパの悲劇》　*108*
	1917 無制限潜水艦戦宣言　*132*	1916 ロイド=ジョージ戦時連合政権(-22)　*129 f.*
	── 国策映画会社ウーファ　*73, 109-12, 127, 185-90*	── ビーヴァーブルック卿，『デイリー・エクスプレス』買収　*79, 129*
	── ドイツ工業規格制定　*127*	── マリンズ撮影《ソンムの戦闘》　*131*
	── 野戦無線通信　*158*	1917 サクス=コバーク=ゴータ朝，「ウィンザー朝」に改称　*121*
	1918 ドイツ革命　*73, 110, 127, 158 f.*	── ノースクリフ派米使節団　*129*
	── バベルスベルク撮影所　*110*	1918 情報省　*2, 129, 131, 157, 183*
	1919 ワイマール共和国　*13, 73, 110-12, 127, 159-61, 164, 189*	── 第4次選挙法改正＝女性参政権　*121*
	── 国民議会選挙＝女性参政権　*121*	── グリフィス《世界の心》　*131*
	── 共産党機関紙『赤旗』　*73*	
	── ヴィーネ《カリガリ博士》　*110*	
	1920 ナチ党機関紙『民族観察者』　*73 f.*	1920 マルコーニ，ラジオ実験放送　*153*
1921		**1921 日英同盟解消**　*136*
	1923 ラジオ・シュトゥンデ放送　*159*	1922 BBC(イギリス放送会社)　*38, 154 f.*
	1924 フーゲンベルク，電信連合　*73 f., 112, 127*	1923『ラジオ・タイムズ』　*154*
	── ラング《ニーベルンゲン》　*111*	1924 マクドナルド労働党政権　*155*
	── ムルナウ《最後の人》　*111*	── ジョージ5世演説放送　*155*
	── ドイツ労働者ラジオ同盟　*159*	
	1925 ヒンデンブルク大統領(-34)　*161*	1925 クロフォード放送調査委員会　*154*
	── ライカ　*96 f.*	── ベアード，テレビ有線実験　*210*
	── パルファメント協定　*112*	
	──『労働者イラスト新聞』　*112*	
	── (ソ)エイゼンシュテイン《戦艦ポチョムキン》　*112, 187*	

アメリカ	日本
1905 アイヴィ・リー，PR事務所　*134*	1903 『平民新聞』　*89*
	── 常設映画館「電気館」　*113*
1906 デ・フォレスト，三極真空管　*143*	1904 **日露戦争**(-05)　*27 f., 32, 60, 89 f.,*
1907 UP通信社　*85*	*95, 100, 113, 135, 138 f.*
1908 映画特許会社「ザ・トラスト」	1906 鉄道国有法　*28*
103 f., 108	1908 新派悲劇映画《己が罪》　*114*
1909 映画検閲全国委員会　*105*	1909 新聞紙法　*65, 137*
1910 INS通信社　*85*	── 牧野省三《碁盤忠信》　*114*
1911 ネスター社，ハリウッド撮影所　*104*	1911 「立川文庫」　*60*
	── 探偵活劇《怪盗ジゴマ》　*114*
1912 無線法　*135*	1912 大正元年
1913 ウィルソン民主党政権(-21)　*131 f.*	── 日本活動写真株式会社(日活)　*114-*
── フォード・システム　*29 f., 106*	*16, 191, 194, 197 f.*
	1913 岩波書店　*61 f.*
1915 ルシタニア号事件　*126, 132*	── 宝塚唱歌隊(宝塚少女歌劇団)　*192*
── グリフィス《国民の創生》　*100, 105*	── 幻燈映画及活動写真認定規程　*114*
1917 **第一次大戦参戦**　*131-35*	1914 国際通信社・東方通信社　*138 f.*
── ツィムマーマン電報事件　*132*	── アカギ叢書　*61*
── 公報委員会(クリール委員会)　*132-*	── 「カチューシャの唄」　*114, 140*
34	── 天然色活動写真株式会社　*115*
── 防諜法　*133*	1915 臨時軍事調査委員会　*136*
── ピュリッツァー賞　*84*	── 無線電信法　*140, 165*
1918 煽動防止法　*133*	1917 「放送」という訳語の初出　*140*
1919 禁酒法(-33)　*133*	── 活動写真興行取締規則　*114*
── 『デイリー・ニューズ』　*85*	1918 **対ソビエト干渉戦争**(-22)　*133,*
── RCA(アメリカ・ラジオ会社)　*135,*	*136 f.*
147-49, 153 f., 178, 199, 207, 221	── 白虹事件　*90 f., 137*
1920 憲法修正第19条＝女性参政権　*121*	1920 陸軍省新聞班　*137*
── KDKA，ラジオ定時放送　*40, 147 f.*	── 松竹キネマ合名社　*115, 191 f.*
1921 ハーディング共和党政権(-23)　*148*	1921 外務省情報部　*137*
1922 『リーダーズ・ダイジェスト』　*57*	── 文部省・学校用推薦映画制度　*115*
── デル出版社　*57*	── 牧野教育映画製作所　*115*
── ヘイズ・オフィスの映画自主規制	1923 **関東大震災**　*91, 97, 116, 140, 165 f.*
106	── 『アサヒグラフ』　*97*
── 全米無線会議　*148 f.*	── 放送用私設無線電話規則　*165*
── 商業広告ラジオ放送局 WEAF　*148*	1924 『大毎』『大朝』100万部宣言　*91*
1923 GM，モデルチェンジ戦略　*30*	── 正力松太郎『読売新聞』買収　*91*
1924 排日移民法　*133, 136*	1925 普通選挙法・治安維持法　*137, 140*
── AT&T，大陸横断チェーン放送　*148*	── 『キング』　*60*
	── 活動写真フィルム検閲規則　*115*
1925 ベル電話研究所　*2, 147*	── 大日本活動写真協会　*115*
	── 東京放送局(JOAK)　*140, 166*

	ドイツ	イギリス
	1925 パプスト《喜びなき街》 *112*	1926 大ゼネスト勃発 *155*
	—— RRG(ドイツ放送会社) *156, 160-62, 167*	—— 大英帝国会議 *156* —— ログビー海外無線局 *156*
	1926 ファンク《聖山》 *187*	
	1927 ゲッベルス編集『攻撃』 *73*	1927 BBC(イギリス放送協会) *154*
	—— ラング《メトロポリス》 *29, 111*	—— 映画法改正＝クォータ制 *155, 181*
	1928『ウルシュタイン・テンポ』 *97*	
	1929 国外向けドイツ語短波放送 *163*	1929 グリアスン《流網船》 *183*
	—— トービス・クラングフィルム *185*	
	—— 機械走査方式テレビ実験放送 *214*	
	1930 スタンバーク《嘆きの天使》 *111, 186*	1930 ロンドン軍縮会議国際ラジオ中継 *156*
	—— パプスト《西部戦線 1918 年》 *186*	
1931		
	1931 シャレル《会議は踊る》 *110*	1931 **マクドナルド挙国一致政権**(-35) *173*
	—— パプスト《三文オペラ》 *186*	
	—— トレンカー《火の山》 *186*	1932 帝国放送 *156*
	—— アルバトロス文庫 *50*	—— 国王クリスマス放送 *38, 156*
	1932 RRG 国有化 *161* f.	—— 日曜娯楽法公布＝映画基金局 *182*
	—— (伊)ヴェネチア国際映画祭 *172, 194, 197*	—— ロンドン・フィルム社 *182*
	1933 第三帝国成立	1933 BFI(英国映画研究所) *182*
	—— 焚書事件 *51*	
	—— 国民啓蒙宣伝省 *74, 162, 186* f.	
	—— 帝国文化院設置法 *51, 74, 187*	
	—— DNB(ドイツ通信社) *74*	
	—— 国民受信機 301 *162* f.	
	—— 短波「世界放送」 *163* f.	
	—— 映画信用銀行 *187*	
	1934 映画法(1920)改正 *187*	1934 BNF(英国国民映画社) *184*
	1935 リーフェンシュタール《意志の勝利》 *187* f.	1935 ペンギン・ブックス *49* f., *54-56*
	—— テレビ定期放送 *199, 214* f.	—— アルズウォーター委員会報告 *156*
	1936 オリンピック・テレビ中継 *199, 214*	1936 シンプソン事件 *79* —— テレビ定期放送開始 *210*
	1937 日独合作映画《新しき土》 *192* f.	1937 **チェンバレン挙国一致政権**(-40) *157*
	1938 オーストリア併合 *151, 164*	—— ペリカン・ブックス *55, 61*
	—— PK(宣伝中隊)編成 *163, 188*	1938『ピクチャー・ポスト』 *97*
	—— 国民受信機 *162* f., *225*	—— BBC 外国語放送 *156* f.
	—— ドイツ映画アカデミー *187*	

アメリカ	日本
1926 NBC（全米放送会社） *148 f., 153*	1926 昭和元年
── コグリン神父，ラジオ説教 *150*	── 日本新聞聯合社（聯合） *139, 167*
1927 ラジオ法公布，FRC *149, 155*	── 改造社，「円本」 *60*
── 部分トーキー《ジャズ・シンガー》 *177*	── 日本放送協会（NHK） *156, 166-68*
	── 高柳健次郎，テレビ実験 *219*
1928 映画芸術科学アカデミー *106*	1927 浅草―上野間地下鉄開通 *29*
── トーキー映画会社 RKO *148, 178 f.*	── 岩波文庫 *50, 60-63*
── CBS（コロンビア放送システム） *149, 151-53, 181, 207*	── 『太陽』（博文館）廃刊 *60*
	── 紀伊國屋書店 *60*
── 「ミッキーマウス」誕生 *172, 177*	── 「モガ」「モボ」流行語 *191*
── 完全トーキー《紐育の灯》 *177*	1928 昭和天皇御大典全国中継放送 *167*
1929 世界恐慌 *116, 150, 161, 173*	1929 日本プロレタリア映画同盟 *116*
1930 プロダクション・コード *177, 197*	1930 《何が彼女をさうさせたか》 *116*
	── 部分トーキー《ふるさと》 *191*
	── NHK 総会，テレビ放送計画 *219*
	1931 満州事変(-32) *91, 116, 137, 139, 165-68, 191 f.*
	── ラジオ体操の会 *167*
1933 F.ローズヴェルト民主党政権(-45) *207*	── 松下「ナショナル・ラジオ」 *168*
── ニューディール政策 *134, 149-52, 173, 178-80, 206*	── 台湾放送協会 *169*
	── 字幕スーパー《モロッコ》 *191*
── 全国産業復興法 NIRA *178, 206*	── 完全トーキー《マダムと女房》 *191*
── 炉辺談話 *146, 150, 156, 179*	1932 情報委員会 *137*
── ビルトモア協定 *152*	── 満州国通信社 *139*
── ツヴォルキン，アイコノスコープ *199, 206*	── 朝鮮放送協会 *169*
	── 記録映画《輝く皇軍》 *192*
1934 コミュニケーション法 *149, 209*	1933 満州電信電話株式会社 *169*
── MBS（相互放送システム） *152*	1934 NHK 中央放送局体制確立 *167*
── ブリーン・オフィス *177*	── 映画統制委員会 *192*
1935 ギャラップ，アメリカ世論調査所 *17, 123*	── 富士写真フイルム株式会社 *192*
── 「ユア・ヒット・パレード」 *152*	1935 NHK 北米向け海外放送 *169*
── ニュース解説映画《マーチ・オブ・タイム》(-51) *179*	── 大日本映画協会 *192*
	1936 同盟通信社 *91, 138 f., 166, 193*
1936『ライフ』 *97, 221*	**1937 日中戦争勃発** *91, 168 f., 174*
── チャップリン《モダン・タイムス》 *106*	── 国民精神総動員運動 *174, 234*
	── 内閣情報部 *91 f., 97, 137, 174*
1937 ロレンツ《河》 *178*	── 東宝映画株式会社 *173, 192*
1938 ラジオ劇「宇宙戦争」 *15, 151*	── 満州映画協会 *194*
── 「8大メジャー」独禁法違反裁判 *178*	1938 国家総動員法 *194*
	── 岩波新書 *61 f.*
	──『写真週報』 *97*
── 合衆国映画サービス（USFS） *178 f.*	── 田坂具隆《五人の斥候兵》 *194*

ドイツ	イギリス
1938 リーフェンシュタール《民族の祭典》《美の祭典》 *188* ── 国民テレビ受信機 *214*	1939 第二次大戦参戦 *157* ── 天気予報放送中止 *157* ── ウッド《チップス先生さようなら》 *183* ── BBCテレビ放送中止 *210 f.*
1940 週刊紙『帝国』 *21* ── 《ドイツ週間ニュース》 *188* ── ヒプラー《戦火の洗礼》 *188* ── ハーラン《ユダヤ人ジュス》 *188*	1940 チャーチル挙国一致政権(-45) ── D通告 *79* ── クラウン・フィルム・ユニット *183*
1941 ラテン文字化 *51* ── シュタインホフ《世界に告ぐ》 *188*	1941 PWE(政治戦争本部) *74, 157*
1942 UFIコンツェルン *189* 1943 バーキ《ミュンヒハウゼン》 *189* ── エッフェル塔よりテレビ放送 *214 f.*	1942 リーン《われらの奉仕するところ》 *184* ── 「福祉国家」(ベバリッジ報告) *122* 1943 BBC日本語放送 *158* ── ジェニングズ《沈黙の村》 *183* 1944 復刻版協会, パン社 *55* ── ジェニングズ《リリー・マルレーンの実話》 *183*
1945 第二次大戦敗戦 *215* ── ハーラン《コルベルク》 *189 f.* ── 『南ドイツ新聞』 *75* 1946 『世界』『聴け!』 *75* ── (東)DEFA(ドイツ映画社) *190* 1947 『デア・シュピーゲル』 *75*	── リード《最後の突撃》 *183* 1945 アトリー労働党政権(-51) *184, 211* 1946 ペンギン古典文庫 *55* ── BBCテレビ放送再開 *211*
1948 アレンスバッハ世論調査研究所 *20* ── NWDR(北西ドイツ放送協会) *164* ── PAL方式テレビ *206, 212, 215* 1949 ドイツ連邦共和国成立 *215* ── 『フランクフルター・アルゲマイネ』 *75* 1950 ロロロ・ポケット文庫 *52* ── ARD(ドイツ公共放送連盟) *164, 215*	1949 国民映画金融公庫 *184* ── リード《第三の男》 *183* ── (加)ハーレクイン社 *45*
1951 ベルリン国際映画祭 *190* 1952 シュプリンガー,『ビルト』 *75* ── NWDRテレビ定期放送 *215*	1951 チャーチル保守党政権(-55) *211* ── ベバリッジ放送調査委員会報告 *211* 1953 エリザベス2世戴冠式テレビ中継 *211*

アメリカ	日　本
1939 マクドナルド開業　30	1939 映画法　173, 192 f.
── ペンギン・アメリカ支社　55	── 中華電影・華北電影　194
── ポケット・ブックス社　57	1940 情報局　16, 62, 92, 137 f., 168, 193 f.
── キャプラ《スミス都へ行く》　179	── 日本出版文化協会　62
── マロー，ロンドン空襲中継　151	── 新聞雑誌用紙統制委員会　92
── NBC, テレビ実験放送　207	── 東亜放送協議会　169
1940 NTSC(全国テレビ方式委員会)　207	── 日本ニュース映画社　193, 196
	── 映画配給社　166, 194
	── NHK 技研, ドラマ実験放送　219
1941 第二次大戦参戦　151, 179 f., 207	1941 日米開戦　58, 62, 92, 169, 194 f.
── ウェルズ《市民ケーン》　83 f.	── 新聞紙等掲載制限令，国防保安法，言論出版集会結社等臨時取締法　173
── FCC, NTSC 方式採用決定　207	
── CBS, NBC, テレビ放送開始　207	── 日本出版配給株式会社　62, 166
1942 マンハッタン計画　226	── 新聞事業令　92
── 戦時情報局　14 f., 151, 179	1942 日本新聞会　92, 166
── 戦時書籍審議会　58	── 松竹・東宝・大映の3社体制　194
── ニールセン聴取率調査　151	── 円谷英二特撮《ハワイ・マレー沖海戦》　194
── VOA 放送　152	
── 《ディス・イズ・アメリカ》　179	1943 日本出版会　62
1943 陣中文庫　58	── NHK 標準アクセント　169
── カーティス《カサブランカ》　179	── NHK 国際局「ゼロ・アワー」　169
1944 ABC(アメリカ放送会社)　153, 207	1945 「玉音放送」　146, 169 f.
── キャプラ《汝の敵, 日本を知れ》　180	── GHQ, プレス・コード　62
	── 『日米会話手帳』　63
── CBS, NBC, テレビ放送再開　207	── 共同通信社・時事通信社　139, 196
1945 トルーマン民主党政権(-53)　180	── GHQ, ラジオ・コード　170
── ブッシュ, MEMEX システム　226	── 映画公社　194, 196
1946 ENIAC　226	── 主題歌「リンゴの歌」　197
1947 プレスの自由委員会　86	── 女性参政権　121
── 「ハリウッド・テン」公聴会　180	── キス映画《はたちの青春》　197
── ベル研究所, トランジスタ　227	1949 角川文庫　62 f.
1948 「ビッグ5」に独禁法違反判決　178	── 映画倫理規程管理委員会　197
	── 今井正《青い山脈》　197
	1950 GHQ, レッドパージ　197
	── 電波三法　170
	── 黒澤明《羅生門》　197
1951 全米テレビ初中継　208	1951 サンフランシスコ講和条約　63, 197, 208
── ムント反共テレビ網構想　199, 219	
── 「ノイマン型」EDVAC　226	── 民間ラジオ局　170
	── 東映株式会社　197
1953 アイゼンハワー共和党政権(-63)　208	1952 日本テレビ放送網　219
	── 電波監理委員会廃止　219

	ドイツ	イギリス
	1954 テレビ全国放送　*215 f.* **1955** ドイツ連邦共和国主権回復 　── (東)DFF(ドイツテレビ放送)　*215, 218* 1956 一般徴兵法　*216*	1954 テレビ法　*211* 　── ITA(独立テレビ監督機構)　*211* 1955 イーデン保守党政権(-57) 　── ITV(独立テレビ), 放送開始　*211* 1956 イーリング撮影所, BBCに売却　*185* 1957 マクミラン保守党政権(-63)　*211*
1961	1959 連邦政府, 第2テレビ設立案　*216* 1960 dtv(ドイツ文庫出版社)　*52* **1961**「ベルリンの壁」建設　*215* 　── 第2テレビ判決　*216* 1962 オーバーハウゼン声明　*190* 1963 エアハルト保守中道政権(-67) 　── ZDF(第2ドイツ・テレビ)　*216* 1966 キージンガー大連立政権(-69)　*216* 1967 映画助成法　*190* 1968 非常事態法　*216 f.* 1969 ブラント社民中道政権(-74)　*217*	1962 リーン《アラビアのロレンス》　*184* 　── ヤング《ドクター・ノオ》　*55, 185* 　── ピルキントン放送調査委員会報告　*211* 1964 ウィルソン労働党政権(-70)　*18* 　── 新テレビ法　*211* 　──『サン』　*79* 　── BBCラジオ第3放送　*158* 1967 BBC第2, カラー放送開始　*212* 1970 ヒース保守党政権(-74)　*158*
1971	1974 シュミット社民中道政権(-82)	1972 ラジオ放送法　*158, 212* 1973 IBA(独立放送監督機構)法　*212* 1974 ウィルソン労働党政権(-76)　*212*
1981	1979《ホロコースト》テレビ放送　*217* 1981 ペーターゼン《U・ボート》　*190* 1982 コール保守中道政権　*205, 216 f.* 1984 都市型CATV放送　*217 f.* 　── ペーターゼン《ネバーエンディング・ストーリー》　*190* 1988 民間テレビ放送正式認可　*205*	1979 サッチャー保守党政権(-90)　*205, 212 f.* 1981 マードック『タイムズ』買収　*80* 1982 フォークランド戦争　*212* 　── 商業テレビ「チャンネル4」　*212* 1986 金融ビッグバン　*212* 　──『タイムズ』, ワッピング移転　*80* 　──『インディペンデント』　*80* 　── ピーコック放送調査委員会報告　*212* 1988 BSC(放送基準審議会)　*213*

アメリカ	日本	
1953 ABC，パラマウント劇場会社合併 207	1953 五社協定 197 f.	
	── テレビ本放送開始 220	
	1954 カッパ・ブックス 63	
1956 アンペックス社，ビデオレコーダー 204	── 水爆映画《ゴジラ》 195	
── ダートマス会議，「AI」登場 237	1955 ソニー，トランジスタ・ラジオ 170	
	1956 再販売価格維持制度 63	
1957 スプートニク・ショック 58, 226, 228	── 大宅壮一「一億総白痴化」 220	
1958 NASA（航空宇宙局） 226	1959 皇太子結婚式テレビ中継 221	
1959 ワイラー《ベン・ハー》 180	── 日本教育テレビ（テレビ朝日） 220	
1960 ケネディ対ニクソン「大討論」 208	1960 カラー本放送開始 221	
1961 ケネディ民主党政権(-63) 226 f.	1961 新東宝倒産 198	1961
1962 COMSAT 227	1962 中公新書 63	
── ザナック《史上最大の作戦》 180	1963 日米衛星テレビ中継 227	
1963 コムキャスト 181	1964 東京オリンピック 222, 227	
1965 INTERSAT 227	── 東京12チャンネル 220	
1966 情報公開法 86	── 講談社現代新書 63	
1967 『ワールド・ジャーナル・トリビューン』廃刊 85	1965 家庭用ビデオレコーダー 204	
	1968 東大紛争 175	
1969 アポロ11号月着陸 180, 226	── 任侠映画《博奕打ち・総長賭博》 175	
── 国防総省，ARPA-net 228		
── PBS（公共放送サービス） 208	── 明治100年記念式典 222	
1971 ペンタゴン・ペーパーズ事件 86	1971 講談社文庫 63	1971
── マイクロプロセッサ開発 227	── 大映倒産 198	
── バイアコム 181, 213	1972 佐藤栄作退陣テレビ会見 222	
1972 ウォーターゲート事件 20, 86	1973 中公文庫 63	
1975 ゲイツ，マイクロソフト社 227	1974 全国紙＝テレビ局系列化 222	
1976 ジョブズ，アップル社 228	1976 角川映画《犬神家の一族》 63	
1977 ルーカス《スター・ウォーズ》 180		
1978 ユネスコ「新世界情報コミュニケーション秩序」宣言 210		
1979 CNN 209	1979 ハーレクイン日本支社 45	1981
1981 レーガン共和党政権(-89) 205, 209		
1982 『USAトゥデイ』 86	1982 中曽根政権(-87) 205	
1984 ユネスコ脱退 210		
── アップル社，Macintosh 228		
1986 マードック，アメリカ帰化 80		
── FOXネットワーク 153, 209		
1987 FCC「フェアネス・ドクトリン」破棄 205, 209		
1988 マクドナルド《ランボー3 怒りのアフガン》 180	1988 「にっかつ」映画製作中止 198	
	── 一般向けデジタルカメラ 97	

	ド イ ツ	イ ギ リ ス
1991	1989 「ベルリンの壁」崩壊　*205, 218, 223, 231* **1990 東独併合＝ドイツ統一**　*218 f.* 1992 欧州原子核研究機構，WWW公開　*228* 1994 公共全国放送「ドイチェラントラジオ」　*164*	1989 マードック，スカイTV　*212 f.* 1990 メージャー保守党政権(-97) 　── 90年放送法　*213* 1991 BBC国際テレビ放送　*213* 1992 国民遺産省　*213 f* 1995 書籍再販制度廃止　*53* 1997 ブレア労働党政権(-2007) 　── デジタル文化メディアスポーツ省　*213 f.* 1998 地上波デジタル放送開始　*206, 210, 213*

アメリカ	日本
1989 ブッシュ共和党政権(-93)	1989 「昭和の終焉」＝平成元年　223
── ベルヌ条約に加盟　57	── NHK衛星放送　223
── タイム，ワーナー・ブラザース買収　181	
── ソニー，コロンビア買収　181	
1990 松下，ユニバーサル買収　181	
1991 湾岸戦争　133, 203, 209	
── 高速コンピュータ通信法　228	
1993 クリントン民主党政権　229	1993 シネコン第1号館　101
── NII（全米情報基盤）構想　229	
1994 バイアコム，パラマウント買収　181	
1995 Amazon オンライン書店サービス開始　59	1995 阪神淡路大震災　223
	1996 テレビ朝日買収問題　224
── Windows 95 発売　228	── 書籍の販売額ピーク　64, 235
1996 テレコミュニケーション法　209, 229	1997 新聞総発行部数ピーク　92
	── 青空文庫　64
1998 地上波デジタル放送開始　206, 210	── 楽天，ライブドア，ドワンゴ　224, 235
── Google 創業　206, 224, 237-39	
1999 情報庁，国務省に統合　152	1999 NTTドコモ，iモード　236
── グリフィス賞廃止　105	── ブロードバンド接続定額制　235
── ITバブル(-2001)　229	2000 カメラ付ケータイ発売　97, 236

1991

情報社会年表＋索引

	社会およびオールド・メディア全般	インターネット・モバイルメディア
2001	2001 9.11 米同時多発テロ ── (日)郵政省から総務省へ　219 2003 (英)『タイムズ』タブロイド判　80 2005 (米)デジタルシネマ DCI 規格　101 ── (日)ライブドア・ニッポン放送買収問題　224 ── (日)楽天・TBS 買収問題　224 2006 (米)ウェスタン・ユニオン社電報サービス終了　147 2008 リーマンショック 2009 (日)広告費でインターネット＞新聞　236 ── (米)コムキャスト，NBC ユニバーサル買収　181	2001 Wikipedia 開始　49, 54 2002 (独)地上波デジタル放送開始　206 2003 (日)地上波デジタル放送開始　206 2004 Facebook 創業　97, 224, 239 2005 YouTube 創業　224 ── 「Web 2.0」の流行　33, 235 2006 (日)ケータイ小説ブーム　45 ── Twitter 創業　33 ── (日)ワンセグ放送開始　224, 236 2007 iPhone 発売(日本 2008)　206, 235 ── Kindle 発売(日本 2010)　64 ── (英)パフォーム創業　224 2008 Android OS ケータイ発売　236 2010 (日)radiko.jp 開始　170, 236 ── Instagram 登場(日本版 2014)　97 ── (英)「ハイ・バリュー・マニュファクチャリング」　237
2011	2011 (日)東日本大震災　223 2012 (英)「ブリタニカ百科事典」印刷発行停止　54 2013 (日)アナログ放送終了　223 ── (英)ペンギン・グループ，米ランダムハウスと合併　56 ── (独)放送負担金制度　218 2014 (独)「ブロックハウス百科事典」オンライン版も終了　49 2015 (日)日経新聞『フィナンシャル・タイムズ』買収　80 f. 2016 (英)『インディペンデント』オンライン紙に　80 f. ── (日)天皇ビデオメッセージ　42 2017 (米)**トランプ政権**　210	2011 (独)「インダストリー 4.0」　237 2013 (米)「スマートアメリカ・チャレンジ」　237 2014 (独)連邦交通デジタルインフラ省　218 2015 Netflix(1997-)日本進出　176, 224 2016 (日)第 5 期科学技術基本計画「超スマート社会」　237, 240 ── アルファ碁，プロ棋士に勝利　237 ── DAZN 日本進出　224 2018 AT&T，タイム・ワーナー買収　181
2018	── (英)Ofcom(放送通信庁)　214	

佐藤卓己

1960年生まれ．京都大学大学院博士課程単位取得退学．京都大学大学院教育学研究科教授などを経て現在，上智大学文学部新聞学科教授．専攻はメディア史，大衆文化論．著書に『『キング』の時代――国民大衆雑誌の公共性』(2002年，岩波書店，日本出版学会賞受賞，サントリー学芸賞受賞)，『言論統制――情報官・鈴木庫三と教育の国防国家』(2004年，中公新書，吉田茂賞受賞)，『輿論と世論――日本的民意の系譜学』(2008年，新潮選書)，『『図書』のメディア史――「教養主義」の広報戦略』(2015年，岩波書店)，『ファシスト的公共性――総力戦体制のメディア学』(2018年，岩波書店，毎日出版文化賞受賞)，『流言のメディア史』(2019年，岩波新書)，『メディア論の名著30』(2020年，ちくま新書)など．

現代メディア史 新版　　　岩波テキストブックス

2018年11月27日　第1刷発行
2024年6月5日　第4刷発行

著　者　佐藤卓己（さとうたくみ）

発行者　坂本政謙

発行所　株式会社 岩波書店
〒101-8002 東京都千代田区一ツ橋2-5-5
電話案内 03-5210-4000
https://www.iwanami.co.jp/

印刷・三陽社　カバー・半七印刷　製本・中永製本

© Takumi Sato 2018
ISBN 978-4-00-028920-7　Printed in Japan

【岩波テキストブックス】

社会学原論	宮島 喬	A5判 236頁 定価 2640円
西洋政治思想史 視座と論点	川出良枝 山岡龍一	A5判 322頁 定価 3520円
比較政治学	岩崎美紀子	A5判 186頁 定価 2750円

流言のメディア史	佐藤卓己	岩波新書 定価 1100円
ファシスト的公共性 ―総力戦体制のメディア学―	佐藤卓己	四六判 344頁 定価 2970円
負け組のメディア史 ―天下無敵 野依秀市伝―	佐藤卓己	岩波現代文庫 定価 1738円

――――岩波書店刊――――

定価は消費税10%込です
2024年6月現在